农产品质量安全、追溯体系及其实现机制研究

胡求光 / 著

经济科学出版社
Economic Science Press

图书在版编目（CIP）数据

农产品质量安全、追溯体系及其实现机制研究/
胡求光著 . —北京：经济科学出版社，2016.3
ISBN 978 - 7 - 5141 - 6667 - 5

Ⅰ . ①农… Ⅱ . ①胡… Ⅲ . ①农产品 - 质量
管理 - 安全管理 - 研究 Ⅳ . ①F307.5

中国版本图书馆 CIP 数据核字（2016）第 046709 号

责任编辑：刘 莎
责任校对：王肖楠
责任印制：邱 天

农产品质量安全、追溯体系及其实现机制研究

胡求光 著

经济科学出版社出版、发行 新华书店经销
社址：北京市海淀区阜成路甲 28 号 邮编：100142
总编部电话：010 - 88191217 发行部电话：010 - 88191522
网址：www. esp. com. cn
电子邮件：esp@ esp. com. cn
天猫网店：经济科学出版社旗舰店
网址：http://jjkxcbs. tmall. com
北京财经印刷厂印装
710 × 1000 16 开 17 印张 210000 字
2016 年 3 月第 1 版 2016 年 3 月第 1 次印刷
ISBN 978 - 7 - 5141 - 6667 - 5 定价：59.00 元

前　　言

近年来国内外重大农产品安全事件频频发生，一些国家和地区食品安全恶性事件不断发生（如"口蹄疫"、"二恶英"、"禽流感"疫情），促使各国政府和组织重视农产品质量安全问题，建立农产品的生产、流通和消费的可追溯体系。农产品追溯体系成为实现"从田间到餐桌"的全程质量控制的有效途径之一。

当前，中国农产品的供给正处于从分散化的小农生产方式向规模化、集约化和产业化提升加速演化的拐点阶段，农产品供应链的多层次、多环节、跨区域特征引发信息分散和信息不对称以及机会主义行为，使得供应链的追溯机制呈现复杂化。在此背景下，探讨农产品产业链追溯体系实施的理论依据、实践现状、实施成效以及基于内部激励、外部监管和产业链协同的追溯体系实现机制等问题显得尤为重要。

本书以信息不对称、利益相关者等理论为基础，分析农产品追溯体系在减少信息不对称、规范利益主体行为、提高农产品产业链管理效率等方面的价值；构建农产品供应链追溯体系内部激励、外部监管以及产业链协同机制的理论框架，并从创造企业租金、降低运营成本、打造品牌效应以及营造营销优势等途径揭示了农产品追溯体系的作用机制以及农产品供应链追溯体系的价值实现机制；并进一步从中国农产品质量安全现状入手，分析实施追溯体系的必要性、动因及其实施过程中出现的问题。围绕这些问题，以农产品追溯体系相关利益主体行为选择及其影响因素为切入点，着重对中国农产品质量安全追溯体系实施的绩效进行分析，并在此基础上，从激励、监管及产业链协同三维视角探讨中国农产品追溯体系的实现机制。模型检验结果表明可追溯体系的实施对中国农产品的出口具有显著促进作用，问卷调查结果显示企业实施可追溯体系的内部激励主要来自于无形收益，有形收益的激励作用并不明显，且技术和成本等负向激励因素降低了企业的积极性；在诸多的外部监管因素中，以消费者为主的市场监督作用远大于政府监管者的作用；一定的产业规模、合理的产业结构以及高效产业链治理均有助于企业实施农产品追溯体系。同时，通过对一些典型案例的实地调查，结果显示，依靠小规模农户生产，依赖小商贩流通的水产品产业组织模式限制和缺乏统一信息平台的"技术性"障碍导致了大多实施了追溯体系的企业还停留在可追溯的标识上，难以做到真正意义上的可追溯。

通过对国外可追溯体系实施案例进行分析，结合中国农产品质量及其追溯体系的实际，可以得到一些启示：追溯体系越严格，市场检测要求越高，供应链的一体化程度越高，进而农产品质量安全水平越高；农业产业组织规模的扩大有助于保障追溯体系的有效实施；可追溯系统作为企业和供应链内部的一个产权界定工具可以提高管理效率；对于小规模农户，通过农产品供应链追溯体系的利益一体化，降低企业监管费用，提高农产品的质量安全水平；做到事前、事中、事后一体化监管，杜绝监管中的逆向选择对于保障农产品质量安全追溯体系的有效实施具有重要意义。

民以食为天，食以安为先。农产品的质量安全问题现实存在，但其成因相当复杂；追溯体系可在一定程度上保障农产品质量安全，但其实施成效受到诸多不同因素的影响；构建公共机构（包括各级政府及水产品安全监管机构）、市场、社会（行业协会及新闻媒体）、公民（主要是消费者）"四位一体"的激励相容、监管到位、产业链协同的追溯体系创新实现机制将有助于保障农产品质量安全。

胡求光

2016 年 2 月

目　　录

| 第一章 |

农产品追溯体系建设的背景分析

第一节　研究背景及意义

一、研究背景

20 世纪 90 年代以来，伴随着农村居民食品消费进入小康阶段，城市居民食品消费从小康阶段向富裕阶段转化，中国食品供求方式也随之发生重大变化，食品增长方式将从过去单一追求数量增长转变为追求食品质量与数量的同步增长，政府对食品的关注和调控也应从单一注重食品数量安全转变到同时关注食品数量安全和质量安全。然而，近几年国外的食品事件不断发生，如 1986 年发生在英国的疯牛病、1998 年席卷东南亚的猪脑病，以及 1999 年让世界为之轰动的比利时二恶英污染鸡风波，还有 2009 年导致 9 人死亡的美国布莱克利工厂花生酱被沙门氏菌污染事件，随着这些食品安全事件频频出现，各国政府和组织不得不开始重视农产品质量安全问题。20 世纪 90 年代，法国等部分欧盟国家就提出建立一种旨在加强食品安全信息传递、控制食源性疾病危害和保障消费者利益的信息记录体系，即食品质量安全可追溯体系。此后，一些国际组织开始出台相关法律法规，如欧盟（EC）出台的第 1760/2000 号法规，建立了以牛肉和牛肉制品的标签标识为基础的可追溯流程；国际标准化组织 2007 年制定出新食品质量安全及其可追溯制度，农产品可追溯体系成为实现"从田间到餐桌"的全程质量控制的有效途径之一。

中国农产品安全问题同样也面临着越来越多备受关注的问题。特别是 2008 年震惊全国的"三鹿奶粉三聚氰胺"事件，将中国食品安全问题推上了风口浪尖的位置，接踵而至的各类食品安全问题更是层出不穷。从"黄浦江死猪"事件到"瘦肉精"事件，再从"镉大米"到"毒豆芽"，问题食品一次次的曝光使民众对食品安全性以及政府对于食品安全监管的能力产生了质疑。另外，近几年中国农产品的出口也面临着越来越多的技术性贸易壁垒措施的限制，这些农产品被进口国拒绝、扣留、退货、索赔和终止合同。这些恶性事件的爆发不仅严重损害了消费者的经济利益和健康权益，造成了巨大经济损失和社会影响，也制约着中国农产品出口的国际竞争优势。虽然从表面上看导致农产品质量安全问题频繁发生的直接原因可归结为生产和加工原料的不合格、生产经营企业缺乏积极性以及质量安全监管体系存在缺陷等，但潜藏在这些直接原因背后的根本原因是农产品市场上的生产企业与消费者乃至政府之间存在着信息不对称。为此，只有尽可能从降低或者消除信息不对称入手才能从根本上解决农产品质量安全问题，但因信息不对称在一定社会经济条件下客观存在且很难消除，因而有助于克服或降低信息不对称的激励与监管机制必将成为保障农产品质量安全的有效措施。为此，中国引进和建立了农产品质量安全可追溯制度，颁布、实行了《中华人民共和国农产品质量安全法（2006）》、《流通领域农产品安全管理办法（2007）》、《中华人民共和国食品安全法（2015）》等法律法规及管理制度，对农产品产地、生产、包装和标识、法律责任等做出了明确的规定；同时，一些部门或地方也开始了农产品质量安全可追溯的试点，如山东蔬菜水果、北京肉制品、四川茶叶制品、广西粮食制品、上海消费终端查询等方面都开启了各自领域的先河，标志着中国农产品追溯管理已经具有了一定的基础。

当前，中国农产品的供给正处于从分散化的小农生产方式向规模化、集约化、标准化的农产品供应链产业化提升加速演化的拐点阶段，农产品的供应呈现出大规模、多环节、多层次的跨区域、跨国界的生产、流通和消费的多元特征，使得农产品质量安全问题、追溯体系及其监管机制呈现出新的特征。农产品的可追溯制度与农产品供应链机制的叠加，使农产品可追溯制度面临着新的挑战：一是基于技术和市场的供应链驱动模式，是农产品供应的组织创新和功能创新，影响着产品的信息传递和分布方式，从而影响了可追溯制度的运行机制。二是农产品供应链是对农产品供应的技术方式的变革，也是利益分配的变革，农产品可追溯机制实际上已成为农产品供应链治理的重要组成部分。因此，应当基于投入产出的利益均衡机制，构建农产品可追溯体系运行及其功能的激励安排。三是政府对农产品的监管制度，必须基于农产品供应链方式进行机制创新，构建农产品可追溯的"激励＋监管"运行体系。四是随着中国主要农产品出口贸易快速发展，伙伴国对农产品可追溯性的要求，推动着中国农产品可追溯体系及其监管机制的进一步完善。

农产品质量安全追溯系统的有效实施能够识别出产品发生质量安全问题的根本原因，通过这种溯源机制向所处供应链中的企业和社会公布自己产品信息，使得供应链更加透明，为各成员相互了解生产质量管理提供了有效的渠道，促进供应链企业间的信息沟通，进一步优化农产品供应链结构，提升供应链企业的利润①。但是，作为一种新型的技术创新，确保农产品质量安全可追溯系统在整个供应链中的应用，以及持久长效的发挥作用，都需要供应链上各经济主体内部的共同协作以及外部

---

① 王蕾、王锋. 农产品质量安全可追溯系统有效实施的影响因素基于 SCP 范式的理论分析 [J]. 兰州学刊，2010（8）：40－43.

政府有效监管的协同作用。

二、研究意义

农产品供应链的多层次、多环节、跨区域特征引发信息分散和信息不对称以及机会主义行为，使得供应链的可追溯机制呈现复杂化。本研究将基于供应链理论与不对称信息理论，从供应链内部激励机制和外部政府监管机制的双向维度，探索影响网络化的农产品供应链的可追溯行为的关键因素和作用机理及其影响效应。

本研究的理论意义在于：第一，农产品可追溯制度既是产品信号传递机制，也是农产品供应链跨界治理机制，分析供应链各利益主体参与可追溯体系的参与约束和激励约束条件，以及分析可追溯制度和行为所带来的准租金（如产品声誉）的分享机理，构建基于投入和产出相对称且利益均衡的可追溯制度激励机制；第二，分析网络化的农产品供应链条件下的政府管理模式，以供应链管理为基础，构造中国农产品追溯体系的监管机制。

基于供应链理论的逻辑框架，分析农产品追溯体系的激励机制和监管机制，其现实意义在于：第一，构建和完善农产品供应链模式下的可追溯激励机制，确保农产品质量在生产、流通、消费全供应链的安全可靠；第二，构建农产品供应链模式下的可追溯监管模式，优化和完善政府监管机制，促进完善中国农产品质量安全监管机制，推动中国农产品乃至整个农业产业国际竞争力的提升。

第二节　国内外研究现状和发展趋势

世界各个国家对于农产品追溯体系的相关研究始终方兴未艾，本部分重点梳理农产品追溯体系的建立与实施、农产品供应链的发展、农产品质量安全、追溯体系研究中所采用的实证方法以及激励和监管机制等方面的研究现状，在此基础上，把脉农产品追溯体系未来发展趋势，以便为相关政策制定提供依据。

一、国内外研究动态

（一）农产品追溯体系的理论研究

1. 农产品追溯体系的概念综述

（1）"农产品追溯"一词是随着经济与科技的发展，应运而生的一个新理念与体系，对其可先进行分解认识。"农产品"是一个与国计民生息息相关的概念，但是对于农产品的确切定义，需要进一步借鉴一些专业性的文件来进行理解。最初在 2002 年 4 月 29 日农业部和国家质检总局联合颁发的《无公害农产品管理办法》中，农产品是指未经加工或者初步加工的食用农产品。2004 年 9 月 1 日印发的《国务院关于进一步加强食品安全工作的决定》中，同时确定了农产品和食品两个概念。其中，农产品是指种植业、养殖业产品；食品是指经过加工、制作的产品。《中华人民共和国农产品质量安全法》于 2006 年 4 月 29 日审议通过，里面将农产品定义为来源于农业的初级产品。包括动物、植物、微生物及其产品。但综合各种说法和概念，有两个基本点是肯定的，也是一致的，即农产品既包括鲜活的动物、植物、微生物产品，又包括其初加工品或者直接加工品[①]；国际标准化组织（ISO）对追溯的最初定义为"能够通过记录的标识手段追溯某一实体的历史、应用或者位置的能力"（ISO，1994），后将追溯定义为"能够在特定的生产、加工和分销阶段跟踪某一饲料或食品运动的能力"（ISO，2007）。

（2）对于追溯体系概念的界定已有研究侧重于从追溯主体和信息两

---

① 金发忠. 关于农产品质量安全几个热点问题的理想思考. 农业质量标准，2005（1）：13.

个方面出发。摩伊（T. Moe，1998）认为可追溯体系包括产品路线和有效追溯范围两部分，理想的可追溯体系应包括对产品及相关活动的追溯，又可按实施范围划分为企业间可追溯体系和企业内可追溯体系。高安（E. Golan，2003）认为可追溯体系指在整个加工过程或供应链中跟踪产品或产品特性的记录体系，追溯体系的衡量标准为广度、深度和精确度。戴（Hongyan Dai，2015）等认为实施追溯体系对于供应链上产品的召回具有重要的作用，可以在降低召回成本的同时维护企业的声誉。米尔维（M. Van der Merwe，2015）等认为可追溯性包括三个支柱，即追溯系统的水平、可追溯系统的广度和深度。丹尼尔·亚伯拉罕（Daniel Abraham，2014）认为在特定的肉类产业中，产品追溯体系是指对动物历史资料的跟踪能力，它包括动物从出生到屠宰再到制成肉制品的一系列的信息。国内相关研究成果也非常丰富，方炎（2005）认为中国追溯体系建设的主要内容应包括记录管理、查询管理、标识管理、责任管理及信用管理；陈（Chen，2013）等认为食品追溯系统能够克服或者减轻信息不完整和信息不对称对于食品市场上产生的影响，他们通过实证研究表明营业利润、经营规模、经济发展水平（城市的）和政府补贴将积极影响超市决定使用追溯系统；费威（2015）认为食品安全追溯体系是基于食品质量安全信号传递机制，披露食品质量安全信息的工具，能够对食品供应链全过程的信息进行有效衔接和监控。

（3）农产品可追溯体系利用质量信号传递机制，将质量信息作为市场信号，有助于解决或缓解农产品市场的信息不完全和信息不对称（J. E. Hobbs，2004）。农产品行业实施可追溯体系可提高供应链管理效率，即通过供应链各环节信息跟踪和追溯，使上下游企业信息共享和紧密合作，提高农产品质量安全水平，增强供应链中不同利益方的合作和沟通，优化供应链整体绩效（C. Lecomte，2003；Weaver，2001；Hudson，2001）。而后期密舍拉（P. Mishra，2015）等认为最初的农产品追溯体系无法链接到食物链记录、无法准确地记录食物链中的相关数据，并且无法及时获取重要的数据；赵（Zhao，2015）等认为一个完整的质量追溯系统可以提高农产品的安全水平，事前的检查和售后的追溯过程可以相互替代。

2. 国内外农产品追溯体系的主要研究成果

（1）农产品追溯体系一般研究

国内外研究学者相继采用各种技术对农产品从"农田到餐桌"进行信息集成，开发追溯系统，为农产品相关企业和消费者提供信息查询服务。施瓦格勒（Schwagele F.，2005）从欧洲的角度来研究追溯体系，强调了欧盟相关立法对于农产品追溯体系的必要性。译库尔（Maitri Thakur，2010）介绍了一种使用 PCIS 框架和 UML 状态图研究追溯系统中相关信息的新的方法。迈内蒂（Luca Mainetti，2013）通过实验证明了 PFID 标签和读写器在新鲜蔬菜产品相关应用领域内的优良性能，同时也验证了其所提出的无缝追溯系统的时效性。查雷伯伊斯（Sylvain Charlebois，2014）探讨了市场导向下，影响消费者对于可追溯乳制品购买行为的各种因素。卡乌尔等（Arshinder Kaur et al.，2015）通过对乳制品的研究发现，有效统一的追溯和追溯系统将有助于提高效率，实现巨大的成本节约；中国从 2004 年也开始进行农产品可追溯系统开发研究，目前主要集中在蔬菜、水产品与肉类等大宗生鲜农产品领域（陆昌华，2004；白云峰，2005；杨林，2005；周欢等，2005；李兴民，2006；谢菊芳，2006；杨信廷，2006；昝林森，2006；陶志强，2006；李广明等，2007）。孔洪亮等（2003）、王东风等（2004）、杨林（2005）研究了 EAN. UCC 系统在牛肉和鱼肉、水果和蔬菜以及鳗鱼的质量跟踪与追溯体系中的应用。赵丽等（2012）设计了基于手机二维条码识别的农产品追溯安全追溯系统。苏频（2012）综合人工智能、职能控制和测控技术，提出了 Multi - Agent（多智能）的农产品质量安全追溯系统。杨信廷等（2014）结合物联网的技术特点构建了"一核、双轴、三链"的农产品及食品质量安全追溯系统技术体系框架。成维莉等（2015）基于已有的农产品质量追溯系统扩展开发了农产品质量安全监管平台。

（2）实施农产品追溯体系功能研究

企业是可追溯体系的操作者，在成本增加的同时也可提高利润；企业开发、实施、维持追溯体系的主要目标包括提高供应链管理效率，提高农产品质量安全控制，区分农产品市场微妙或无法察觉的质量特性（E. Golan & F. Kuchler，2005；M. Miller，2005）；实施可追溯体系不仅能克服供应链内信息不对称，而且能保证农产品安全和减少召回成本（B. L. Buhr，2003）；追溯体系作为预防机制将企业内追溯体系与企业库存系统整合给企业带来更大收益（S. Whyte，2004），可保证人类与动物健康，明确供应链内企业责任（M. Diog et al.，2004）；实施追溯体系的企业比未实施追溯体系的企业更具优势（C. Clarson，2004）。追溯的根本目的是增进农产品质量安全。从供应链管理角度来看，可以通过供应链各方的合作协调降低交易成本，明确责任，保证农产品质量安全（Sykuta Michael，2005）。费尔霍（Moises A. Resende – Filho，2012）等的研究表明追溯精度能够替代高度密集的或有支付，因此具备可追溯性并不一定会提高食品安全。米亚（Aye Chan Myae，2012）等证实了可追溯性在可持续生产实践方面的重要性。追溯信息的广度（信息记录的数量）、深度（向前或向后追溯的程度）和精确度（查明出现问题的来源的准确性）等问题都应该考虑（Souza – Monteiro，D. M. and Caswell，J. A.，2004）。对消费者而言，可追溯的重要性主要在于提供安全和质量等方面的信息。

实施食品安全追溯体系不仅能够克服供应链内信息不对称问题，提高供应链管理水平，而且能够保证食品安全和减少食品召回成本（陈红华，2014）。通过加强追溯体系与透明度体系的建设，并结合生产者的遵从能力和遵从利益，可以有效提升中国猪肉质量安全水平和出口竞争力（董银果、邱荷叶，2014）。可追溯性的增强不仅会使得处于供应链上某一环节的企业提高其食品安全水平，还可以激励其他环节的企业提供更加安全的产品（龚强、陈丰，2012）。实施农产品追溯体系对中国农产品的出口具有正向的促进作用（胡求光、童兰，2012）。由于各国也都将农产品可追溯作为质量安全控制体系的重要组成部分，因此，农产品追溯逐渐成为农产品国际贸易的技术壁垒之一（师严涛，2006）。对于出口型农产品企业来说，为了更好地占领国际市场，有必要尽快实施可追溯管理。因此，基于现代信息科技以及物联网技术的农产品追溯机制主要涉及两方面功用：一方面通过将供应链的相关信息透明化最大程度降低生产者和消费者之间的信息不对称；另一方面通过在农产品供应链上下游实现追踪和溯源两大功能，推进农产品安全责任制（王东亭、饶秀勤、应义斌，2014）。

（3）影响农产品追溯体系实施的因素

企业对于追溯系统能否成功实施有着重要的影响。中小企业希望政府辅助其实施农产品追溯体系，而规模较大企业的则更倾向于实施自愿性农产品追溯体系（E. M. Tavernier，2004）。为了保持产品市场竞争力，自愿认证费用来源于企业是有效的，当企业处于垄断地位时，基于一个固定费用的强制认证是必要的（John M. Crespi，2001）。行业中发生农产品安全事件概率越大、政府实施强制性追溯体系的概率越大、市场惩罚和责任成本越大、外部成本越大，企业就越倾向于实施农产品追溯体系（J. E. Hobbs，2004）。企业实行可追溯性的动机主要有对要承担的法律责任以及产品召回的担忧（Ema Maldonado – Siman，2012）。另外，约翰（John，2013）认为，通过对本企业的可追溯系统进行全面的评估，能够提前确定食品的安全的安全问题，从而采取适当的纠正措施。实现可追溯性的关键因素包括于对食品追溯立法，确保追溯信息的充分性和正确性，食品追溯信息识别的标准化以及来自政府对食品追溯系统的技术支持（Basem Azmy Saad Boutros，2014）；但如果政策制定者的要求高于企业愿意提供的水平，即政策制定向社会最优状态靠近，两者之间的成本差异可否由消费者来承担则取决于消费者的感知水平和支付意愿（于辉、安玉发，2005）。吴林海等人（2014）的实证研究表明，79.2%的食品生产企业愿意投资可追溯体系，而影响企业投资意愿的主要因素是食品生产企业的从业人数规模、管理者年龄、质量认证体系的实施等。

农户对于农产品追溯体系的实施具有重大的影响。阿扎尔（Azhar, R. A., 1991）强调教育可以增加农户采用农业技术的可能性。蒙特尔（Monteir, 2007）通过对葡萄牙的梨产业进行了调研，结果表明农户是否参与可追溯体系来保障食品安全主要取决于市场需求。金希（Kimhi, A., 2000）认为农场主的年龄会影响其改进农产品质量的行为决策。目前，国内对于农户的研究主要集中在学历等个体特征、生产条件和环境特征。王芸等（2012）基于四川137个农户的调查以及实证分析得出农户的文化程度、对农产品可追溯体系的认知程度、风险预期、可追溯农产品销售价格的提高、获得市场准入许可对农户持续参与建立意愿有显著的影响。然而，对农户参与行为的影响因素不应停留在个体层面，群体的影响也应该考虑在内，在此基础上，方凯等（2013）的研究结果发现：态度、主观规范和感知行为控制这三个因素对农户的参与意愿有显著影响，并且主观规范对其影响最大。农户合作社的信任、归属感则通过对态度、主观规范间接影响农户的参与行为。

对可追溯体系主要受益者的研究主要集中在消费者的认知态度和支付意愿等方面。比尔努斯等（A. Bernues et al., 2003）、卢森等（J. Roosen et al., 2004）、马克卡希和汉森（M. B. Mc Carthy and S. J. Henson, 2004）、奇索夫等（B. Kissoff et al., 2004）、霍布斯等（J. E. Hobbs et al., 2005）、卡利诺夫和车努克哈（Y. E. Kalinova and I. M. Chernukha, 2005）、松田有义（2005）在欧盟成员国、美国、加拿大、俄罗斯、日本等进行多次消费者反应调查，并主要定性描述了消费者对农产品追溯体系及可追溯农产品的认知；相关的量化分析主要有：较高收入的消费者愿意为可追溯农产品支付更高价格（CAstro, 2002）；布朗和克拉菲尔德（Jennifer Brown and John A. L. Cranfield, 2005）发现风险忍耐力越高对安全农产品的支付意愿越低；罗雷洛和尤姆伯格（M. L. Loureiro and W. J. Umberger, 2003; 2007）运用Probit模型分析了追溯信息中原产国标识的消费者支付意愿，发现消费者农产品安全认证的重视度高于原产国标签和追溯信息。艾瓦德等（Cang Aihwad et al.，2013）基于消费者动机和个性的 Meta 理论模型得出拥有开放、认真、外向性格的消费者更关心食品价值，对追溯标签持有积极的态度，这使得他们更倾向与购买带有可追溯标签的商品。弗兰赛斯卡（Francesca，2014）的研究结果显示消费者越来越关注食品质量安全，但是他们对追溯性的概念仍然不了解，通过研究发现，不同国家和地区之间影响消费者对于可追溯性认知的因素是不同的，主要有：年龄、教育、收入和对食品安全的关注度。此外，于辉（2006）分析了消费者在可追溯体系实施中的行为及影响因素，认为消费者对食品品质信息的需求和购买、风险偏好、搜集成本与收益以及消费者个体特征都会影响追溯体制的实施。吴林海等（2012）从消费者偏好视角对不同质量信息的可追溯体系进行了研究。王志刚等（2013）基于北京市 7 区县的调查数据，运用二元 Logistic 回归模型分析并测度了消费者对生鲜猪肉可追溯体系的支付意愿及其影响因素，研究结果表明消费者对猪肉可追溯体系的支付意愿受到性别、健康状况、自我评价、了解可追溯体系的程度、对食品安全的意识敏感程度以及能支付涨价后的随机价格等因素的影响。

（4）农产品追溯体系激励与监管机制研究

费尔霍（Moisos Resende – Filho，2007）构建委托—代理模型，研究了信息不对称环境下食品质量安全危险的成本和惩罚效应对供应商为食品安全努力的影响，认为可追溯系统作为一种激励机制，可以促使食品加工企业为保证食品安全付出更多的努力。卡里奎里和巴伯考克（Miguel Carriquiry and Bruce A. Babcock，2007）研究发现企业声誉是投资高质量产品和质量保证体系的关键因素；企业采用追溯体系的动机在于生产成本、道德风险、机会主义、监管成本引起的不确定性（Brian L. Buhr，2003）。莉莉安娜（Liliana，2013）对蔬菜供应链可追溯系统进行了建模研究，通过模型研究发现追溯体系可以实现管理者、工人和消费者之间的交叉通信信息流，对于生产高质量的蔬菜具有正向激励的作用。齐恩（Chien，2013）的研究发现食品追溯体系可以降低消费者在购买商品时由于信息不对称所造成的不确定感，同时对于提高消费者购买意愿具有激励作用。凯文（Kevin R.，2014）对海上餐饮的食品质量安全进行了研究，发现追溯体系的实施对于海上餐饮的质量安全具有激励作用。目前消费者对农产品质量安全的关注度极高，但对于具有追溯性的农产品所携带信息的信任度和认知水平仍然偏低（周应恒等，2008），部分企业的不实宣传及造假，使消费者怀疑农产品可追溯性仅是企业虚假宣传的噱头（黎光寿，2009），从而降低了消费者对具有追溯性农产品的支付意愿，导致市场缺乏对生产者的激励机制。杨维霞（2015）提出政府、行为、市场和消费者四位一体的激励机制；白世贞等（2013）从纵向契约协作机制和政府的外部激励两个方面对农户和企业实施追溯体系的激励机制进行了研究。陈婷（2012）的研究得出供应链各主体对建立农产品追溯体系的努力程度取决于外部环境对食用农产品安全的要求。赵荣、乔娟（2011）通过理论及实证模型分析了影响农户参与追溯体系的激励因素，指出了农户对于追溯农产品不能实现优质优价的担忧是阻碍质量安全追溯体系发展的最重要原因。

在政府监管行为方面，安托（Antle，1995）和波斯纳（Techane Bosona，2013）认为强制性食品可追溯体系也是很多国家维持市场秩序的政策性手段之一。施瓦格勒（F. Schwagele，2005）等国内外学者对欧盟、美国、加拿大等国家或地区的农产品追溯监管机制进行了介绍和比较分析。制定和完善相应法律法规对农产品追溯体系的发展影响重大（Sarig & Baerdemaker，2003），采用何种信息载体，将可追溯信息方便快速地传递给公众，是各国农产品监管机构共同面临的一个问题，不同国家尝试采用不同的标签系统（J. A. Casewell，1998）对农产品质量进行监管；政府部门加强对抽检程序的管理也是提高农产品安全水平的有效手段之一（S. Andrew Starbird，2005）。弗里迪（Freddy，2014）研究认为监管干预不会推动食品可追溯系统的技术演进，而是与企业特殊情况相关的技术创新会为企业竞争提供不可替代的资源。国内学界普遍认为法律制度不健全是当前制约中国农产品安全监管的重要因素之一（肖艳辉、刘亮，2009），由于目前农产品安全监管领域的法律和政策缺乏完整性、连续性和一致性，造成监管主体和行政相对人无所适从（崔卓兰、宋慧宇，2011）。针对这一问题，有学者提出垂直监管（肖艳辉、刘亮，2009），并引入合作监管机制（巩顺龙等，2010），加强地方政府监管过程中的责任机制（李刚，2010），培育第三种力量（李长健、张锋，2007），构建长效的监管体制。王为民（2013）在借鉴发达国家农产品质量安全追溯管理工作的基础上，研究提出从加强追溯管理工作法制化建设、健全工作机制、加大项目资金扶持、统一技术标准、强化实施主体能力、科学引导公众安全消费意识六个方面来推进中国农产品质量安全追溯管理工作。陈业兵等（2013）将农产品"从农田到餐桌"的每个环节较为全面地进行了研究，找出了影响山东省农产品质量安全的因素，针对产地环境这一环节，赵娜等（2014）在研究影响农产品产地环境质量的同时，从农产品产地环境问题的防治与监管措施两个方面提出了相应的解决措施。

（二）农产品供应链发展现状研究

供应链的概念最早出现在 20 世纪 80 年代，但在当时并没有形成统一的定义。GB/T 18354 - 2006《物流术语》对供应链的定义是："生产及流通过程中，涉及将产品或服务提供给最终用户所形成的网链结构"。斯蒂文斯（Stevens）认为，供应链是通过价值增值过程和分销渠道控制从供应商到用户的整个过程，它始于供应的原点，终于消费的终点。克里斯托弗（Christopher）认为，供应链是一个组织网络，所涉及的组织从上游到下游，在不同的过程和活动中对交付给最终用户的产品或服务产生价值。赵敏（2006）提出农产品供应链存在以下几个特点：农产品供应链的资产专用性高；市场不确定性较大；市场力量不均衡；农产品供应链对物流的要求较高。国内为对于供应链的相关研究也从来没有停止过。

国外对于农产品供应链的研究起步较早，也取得了较多的发展。在建立有效农产品供应链的策略方面，拉姆伯特等（Lambert et al.，1998）认为，抓住供应链管理的本质，需要集成供应链的结构、供应链的业务流程、供应链管理组成的分析框架，其结构模型可以从水平结构、垂直结构以及核心企业所处的水平位置 3 个基本维度进行描述或分析。沃斯特（Van der Vorst，2000）对食品供应链进行了分析和重构，提出了产生、建模、评估供应链方案的逐步方法。罗伊科尔（Van Roekel，2002）给出农产品供应链开发的基本步骤：分析现存供应链结构，确定供应链的参加者、目标、战略和组织，确定实施实验项目的步骤，总结影响成功和失败的因素并提出建议。马格里洛等（L. Magliulo et al.，2013）提出可追溯体系一个关键的成功因素是整合和共享供应链信息的能力。马努夫（Maruf，2013）研究了有公司绿色供应链及其实践发展而来的可持续性供应链管理的概念。赞德（Zander，2012）认为供应链成员之间高质量的关系导致的高水平的协作是德国有机苹果供应链成功的因素。作业流对于农产品有 7 个作用：作业流可以实现供应链管理，降低整个生产循环的成本；作业流可以提高对顾客的物流服务质量，降低协调成本；现代信息系统的建立可以减少物流成本；作业流可以提高配送效率和降低成本；作业流可以减少和避免退货的费用；作业流可以实现综合运输和业务外包给第三方物流，从而降低成本，减少运输环节，合理选择运输工具，制定最有运输方案，提高运输方式，提高货物装载量；作业流促进了电子商务的使用（Ouyang B.，2012）。

国内对供应链管理问题的研究起步较晚，而农产品供应链管理问题的研究起步更晚，中国从 1999 年起开始有了农产品的供应链研究。钟裕民、曹国平（2008）认为，中国的农产品物流研究虽然刚刚起步，但是也取得了富有价值的研究成果。主要集中在农产品物流地位的研究、农产品物流领域现存问题的研究、改善农产品物流现状的策略研究三个方面。李岩、傅泽田、刘雪（2008）提出了中国农产品供应链管理面临四个方面的主要问题：农产品的生产到消费是一个复杂的系统，跨越了第一、第二和第三产业、产地分散，生产规模小，科技含量低、流通环节薄弱、供应链各个环节严重存在信息不畅和时效性差的情况。姜方桃（2009）认为，农场物流供应链体系存在的主要问题有：缺乏统一规划、市场布局不合理、基础设施简陋；物流人才短缺；信用情况差、抗风险能力低、物流信息化程度低、缺乏质量检测手段，农产品消费安全存在较大隐患。张蓓等（2014）构建了农产品供应链核心企业质量安全控制意愿模型，分析了影响农产品供应链核心企业质量安全控制意愿的影响因素，结果表明，农业企业能力、农产品供应链协同程度、农产品供应链信息共享程度、消费需求和政府监管力度对农产品供应链核心企业质量安全控制意愿具有图同程度的显著正向影响。赵晓飞（2012）针对中国传统农产品供应链模式的弊端，提出构建现代农产品供应链体系的构想：以信息化为基础、以渠道体系为核心、以组织体系为支撑、以服务体系和安全体系为保障促进农产品供应链系统的高效运作。

（三）农产品追溯体系实证方法研究

国内外的众多学者对于农产品追溯体系都做了相关的研究，由于研究问题是的出发点不同因此所采用的研究方法也是多样的。

威比克和瓦尔德（W. Verbeke and R. W. Ward，2005）运用 Porbit 模型分析了比利时 278 个家庭对牛肉及制品的可追溯性、质量标志和原产国标志的认知程度，测量了欧盟实施强制性农产品追溯体系对消费者农产品选择的影响，发现了消费者牛肉消费中感兴趣的信息和对牛肉实施追溯体系的支付意愿。霍布斯（J. E. Hoobs，2004）运用博弈论分析发现政策是影响企业企业实施追溯体系的关键因素之一；高安（E. Golan，2003；2004）基于交易成本理论运用成本收益法比较分析不同行业实施追溯体系的效率差异；拜利（D. Baily，2003）运用比较分析法研究了消费者对不同追溯体系的农产品的支付意愿差异；威比克和瓦尔德（2005）运用 Porbit 模型研究不同家庭对追溯体系和源产地标识等的认知程度。阿德里安（Gheorghe Adrian et al.，2012）基于 106 个有效样本，运用计量分析的研究的方法对水产品的质量安全追溯体系进行了研究。罗伯斯（Kevin R. Roberts，2014）通过案例分析的研究方法探索了海上餐饮的食品安全追溯体系。马尔蒂姆（Aarian Qarcia Martime，2014）运用 RBV 方法研究了追溯体系技术革新对于企业可持续发展的影响。

国内的学者也做了相关的研究，早期在对于质量安全的相关研究中，杨天和（2006）在《基于农户生产行为的农产品质量安全问题的实证研究》中，以江苏省水稻生产为例，通过问卷调查，从农户基本情况、对稻米质量安全的认知、稻米生产过程中的安全问题、农户在生产优质安全稻米过程中面临的市场问题、优质安全稻米生产过程中的政府规制问题等方面，系统地描述了江苏的苏南、苏中和苏北三个不同的经济区域的农户在优质安全稻米生产中的总体行为特征，并运用 Logit 模型对影响农户安全农产品的生产因素作了定量研究，在此基础上，提出了相关的政策建议。之后叶俊焘（2012）基于四川 60 家企业的调查与分析的数据，选择市场变量、管制变量与特征变量 3 类，共 10 个变量，利用因子分析法构建了利用一手数据从微观角度研究四川省食用农产品企业质量追溯行为模式的方法，并利用此方法，提炼了四川省使用农产品企业实行质量可追溯体系的行为模式。吴林海等（2014）以企业食品可追溯体投资行为为案例，构建了基于隐马尔科夫模型（HMM）的决策意愿模型，其研究结论显示：食品生产者投资决策行为的改变主要是从食品可追溯体系中获得了经济收益，预期收益是影响企业投资决策最重要的因素之一。山丽杰等（2013）将垂直差异化博弈模型应用于食品可追溯体系研究，并通过 Matlab 模拟计算研究企业实施食品可追溯体系对消费者、生产者剩余以及社会福利的影响，以探究食品行业实施可追溯体系的效率。王晓平等（2013）通过建立企业与农户之间的博弈模型，分析得出在协议流通模式下，从长交易来看，企业与农户都会遵守协议的约定提供相应的数据以实现信息追溯，为农产品信息追溯提供信息保障。

（四）农产品追溯体系对策研究

费尔默等（Filmer et al., 2008）基于面板标记的方法设计了一个牛肉可追溯系统，他对于确保动物产品的质量安全具有重要的贡献。阿巴比奥（Patrica A. Foriwa Ababio, 2013）采用实地调研的方法，对加纳74个食品加工企业进行了开放和封闭式的调查问卷调研，调研结果表明：通过合适的机构为食品行业的工作人员进行食品质量安全的专业培训，同时鼓励学生从高中报读食品科学和食品制造技术专业的这些方案都可改善食品质量安全目前的局面。约翰（2013）基于水产品加工企业的追溯体系进行了研究，认为一个在各方面都处于较高优势的企业，其可追溯系统的设计和执行需要保持在一个更高的水平，才可实现企业更高层次的发展要求。弗兰赛斯卡（Francesca, 2014）通过对消费者和追溯体系的相关研究得出，生产者和政策制定者应该一起努力，以增强消费者对于可追溯食品的认知，从而加快食品追溯体系的建设。

在农产品追溯体系的国内相关研究中，最早张雪梅（2000）的研究认为，实现质量安全追溯性的途径主要有：变质行之有效的质量记录，严格按照质量记录的每项要求实录产品质量状况，制定严格的质量记录传递、交接以及保管程序，最后对质量记录采取纠正措施。陈雨生等（2014）提出，第一要加强食品安全宣传教育，改善社会食品安全观念；第二要加大食品安全追溯体系配套技术的支撑作用；第三要优先在大众城市建立食品安全追溯体系；第四是要提高食品安全可追溯信息传递的有效性。周洁红等（2011）依据交易费用和合约经济等理论提出了以批发市场为核心实施蔬菜质量安全可追溯是现阶段建设蔬菜质量安全管理长效机制最有效的途径。建立统一标准和相对独立的权威机构，加大官方监控和管理力度；通过财政补贴、税收优惠以及提高企业美誉度推动企业积极建立食品可追溯体系；建立快捷透明的信息供给机制；提高消费者特别是农村消费者的维权意识和认知程度等是建设食品安全可追溯体系的对策（侯熙格、姜启军，2012）。

（五）农产品产业链协同机制方面的研究

通过对农业纵向契约协作和纵向一体化机制对农产品质量安全影响（Holleran，1999；Vetter，2002）的研究发现，农产品产业链的特殊市场定位以及生产的自然属性能够促进产业链战略合作关系的形成（Den ouden M.，1996），通过产业链成为紧密的纵向一体化方式（Andrew Fearne，1998），解决追溯体系实施中信息不对称问题（Buhr，2003）。另外，供应链不同环节的农产品可追溯行为主体之间的协同日益成为一个重要问题（Christophe Charlier，2008；Ahad E. et al.，2009；Ross Jeffree and David H. Byron，2010）。诸多研究认为建立可追溯体系是优化中国农产品供应链的有效方法（牛林伟、张晓忠，2012；黄勇、徐梅芳，2012；刘华楠、李靖，2010）。王华书（2012）认为应该把食品安全管理责任分配到整个供应链的各个环节，改善质量安全问题，需要借助追溯体系准一体化契约分工形成的产业链稳定机制（纪玉俊，2011）。也有研究认为供应链协同通常借助包括专用性资产投资、监管以及诸如追溯体系之类的契约等来实现（Sandy and Shanker，2000）；产品的专用性越强，供应链协同机制的实施效果也越好（徐良培，2011）。李大鹏（2012）基于利益分配机制对供应链协同进行了研究。孙媛媛（2012）从物流平台的角度出发研究了农产品供应链的协同。吴绒（2015）将"绿色"和"环境"概念融入整个供应链当中，分析了农产品绿色供应链协同对农产品质量安全的影响。上述文献表明，供业链（产业链）协调的农产品质量安全一体化治理模式已经受到重视，但通过产业链协同确保可追溯体系的有效实施和运行问题有待于探讨。

二、农产品追溯体系实践发展趋势

当前世界上对食品追溯的要求，基本上分散在各种食品法规中。为了最大程度地保护消费者的安全，对食品链进行从农田/牧场到餐桌的全链追溯原则已经成为国际社会和大多数国家政府的共识，而且一定会有越来越多的国家将把追溯列为对农产品和食品的强制性要求，并出台详细具体的规定，还有可能使追溯成为国际市场上一个综合性贸易壁垒。全链追溯能力将成为越来越多的国家和地区、强势企业或行业对农产品和食品的基本要求。在相关法规要求不断增加和行业领先企业要求不断提高的情况下，国内外不同国家对于农产品追溯体系的实施、监管以及追责等方面的具体做法也会面临诸多挑战。

（一）国外农产品追溯体系实践发展趋势研究

（1）欧盟等发达经济体农产品追溯体系相关方面的实施比较早，所以取得的进展也比较多。欧盟从 2002 年就开始推动基于 30 多个子追溯计划的"推进欧洲可追溯性的优质化与研究"计划（Promoting European Traceability Excellence & Research，PETER），致力于促进欧盟农产品追溯的研究和实施。其中关键的 9 个子计划为：TRACE，建立食品来源追溯体系，发展良好追溯流程（GTP）；Co – Extra，建立转基因与非转基因农产品共存的追溯与标识工具与方法；GeoTraceagri，结合欧盟不同地域农场，整合管理软件进行追溯；DNA – TRACK，利用 DNA 进行新型食品全程追溯；OLIV – TRACK，建立橄榄油的追溯模式；ALCUEFOOD，建立欧盟与拉丁美洲加勒比海双向追溯合作模式；FoodTrace，建立完整的食品供应的追溯模式（Jostein Stor，Maitri Thakur and Petter Olsen，2013）。拉姆阿格里奥（Lmagliulo，2013）从乳制品的角度研究了追溯体系。

（2）美国从 2005 年开始，并规划于 2009 年在联邦层级强制实施 NAIS，覆盖牛、猪、马、火鸡、鹿、山羊、绵羊以及水产等多种动物，记录其生长期间的移动情况、追踪器养殖场地以及牲畜与外来动物接触情况，要求在动物疾病发生 48 小时之内，追溯到 70% 数量的可疑动物信息，并分为"养殖场注册""建立动物标识"和"建立动物追溯数据库"（Animal Tracking Databases，ATDs）3 个实施步骤①②。NAIS 核心的编码系统包括牧场标识码（Premises Identification Number，PIN）、畜群标识码（Group/Lot Identification Number，GIN）、动物个别标识码（Individual Animal Identification Number，AIN）。2009 年 7 月之后，规划结合动物健康资料库，发展动物追溯处理系统（Animal Trace Processing System，ATPS）（Dustin L. Pendell et al.，2010）。美国食品研究专家马丽斯·内斯特尔在《食品安全》（2004）、《食品政治》两部专著中系统地分析食品安全的性质特征，不仅阐明了政府监管食品安全的重要性，而且把食品安全上升到整治层面来认识，指出任何一个政党执政都必须全力监管食品安全。斯皮里格斯和莱赛克（Spriggs and Lssac，2001）指出，相对于食品安全监控与管理而言，国家对食品安全监管更为重要。艾伦（Ellen，2012）认为可追溯体系正在成为跟踪、监控和管理食品整个供应链的重要工具。丹尼尔（Daniel，2014）设计了一个电子信息系统，以保证肉制品行业的追溯系统。

（3）英国在 1999 年成立食品标准局（Food Standards Agency，FSA），作为独立的食品监督机构，英国食品标准局专门负责食品安全、标准制定和对食品供应链各个环节的监控。英国从标识、农产记录、家畜护照和跟踪系统 4 个方面进行建立家畜追溯体系；每头家畜都分配唯一的编号，通过统一格式和授权的耳标进行标识；农场必须记录家畜出生、转入、转出和死亡等信息；1996 年 7 月 1 日后出生的家畜须通过护照记录信息；政府建立了基于互联网的牛只跟踪系统（Cattle Tracing System，CTS），该系统记录了家畜从出生到死亡的转栏情况（Costa，2013）。英国在 1999 年成立食品标准局（Food Standards Agency，FSA）

① Swinker A. M.，Vanderman K. S. and Kniffen D. M. et al. Case study：A survey overview of United States equine show and event managers on the national equine identification system ［J］. The Professional Animal Scientist，2009，25（6）：774 - 778.
② Dustin L. Pendell，Gary W. Brester and Ted C. Schroeder et al. Animal identification and tracing in the United States ［J］. American Journal of Agricultural Economics，2010，92（4）：927 - 940.

以强化监管，是独立的食品监督机构，专门负责食品安全、标准制定和对食品供应链各个环节的监控。

（二）国内农产品追溯体系实践发展趋势研究

虽然中国的农产品追溯体系相对于美、英、日等国家而言起步得较晚，但近几年在农产品追溯的实施、监管以及追责等方面也取得了一定的进展。

（1）相关立法及追溯机制的建立。在 2004 年农产品追溯体系开始建设实施之后，《动物源性饲料产品安全卫生管理办法》（2004 年 8 月 2 日公布）、《国务院关于进一步加强食品安全工作的决定》（国发［2004］15 号）、《中华人民共和国农产品质量安全法》（2006 年 4 月 29 日公布）、《中华人民共和国食品安全法》（2009 年 2 月 28 日通过）、《中华人民共和国食品安全实施条例》（2009 年 7 月 20 日国务院令第 557 号公布）等相关法律规章相继出台；2015 年 10 月 1 日起施行的"史上最严"的《中华人民共和国食品安全法》，为颁布 6 年以来首次大幅度修订。修订后的《食品安全法》从 104 条增加到 154 条，新增 50 条，原有 70% 的条文获得了实质性修改，法律文本从 1.5 万字增加到 3 万字，法律责任从 15 条增加到 28 条。在以上政策法规的保障之下，追溯体系在实践层面得到了快速的推广和发展。一方面，纵向来看，中国自 2004 年开始实施食品追溯体系以来，4 月国家食品药品监督管理局联合农业部等八家单位全面启动食品药品放心工程，国家食品药品监督管理局等部门启动肉类食品溯源系统建设项目；6 月国家条码推进工程办公室在山东省潍坊市寿光田苑蔬菜基地和洛城蔬菜基地实施"蔬菜安全可追溯性信息系统研究及应用示范工程"；7 月国务院组织召开常务会议，就食品安全问题作出重要指示；9 月国务院公布《进一步加强食品安全工作的决定》，明确将建立农产品质量安全追溯制度；同一年"进京蔬菜产品质量溯源制度试点项目"启动，该项目由北京市农业局和河北省农业厅共同承担，项目选择河北 6 县市蔬菜基地，使用同一的包装和产品追溯标签（郑火国，2012）。另一方面，横向范围来看，张锋（2011）的进一步研究发现，自2004年2月8日起，上海市实施了"上海食用农副产品质量安全信息平台"，对农产品的生产过程监督和控制、条码识别技术和网络信息查询进行系统化管理；2005年8月28日厦门市正式实施肉制品质量查询体系，消费者能够获得肉制品生产经营的全部信息，以便有效地了解肉制品的生产质量；2005年9月，济南市开启了食品安全信用体系试点建设工作，建立健全了农产品市场准入制度、食品安全事故追溯制度和不合格食品退市制度；宁夏回族自治区农牧厅搭建的宁夏农产品质量安全追溯系统，采用条码技术，RFID技术将农产品生产环节的所有信息手机保存到后台的数据库，消费者通过手机短信、网络、触摸屏等方式进行查询，政府部门也可以通过平台查询产品信息、执法监管，该系统已经于2010年6月开始上线试运行。

（2）农产品追溯体系监管方面的研究也在不断地完善。根据早期的研究，（胡兰英，2004；冯恩东，2005）认为农产品质量安全监管的法律法规体系不够完善，职能部门职责交叉和联合监管不力，风险管理和预防体系建设还显落后。迄今为止还没有真正开展农产品质量安全的风险分析与风险管理，还没有真正建立起有效运行的农产品质量安全信息与检测网络体系。但目前根据王为民（2013）的研究发现，在追溯体系的监管下，农产品质量安全不断向好，具体体现在：一是依法监管格局基本形成。国家相继颁布实施了一系列法律法规，农业部先后配套出台了产地安全管理办法、包装标识管理办法和监测管理办法等部门规章，发布了50种农药禁限令和47中兽药禁限令。各地依法制定了系列配套法规和规章，农产品质量安全步入依法监管的新阶段。二是突出问题有效遏制。近年来，农业部连续组织了、开展了专项整治、"驻澳行动"、农兽药整治、奶站和饲料专项整治、农资打假等一系列治理行动，持续深入推进执法监管工作，集中力量治理突出问题隐患。三是重大活动保障有力。近几年，中国成功举办了北京奥运会、上海世博会和广州亚运会等一系列重大活动，农业部门采取有力的监管措施，为重大活动期间的农产质量安全提供了有力保障。四是农业标准化扎实推进。农业标准化是解决农产品质量安全问题的治本之策，近年来中国农业标准化工作得到长足发展，标准体系逐步完善，目前农业方面的国家标准和行业标准总数达到了 4 800 多项。"菜篮子"产品标准化创建工作大力推进，创建了一批国家级农业标准化整体推进示范县（场），规划建设了一批蔬菜水果茶叶标准园、畜禽标准化规模养殖场和水产标准化健康养殖场。五是能力建设日益加强。检验检测体系全面强化，2006 年启动实施了《农产品质量安全检验检测体系建设规划》，农产品质量安全检验检测能力和技术水平有了大幅度的提升。监管体系逐步加强，全国省级农口厅局中，基本都成立了农产品质量安全监管局（处、办），乡镇监管机构的监管服务范围覆盖了全国 94% 的涉农乡镇，农产品质量安全监管能力和水平日益增强。

（3）在农产品追溯体系的追责方面，自 2007 年以来，历年的中央 1 号文件都对建立健全农产品质量安全追溯管理制度提出明确要求。《国务院关于加强食品等产品质量安全监督管理的特别规定》、《农产品包装和标识管理办法》、《畜禽标识和养殖档案管理办法》等法律文件对质量安全追溯和责任追究等方面提出了明确要求，市场上销售不符合标准的农产品，要追根溯源，查明责任，依法处理。此外，地方政府也结合地方农产品质量案监管现状，因地制宜制定了相关地方文件，如杭州市人民政府专门印发了《关于农产品质量安全追溯管理工作的意见》（王为民，2013）。

三、已有研究评析与启示

通过对以上国内外研究成果的分析与梳理，可以发现国内研究大多停留在农产品追溯体系自身发展和借鉴国外经验方面，少数针对部分农产品追溯体系的研究也仅限于国内消费主体的行为，而基于需求市场将追溯体系的建设与农产品的出口贸易联系起来的相关研究基本没有，更缺乏得到基于应用模型和实证基础的可行性分析支持。总体来看，国外这些极为丰富和深刻的理论与应用研究，为本研究提供了借鉴和逻辑起点，但是中国独特的国情以及农产品和农业发展的特殊性对其他国家的模式与经验构成了明显的约束。

已有研究至少在以下四个方面存在一些不足：第一，国外这些极为丰富和深刻的理论与应用研究，为本研究提供了借鉴和逻辑起点。尤其是发达国家在追溯体系和质量安全监管等方面的相关理论以及与之相适应的研究方法创新方面的成功经验为本研究提供了重要参考。但是中国独特的国情以及农产品和农业发展的特殊性对其他国家的模式与经验构成了明显的约束。第二，国内多数学者更多的研究只是停留在了农产品追溯自身发展和借鉴国外经验方面，只有少数的学者针对部分农产品追溯体系进行初步探讨，仅限于某个农产品供应链中单一环节的主体行为。而对于农产品供应链模式中的可追溯机制的影响因素、供应链各个环节的利益主体的博弈行为、供应链利益主体的可追溯激励机理，缺乏深入的理论探讨和实证分析。此外，对于从供应链视角探讨农产品追溯体系的政府监管机制研究，却缺乏总体性和系统性。第三，已有研究在农产品可追溯方面的研究已经取得初步的进展，但由于农产品供应链可追溯的及其绩效的复杂性和不确定性，其测度理论与方法的研究具有更明显的复杂性和研究难度。基于供应链对农产品的追溯体系的监管等方面的研究尚处于起步阶段，还未形成完整的方法体系。第四，已有文献基于激励角度来分析农户参与追溯体系的行为，也有专门研究如何加强农产品安全监管的，但从激励与监管的视角来保障农产品出口企业实施追溯体系的相关文献非常少见。对于世界第五大农产品出口国的中国而言，立足需求市场，通过激励与监管两方面分析出口农产品企业的质量安全追溯体系建设，探析目前体系建设过程中存在的问题具有重要的现实指导意义。

总之，农产品的可追溯体系运行及其绩效，依赖于供应链内部激励机制和外部的政府监管机制，因此，基于农产品的供应链，探析基于农产品的供应链可追溯机制的关键因素及其作用机理、政府管制绩效和模式选择，分析和比较农产品供应链可追溯体系的内生激励机制和外部的政府监管模式，为构建符合中国实际的农产品追溯体系安全监管机制提供理论与客观依据。

第二章

农产品全产业链追溯
体系实施的理论依据

本章以信息不对称理论、利益相关者理论、供应链理论等为基础，构建农产品追溯体系内部激励、外部监管和全产业链协同机制的理论框架，并立足于创造企业租金、降低运营成本、打造品牌效应、营造营销优势等途径对可追溯体系的价值实现机制进行理论分析。

第一节　农产品全产业链追溯体系基础理论

在对农产品、农产品质量安全、农产品供应链以及农产品追溯体系的内涵及属性界定的基础上，基于以上概念着重对追溯体系的作用机制进行理论梳理。

一、概念界定

对农产品追溯体系概念的理解建立在一系列相关的基础性理论之上，具体可从以下方面进行阐述：

农产品：本项目的农产品是指可直接食用的初级农产品和以农业原

料及初级农产品为主要原料的二次或多次加工农产品，尤其以可直接食用的初级农产品及原料为主（粮油、果蔬和畜产品）。

农产品质量安全：针对农产品自身及相关活动而言。农产品自身质量安全指农产品自身各项技术指标与卫生标准符合国家或相关行业标准；农产品相关活动质量安全指用于最终消费的农产品在生产、加工、储运、销售等各环节免受有害物质污染，使农产品有益于人体健康所采用的各项措施。

农产品供应链：是由农用生产资料供应商、农产品生产者、农产品加工商、分销商、零售商以及物流配送企业等"从农田到餐桌"上下游企业构成的网链式体系。

农产品全产业链：全产业链是指由田间到餐桌所涵盖的种植与采购、贸易/物流、食品原料/饲料以及生化、养殖与屠宰、食品加工、分销/物流、品牌推广、食品销售等多个环节构成的完整的产业链系统。通过对产品质量进行全程控制，实现食品安全可追溯，打造"安全、放心、健康"食品产业链；而农产品全产业链运作模式是一种农业产业化创新经营模式，其运作关键是纵向一体化和紧密型多元化经营的有效协同，要实现农产品从种养源头到餐桌的全程质量安全，关键在于技术主导型和资源驱动型全产业链治理的有效整合。

农产品追溯体系：指在农产品生产、加工和流通过程中对农产品质量安全信息进行记录存储并可追溯的保证体系。包括单一生产经营者（从生产、加工、包装到仓储、运输、销售等环节）独立完成的追溯和各环节生产经营者（从原料供应到生产、加工、包装、仓储、运输、销售等环节）合作完成的追溯。

不同农产品追溯体系：指根据政府规制不同将农产品追溯体系分为强制性追溯和自愿性追溯，强制性追溯指政府制定相关法规强制要求生产经营者的产品必须实施可追溯，自愿性追溯指生产经营者自愿选择是否实施自己产品的可追溯。

农产品追溯体系的利益主体：指农产品追溯体系的主要利益相关

者。包括：实施者—生产经营者（农产品供应链中从事初级农产品及原料生产、加工、储运、销售等不同环节的不同生产经营者及产业组织）；受益者—消费者（消费者个人和消费者组织）；推动与监管者—政府（中央和各级地方政府）。

农产品追溯体系的激励与监管机制：激励机制是指农产品追溯体系中不同利益主体之间的激励约束关系，既包括初级农产品及原料生产、加工、储运、销售等供应链中不同环节生产经营者之间的内部激励机制，也包括消费者、政府、公共媒介等对生产经营者的外部激励机制；监管机制是指农产品追溯体系的利益主体经过行为和利益博弈所达成的相互制衡机制或制衡体系。

二、农产品追溯体系理论基础

追溯体系（Traceability System）是一种系统或制度安排，通过正确识别、如实记录与有效传递产品信息来实现产品的可追溯性。可追溯性具有广义和狭义之分。狭义的可追溯性指追踪供应链中不同阶段各种投入品来源的能力。广义的可追溯性即 TTA（Traceability，Transparency and Assurance），不仅包括可追溯性，还包括透明度和质量安全保证[①]。对消费者而言，TTA 体系包括食品安全和农场生产方法的质量保证，比单纯的产品可追溯具有更高的价值[②]。

在追溯制度建设中，可追溯性（Traceability）是一个基础概念。各国和有关国际组织对"可追溯性"的定义尚未形成一致理解。到目前为止，欧盟（EU）、国际标准化组织（ISO）等国际组织给出的定义有所不同，且各国也针对自身经济发展对可追溯性概念提出差异化的内涵界

---

① Liddell S. , Bailey D. V. Market opportunities and threats to the U. S. pork industry posed by traceability systems [J]. International Food and Agribusiness Management Review, 2001 (4): 287–302.

② Hobbs J. E. , Bailey D. V. , Dickinson D. L. et al. Traceability in the Canadian red meat sector: do consumers care? [J]. Canadian Journal of Agricultural Economics, 2005 (53): 47–65.

定。国际标准化委员会认为"可追溯性"是指"通过记录的标识追溯某个实体的历史、用途或位置的能力"。这里的"实体"可以是一项活动、一种措施、一种过程、一个产品、一个机构或一个人（赵明、刘秀萍，2007）。农产品标准委员会（Codex）把"可追溯性"定义为能够追溯农产品在生产、加工和流通过程中任何特定阶段的能力，将"农产品可追溯体系（Food Traceability System）"定义为农产品供应各个阶段信息流的连续性保障体系（于辉，2006）。日本农林水产省把可追溯制度定义为生产履历制度，在《农产品追踪系统指导手册》中，将"农产品追踪系统"定义为"能够追溯农产品由生产、处理、加工、流通及贩售的整个过程的相关信息"（赵明、刘秀萍，2007）。尽管各国对可追溯性的定义有所区别，但对于可追溯的基本内涵和功能的认识基本一致，认为可追溯应该包括三个维度的内涵：第一，广度，描述追溯体系记录信息的数量；第二，深度，描述系统向前或向后能追溯有多远；第三，精确度，确定问题源头或产品某种特性的能力。追溯一般应该具有追踪和溯源两个基本功能。追踪是指沿着供应链条从开始到结尾跟踪产品向下游移动的轨迹，即提供下游信息（Downstream），换言之，就是从农场到零售阶段的自上而下追溯，主要用来查找产生质量安全问题的原因和位置；而溯源是指通过记录沿着整个供应链条向上游追踪产品来源，即提供上游信息（Upstream），换言之，就是从零售阶段到农场的自下而上追溯，用来召回或撤销产品。可追溯体系包括两种基本的类型，即内部追溯和外部追溯，内部追溯主要针对组织内部各环节间的联系；外部追溯是针对组织在供应链内同上游和下游间的联系。

一般而言，一个完整的追溯体系需要包含以下几个方面的主要内容：一是识别可追溯单元，可追溯单元的识别是建立可追溯体系的基础；二是信息收集和记录，要求企业在农产品生产和加工过程中详细记录产品的信息，建立产品信息数据库；三是环节的管理，对可追溯单元在各个操作步骤的转化进行管理；四是供应链内沟通，可追溯单元与其相对应的信息之间的联系。根据追溯体系所能追踪到的供应链环节的幅度，可以进一步分为：国家源追溯、零售商追溯、加工商追溯、农场追溯和完全追溯（见表 2 - 1）。这种分类可为不同的食品安全问题提供相应深度的追溯体系，如预防疯牛病需追溯到动物饲料的相关信息，只有完全可追溯体系能满足要求；而预防动物结核病需追溯到农场的操作过程，农场追溯就能够满足，无须完全追溯，因此能节省大笔的追溯成本。

表 2 - 1   **追溯体系的种类及定义**

分类	定义
完全追溯体系	从零售阶段可追溯到包括农场阶段家伙牲畜的遗传基因、饲养品及生产系统等
农场追溯体系	对单一产品所属农场的可识别，但不能追溯到原始生产成分
加工商追溯体系	对单一产品加工商的可识别，但不能追溯到生产商
零售商追溯体系	对单一产品零售商的可识别，但不能追溯到加工商
国家追溯体系	对单一产品来源国的可识别，但不能追溯到零售商或加工商

资料来源：根据利德尔、拜雷（Liddell and Bailey, 2001）及作者整理。

农产品同时具有搜寻品、经验品和信任品的三种特性（Nelson, 1970；Casewell, 1991；Vonwitzke and Hanf, 1992），它的经验品和信任品特征使消费者和生产者都面临严重的信息问题，包括不完全信息和不对称信息，在农产品供应链的任何供求双方都将会面临不完全信息和不对称信息。在信息不对称的农产品市场中，买方根据以往经验可以大致了解市场中的农产品质量安全水平，并且依据这个平均水平预期的价格来购买农产品；将导致信息优势一方——尤其农产品生产企业——卖方的逆向选择行为，这样就导致平均质量安全水平上的农产品购买量减少而被迫退出农产品市场，从而导致市场中的农产品安全水平进一步下降。基于信号传递的机理，农产品可追溯体系的建立在某种程度上解决了信息不对称问题。农产品可追溯体系可以使农产品市场交易透明化，一方面可以引导消费者选购农产品，维护买方权益；另一方面又可以帮助卖方宣传产品，扩大产品销路，提高产品竞争力。由于不同消费者的消费偏好和风险承受能力不同，所以增加农产品的信息而非直接干预市场是市场化的选择。农产品可追溯体系作为一种良好信号传递工具有助于引导消费者需求偏好，这种需求偏好信息通过价格机制反馈给卖方，迫使后者自愿改进农产品安全标准。但是并非所有消费者都能够具备完善的专业知识，并对危害作出恰当的评估。农产品可追溯体系的建立、实施者对可追溯的农产品质量安全信息的认识往往要比普通消费者高出很多，除非有关部门强制要求市场内所有农产品生产企业把与农产品质量、安全相关的所有信息都进行标识，建立完备的追溯体系，否则并不是所有的农产品生产企业愿意主动将农产品相关的风险信息传递给消费者。消费者在获取这方面的信息途径又相对较少，对农产品质量来源、严重程度以及危害的认知很少，获取信息的成本较高。尤其对于家庭比较贫穷、生活水平相对较低的弱势群体更是如此。所以，除了农产品可追溯体系外，其他强制性的政府行为也是重要的补充措施。

农产品质量安全追溯体系具有明确划分责任、降低外部成本以及传递质量信号的功能，可以从根本上解决由于信息不对称引起的农产品质量安全问题。与普通农产品相比较，生产带有质量安全信息的可追溯农产品必然会增加企业的额外生产成本，而政府监管部门相应地需要在激励与监管方面投入更多的人力财力以确保可追溯体系的有效实施。政府监管部门、生产者以及消费者各主要利益相关主体，在衡量各自的成本收益基础上，互相研究对方的策略并不断进行自我调整，以期达到帕累托最优（及志松，2009），在契约交易而发生重复博弈的基础上，农户更倾向于"不违约"（闫倩，2011）；在一次博弈的情况下，农户与企业之间的交易存在较大的违约风险，不利于可追溯制度的建立，市场惩罚力度的大小是影响企业是否实施追溯体系的最重要因素，而收入、成本和罚款的比较也在一定程度上决定了企业的策略选择（陈红华，2008）。

三、信息不对称理论与农产品追溯体系

信息不对称理论是经济学中的一个重要的理论，最早由美国的三位经学大师约瑟夫·斯蒂格利茨、乔治·阿克洛夫和迈克尔·斯彭斯在1970年提出。信息不对称主要是指在交易中各方参与者拥有的信息不同，在经济活动中，掌握信息比较充分的参与者往往处于比较有利的地位。例如，日常生活中的卖方往往比买方拥有更多产品信息，在经济活动中处于有利地位。根据信息不对称理论，买卖双方中信息劣势方会努力从信息优势方获取信息。虽然信息不对称在市场中普遍存在，但其存在的市场运行时无效率的。信息不对称的主要表现形式，包括信息源不对称、信息时间不对称、信息数量不对称、信息质量不对称和信息混淆等①。交易之后发生的信息不对称容易导致"逆向选择"，相反，信息不对称若发生在交易之前容易导致"到的风险"。

"逆向选择"是现代主流经济学的一个惯用词语，一般是指市场的交易双方无法查知对方商品的种类及质量时，导致的市场中大量劣货排挤好货并最终占领市场的过程，即所谓的"优胜劣汰"过程。在信息不对称的农产品市场中，买方根据以往经验可以大致了解市场中的农产品质量安全水平，并且依据这个平均水平预期的价格来购买农产品，这样就导致平均质量安全水平上的农产品购买量减少而被迫退出农产品市场。由于高质量安全水平的农产品退出市场，将导致市场中的农产品安全水平进一步下降。更进一步，买方愿意支付购买农产品的价格也随之下降，卖方依据农产品市场反映而减少生产高质量安全水平的农产品，连锁反应将导致农产品质量安全水平进一步下降，连锁循环，周而复始，最后的结果就是高质量安全性农产品市场难以存在，只剩下劣质不

---

① 陈松，钱永忠. 农产品质量安全追溯管理模式研究［M］. 北京：中国标准出版社，2014. P31.

安全农产品，这就是"劣币驱逐良币"在农产品市场上的体现，也就是由于信息不对称而导致的"逆向选择"带来的市场价格扭曲从而使得农产品市场呈现出"柠檬市场"特征。在现实的经济生活中，存在着一些和常规不一致的现象。本来按常规，降低商品的价格，该商品的需求量就会增加；提高商品的价格，该商品的供给量就会增加。但是，由于信息的不完全性和机会主义行为，有时候，降低商品的价格，消费者也不会做出增加购买的选择，提高价格，生产者也不会增加供给的现象。

道德风险是指交易双方在达成协议之后，具有信息优势的一方在最大化自己利益的同时，损害信息弱势一方利益的同时并不承担责任的一种行为。市场交易参与者努力实现自身效用最大化，由于信息不对称，就会诱发机会主义行为，从而带来更大的风险[1]。在农产品市场中的道德风险主要表现在两个方面，一个是农产品生产者也就是农户故意隐瞒农产品质量信息的道德风险；另一个就是农产品的经销商（也是加工者）故意的降低农产品质量的道德风险。农户作为农产品的生产者，农产品最初的质量安全是由他们来把控的，所以在农产品的质量方面他们拥有着最初的信息优势。但是由于目前中国农业仍处于分散的小农生产阶段，农户的受教育水平普遍偏低，在缺少外部监管和内在激励的基础上，农户将有更强的冲动产生道德风险。农户发生道德风险的主要手段有：过量施用化肥、农药和添加剂，使用合同中禁止的农药和添加剂，以及在不恰当的时期使用上述投入品等，从而就导致农产品的质量低于合同规定的标准[2]。经销商作为农产品"从农田到餐桌"的中间者，对于农产品的质量也起到重要的作用。经销商发生道德风险的动机主要来自于他们对于利益最大化的追求，因为他们为了降低成本、增加收益会将低于市场标准的农产品输送到市场，或者有意地将次等的商品经过人

① 陈松，钱永忠．农产品质量安全追溯管理模式研究 [M]．北京：中国标准出版社，2014. P31.
② 孙小燕．农产品质量安全信息传递机制研究 [M]．北京：中国农业大学出版社，2010. P99.

为的加工以优等商品的价格出售。

解决"逆向选择"和"道德风险"必须将有效信号传递给信息不完全的买方，或由买方诱使卖方尽量多地披露其他信息。信号传递是解决这种信息问题导致的逆向选择的一种途径。其机理在于通过研究生产、企业的行为规律，发现信息优势的卖方向市场传递有效的市场信号，一边判断不同农产品质量的卖方信息。无论生产企业的行为特征与农产品质量是否有关或存在何种关系，只要生产企业的某个特征与某种特定农产品质量类型的卖方构成函数关系，就可以把这一特征作为判断标准，被确定的标准对于劣质卖方模仿成本需要足够高，劣质品卖方不会表现出这一特征时，此信号传递模型的设计就是成功的。在农产品市场，农产品可追溯体系作为一种良好传递信号工具有助于引导消费者需求偏好，这种需求偏好信息通过价格机制反馈给卖方，迫使后者自愿改进农产品安全标准。但是并非所有消费者都能够具备完善的专业知识，并对危害作出恰当的评估。农产品可追溯体系的建立、实施者对可追溯的农产品质量安全信息的认识往往要比普通消费者高出很多，除非有关部门强制要求市场内所有农产品生产企业把与农产品质量、安全相关的所有信息都进行标识，建立完备的追溯体系，否则并不是所有的农产品生产企业愿意主动将农产品中有关的风险信息传递给消费者。消费者在获取这方面的信息途径又相对较少，对农产品质量来源、严重程度以及危害的认知很少，获取信息的成本较高。尤其对于家庭比较贫穷、生活水平相对较低的弱势群体更是如此。所以，除了农产品可追溯体系外，其他强制性的政府行为也将是重要的补充措施。

四、利益相关者理论与农产品追溯体系

随着经济和社会的发展，利益相关者理论已被广泛应用于各个领域，农产品可追溯体系的建设也是其中之一。利益相关理论规定了农产品可追溯体系的一般主体，其核心思想主要体现在生产者（包括农户）、

政府、消费者等不同利益主体在农产品可追溯过程中分别承担生产、加工、销售、运输、存储、监管和消费等不同环节的责任和义务。管理学界对利益相关者（Stakeholder）有两种定义：一种认为"利益相关者是环境中受组织决策和政策影响的任何有关者"；另一种认为"利益相关者是能够影响企业或受企业决策和行为影响的个人与团体"。大多数学者都倾向于后一种定义，即要求企业与股东、社区和政府等的关系作为相互内在、双向互动的关系，纳入广义的企业管理范围。现代西方管理学家又将利益相关者分为"初级利益相关者"和"二级利益相关者"，不同企业因性质类型和经营范围各不相同，利益相关者也不尽相同。从利益相关者的一般定义出发，农产品可追溯体系利益相关者首先是建立在农产品质量安全基础上的与农产品产业链密切相关的个人、团体及政府组织，具体包括农户、生产者、加工者、流通中的运输、存储企业、中介组织和销售商、消费者、政府和科研机构等，所有这些利益者的行为对终端农产品的可追溯具有重要影响，终端农产品是否可追溯与他们也有千丝万缕的利益关系。

在一个企业内部由于各利益行为主体之间的目标存在差异，就可能出现规避责任的问题。所谓规避责任是指在相互依赖的生产过程中，每一个生产者的个人努力只有自己知道，其他人是不可能观测的或难以观察的。当缺乏有效的监督手段或监督成本很大时，个人就会企图以某种方式减少自己的努力。当一项事业需要许多人的共同努力才能完成，并且很难衡量每个参与者的具体贡献时，个人就受从事规避责任的机会主义行为的激励。规避责任在公共物品的生产和协作生产过程中经常发生，在农产品市场中也同样十分常见。农产品质量安全涉及从农产品生产原料供给、农产品生产、农产品加工、分销等整个农产品供应链各个阶段的质量控制，因此从宏观角度上，农产品从生产的源头经由供给链的各个环节最终到达消费者的安全性与农产品供给链上所有利益主体都有关。因此，农产品供应链的各个利益主体行为决定了农产品质量的安全性，任一利益主体提供的农产品质量都会影响以后阶段农产品的安全性，这决定了农产品链上各个利益主体都对农产品安全承担着非常重要的责任。

可追溯体系是一种"界定产权"交易工具，主要针对农产品质量安全问题而设，这些质量安全问题要么检测困难，要么检测会影响交易的及时性，所以，消费者无法及时发现质量安全问题，由此引起交易中的责任纠纷和个人的机会主义行为，可追溯体系通过一个"延迟权利"来将质量责任最终"归结"到最初责任者，从而减少检测的同时，也改变责任的行为预期（周德翼，2008）。在农产品安全问题发生时，如何追根溯源将有利于农产品安全问题的解决，将经济损失和社会影响降至最小，那么界定农产品安全的权利和责任则更显重要。农产品可追溯体系的建立和实施使农产品质量安全信息透明化、公开化，并根据各环节信息明确农产品各环节利益主体的责任，使农产品安全由信任品转化为搜寻品，有助于克服或缓解农产品市场的信息不完全和信息不对称，解决农产品安全市场失灵问题。一方面可以确保有质量安全隐患的农产品退出市场，便于对有害农产品进行及时"召回"。同时，也对企业的行为进行管制，防止企业产生故意隐瞒的行为，督促企业及早采取措施，减少企业规避责任的机会主义行为发生，从而尽可能地降低质量安全隐患的农产品对民众安全造成的损害；另一方面可以给消费者及相关机构提供信息，及时避免因农产品安全责任问题引起的混乱。因此，政府、消费者、农产品生产企业等利益相关者在农产品可追溯体系中都有各自相应的责任和权利。

五、供应链管理理论与农产品追溯体系

供应链管理以各种技术尤其是信息技术为依托，以集成化和协同化思想为指导，应用系统的方法来管理供应链上的所有节点间的相互关系，以期在供应链上各节点间建立一种战略伙伴关系，实现从原材料供应商、制造商、分销商、零售商直到最终用户的信息流、物流、资金流

在整个供应链上的畅通无阻地流动，最大限度地减少内耗、实现供应链整体效率的最优化，最终达成供应链上所有企业共赢目的的过程①。其中，农产品供应链属于供应链的一种类型，同样注重完整性及信息的重要性。但是农产品供应链源于农业生产，而农业生产与工业生产、流通生产相比存在巨大差异。主要表现在三个方面：首先，农业生产高度依赖自然环境，其生产和运营过程的可控性差，产品不具有完全的同质性，决定了生产的不确定性大、风险高。其次，农业投资回收期长，吸引资本的能力弱。最后，农业生产的效果受农业生产物影响的程度大。

首先，对于中国这样以分散经营的小规模农户为主的农产品供应链而言，农户作为农业生产主体和供应链中核心企业的供应商，既是生产者也是管理者，其行为模式比较复杂，受文化程度、经济状况等因素影响而波动；从数量特征上看，农户作为供应商的数量是相当巨大的；从农户对市场信号和经济信息的认知、判断和反映来看，由于农户信息搜集和加工能力不高，其进行价格预期的理性有限，缺乏获得信息并进行信息传播的动力。

其次，农业产业化经济组织通过合约关系把分散的生产、收购、储运、加工、销售等环节有机地结合起来，形成完整的农产品供应链②。在产业化组织的带动下，农户克服了小规模分散经营缺乏市场竞争力的劣势，规范生产过程，以产业化组织为代表进行市场谈判，提高了市场竞争力③。农户的生产过程是农产品供应链的初始环节，也是最基础的环节。但小规模农户的分散经营，不利于标准化生产，在食品追溯体系建立过程中需要耗费大量的人力、物力、财力进行信息存储和生产过程的监督。政府监管成本高、对农户的直接约束弱和农户间的信息不对

---

① 资料来源：管理会计网（http：//www.cma-china.org/CMABase/SCM/SCC/SCC022.htm），下载时间：2010 年 9 月。

② 赵荣.中国食用农产品质量安全追溯体系激励机制研究 ［M］.北京：中国农业出版社，2012：21.

③ 胡定寰，杨伟民.农产品的食品安全、可追溯性与现代供应链 ［J］.科学决策，2007，12：14 - 15.

称，给食品追溯体系的建立带来很大的困难。

最后，通过供应链管理，政府通过农产加工企业或合作社来连接农户，实施食品质量安全信息的追溯。由供应链中的加工企业和合作社等产业化组织监督农户生产，保证供应链中物流和信息流的畅通，一方面提高了供应链的管理效率；另一方面在食品追溯体系的约束下，农户要对生产的农产品承担安全责任。这样农户会自觉地按照安全农产品的生产操作来生产农产品①。

六、农产品追溯体系各利益主体的行为理论

在整个农产品的供应链追溯体系中，相关主体主要包括：农产品追溯关键节点的实施者——农产品生产企业和农户；追溯体系的主要受益者及最终成本承担者——消费者；追溯体系的监管者和推动者——政府部门。生产者、消费者以及监管者是追溯体系建设的主要参与者，也是追溯体系的主要受益者，其行为选择对追溯体系的实施存在明显的影响。

生产者行为：主要包括的是农户和农产品生产企业，农产品的质量是由生产者最终选择的，所以生产者共同的特点是他们掌握着农产品生产过程中几乎所有的质量信息，因此深入探索农户和农产品企业在参与农产品质量追溯体系中的行为动机，对于信息披露和有效的实施农产品追溯体系具有重要的作用。

第一，农户行为受各种不同因素的影响：同任何经济主体的行为一样，农户的行为受以下基本因素的制约。（1）农户从事一定的活动总是要有一定的利益动机，利益最大化是农户进行最优生产、消费决策的目

① 王慧敏，乔娟. 农户参与食品质量安全追溯体系的行为与效益分析——以北京市蔬菜种植农户为例［J］. 农业经济问题，2011，02：45－51＋111.

标①。（2）农户必须具备对外界信号做出决策和选择的权利和能力，只是由一国的经济制度和体制决定的。（3）在影响农户决策的内部因素中，有户主文化程度、人口和劳动力数量及土地面积。（4）影响农户决策的外部因素有自然环境条件、农技推广成本与效益、政策、市场、社区及邻里关系、推广服务体系等。（5）农户能否对外界环境做出反应，反应的速度如何，还取决于能否得到信息以及接受信息的速度。信息因素可决定农户行动的方式和方向②。

第二，生产者的行为动机和行为意愿主要受以下几个方面因素的影响：国外研究表明，生产者实施可追溯体系的动机主要有三个方面：（1）优化供应链管理，减少产品交易和管理成本；（2）寻求产品差异化，提高产品竞争力；（3）降低由于食品质量安全事件所造成的各种损失和风险（Golan，2000；Pettitt，2001；Choices，2003；Souza Monteiro et al.，2004；Golan et al.，2004）。此外，生产者实施可追溯管理行为主要还是由成本和收益决定的，获益越大，实现追溯管理的积极性越高（Caswell et al.，1998；Masten et al.，2000）。国内许多学者对中国的农产品生产者的行为进行的大量实证研究结论基本上都表明，企业特征变量中的企业获得质量认证、产品是否出口，外部环境变量中的政府政策以及市场预期中的风险预期及消费者支付意愿预期都对企业行为影响显著，其中除风险预期外都有正向影响（杨秋红等，2009）；企业主要出于保障食品原料的质量安全、获取政府的补贴和政策支持、获得市场利益以及表明企业的食品质量安全责任这四个方面的考虑建立追溯体系（韩阳等，2011）；影响企业实施可追溯体系的投资意愿和投资水平的因素不完全相同，影响投资意愿的重要因素主要有企业人员规模、管理者的年龄、预期收益以及政府的优惠政策，影响投资水平的因素主要有加

---

① 张启明. 农户行为分析与农业宏观调控政策［J］. 中国农村经济，1997，06：35－38.

② 袁晓菁，肖海峰. 我国猪肉质量安全可追溯系统的发展现状、问题及完善对策［J］. 农业现代化研究，2010，05：557－560.

工业的行业特征，销售的规模、管理者的学历以及预期收益①。

第三，在参与农产品质量安全追溯体系的过程中，不论是农产品生产企业还是农户都表现出"经济人"的理性行为，追求自身利益的最大化。如果可追溯体系的实施在农产品价格、市场准入、产品信誉等方面可以增加生产者的收益，降低生产企业的交易成本，并且这些正面的影响效应能够克服由于技术难度、市场风险给农户带来的负面影响，生产者则有较强的意愿参与农产品可追溯体系，形成正向的激励机制。若参与可追溯体系产生的额外收益不足以抵消由于实施追溯体系导致的成本增加，则会形成明显的负面激励效应，影响生产者参与追溯体系的积极性。

消费者行为。消费者的购买行为主要是指消费者为了满足自身需要而发生的购买和使用商品的行为活动，是满足其消费需要的前提条件，受消费者心理活动的支配。消费者购买行为包含从认知到评价直至购买决策以及购后评价的整个过程。

第一，认知是指人们对于客观事物的评价，即"印象"，也称"信念"。消费者通过感觉、知觉、思维等认知活动，形成了对某些客观对象或者产品的认知、理解、评价等。当认知度消费问题对消费者而言是非常重要的事情时，消费者会利用自身对消费问题的知识记忆，或可用的外部信息来解决问题（罗伯特·S·平狄克，2006）。我们不妨将认知归结为心理因素部分，即消费者对可追溯食品知识的了解和信任程度等。

第二，消费者所处的市场环境以及产品本身的特征，都会对消费者的支付意愿产生影响。若市场上对于产品质量安全问题进行相关报道，例如，当2008年的三鹿奶粉的"三聚氰胺"事件曝光之后，一系列的国产奶粉也相继被爆出质量安全问题，这就将消费者的购买偏好引向了

---

① 山丽杰，吴林海，徐玲玲．企业实施食品可追溯体系的投资意愿与投入水平研究［J］．华南农业大学学报（社会科学版），2011，04：85-92.

以安全为标签的国外奶粉上，从而导致了国人在海外疯狂购置奶粉，致使国际上制定了针对中国的限购令；另外，商品本身的价格也是会影响消费者的购买意愿的。消费者需求是指在一定的时期、在一既定的价格水平下，消费者愿意并且能够购买的商品数量，所以消费者在购买农产品的时候一定会优先选购价格在可接受的范围内的。一般而言，消费者对可追溯农产品的购买意愿会受到三类因素的影响，即人口统计因素，也就是性别、年龄、受教育水平、职业和健康状况等；经济因素主要是指消费者自身的收入水平和不同农产品的价格；心理因素即消费者的信息搜索意识、消费者对食品认证、可追溯食品的认知程度，以及对可追溯食品质量安全的信任程度，同时还包括消费者对食品安全问题规制的认知以及对政府、媒体等公布信息的信任程度和事后反馈机制。

第三，由于农产品具有搜寻品、经验品和信任品的特性，消费者在购买时将面临严重的信息不对称问题，而消费者出于自身文化水平和搜寻能力精力的限制，获取的农产品质量安全信息十分有限。因此，消费者在进行农产品购买时具有很大的不确定性。农产品作为日常生活的必需品，存在着多次重复购买的行为，由于消费者长期缺乏农产品质量安全信息，在进行购买选择时会产生感知风险，并进一步寻求减少风险的方法以降低购买行为的不确定性。搜寻更多农产品质量安全方面的信息是降低风险最有效的方法。消费者根据搜寻到的信息以及购后感受累计形成的购后经验对市场上农产品的质量安全状况进行评价，直接影响到消费者的购买意愿。

第四，消费者是食品产业链的终端、食品质量安全的需求方，食品质量安全与否直接关系到其自身的利益。基于供应链的农产品质量安全追溯体系为消费者获取农产品安全信息提供了很好的选择。但追溯体系的实施势必会增加企业的成本，最终将所有额外的成本支出转嫁到消费者身上。消费者在价格和质量安全之间进行平衡，并进一步作出选择。除价格因素外，消费者对可追溯农产品的购买决策还受到其个人特征以及社会环境的影响。消费者的性别、年龄、收入、受教育程度及职业背景等个人特征，社会群体、家庭、生态环境、资源状况等社会环境因素都将对消费者的购买行为产生影响。而消费者的购买行为、对农产品质量安全风险的认知态度、支付意愿等都在很大程度上影响着农产品追溯体系的实施及其效果。

监管者行为。传统意义上的监管特指的就是政府部门的监管，但是随着科技的发展以及信息化的加速，监管主体由原来的政府单一监管变成由新媒体、公众、消费者、行业协会以及政府共同组成的多元化监管。

第一，新媒体是利用网络技术、数字技术，并通过宽带局域网、卫星、无线通信网以及互联网等途径，利用电脑、数字电视、手机等终端设备，向大众提供各种信息与娱乐服务的一种传播形态。如今，快速发展的新媒体日益普及，因其信息量大，更新速度快，便捷性强，成为人们接受信息的主要媒介资源。在农产品质量安全监管方面，新媒体所扮演的角色是将各种产品信息即时、便捷地传递给大众，从而起到一定的监管作用，但是当前各种新媒体层出不穷，各种力量都在抢滩新媒体，难免会导致媒体播报的偏离性，新媒体对于农产品质量安全的监管作用还需要政府的进一步规制。

第二，在监管者之中还包括公众，以前公众对于信息的了解大多是通过报纸、电视，但是随着新媒体的兴起，大众对于信息的了解途径也在增加，特别是以微博为代表的新媒体带来了全面传播时代的革命性变化，新媒体给予广大的普通民众新的表达话语权的途径，使普通民众从接受者逐渐变为发布者甚至是控制者，使得越来越多的草根阶层可以利用网络媒体等新媒体表达自己的意愿，从而影响社会和经济生活。对于农产品质量安全的监管，他们也发挥着举足轻重的作用，但由于民众缺乏辨别真伪的能力，有时候容易被失真或片面的信息误导，因而对于信息的传播还需要需要政府适当地加以规制。

第三，消费者作为农产品质量安全追溯体系的最终的受益者，同时也是农产品质量安全追溯体系中的监管者。虽然消费者并不了解可追溯系统技术方面的详细信息，但对基于可追溯系统的食品质量安全保证内容感兴趣（Hobbs et al.，2005）。市场上的食品质量或者食品安全水平是由供求双方共同决定的，消费者对食品质量安全的边际支付能力决定了生产者愿意且能够提供的食品质量安全水平。消费者对可追溯信息的偏好程度以及企业的技术水平决定了企业如何平衡追溯的收益和成本（Golan et al.，2004）。消费者对食品生产经营者实施食品追溯体系的外部激励，主要是通过内生的提高食品生产经营者的责任成本来激励其提供更安全食品。因此，消费者对实施食品质量安全追溯体系的激励实质是对食品生产经营者提供更安全食品的激励。

第四，行业协会是保证产品质量安全的重要社会力量，由具有统一、相近或相似市场地位的特殊部门的经济行为人组织起来的促进本部门公共利益的集体性组织。在农产品的质量安全追溯体系当中，行业协会通过制定行业规章制度，规定机构和人员的共同行为准则，惩处和排斥违规的咨询机构，提高咨询机构的行业风险。只有发挥行业协会的作用，在监管主体与监管相对人之间建立起沟通的桥梁，方可有效解决在农产品质量安全监管领域出现监管缺位的问题。

第五，政府在农产品质量安全方面肩负着重要的职责，主要体现在以下三个方面：一是农产品质量安全信息具有准公共产品的特性，存在着非完全的竞争性和排他性。一旦农产品可追溯信息共享之后，整个供应链中任何企业对这些信息的占有和使用并不会对其他企业产生影响，具有非竞争性。同时，在建立追溯体系之后会促使农产品生产者提高质量安全总体水平，消费者对该产品及行业的整体信任度也将普遍提高。在此情况下，一部分并没有实施追溯体系的生产企业便会出现"搭便车"的现象，以此在不增加成本的情况下提高自身的收益，具有非排他性。二是由于生产企业本身的经济能力、市场力量以及运营模式的差异，单个企业在建立可追溯体系后的成本和利益分摊并不均衡，导致大量无法自发建设追溯体系。在一定条件下，政府的干预行为可以为消费者和生产者提供参考信号。政府通过检测与信号显示对农产品的质量安全进行一定的甄别，同时通过惩罚和信誉机制对生产者的生产行为起到监管作用。三是如果农产品供给者不了解农产品质量安全管理制度（如农产品生产标准、检验检测标准、认证标准），就很难谈到去主动的遵守这些制度，从而大部分供给者就不可能去主动的参与到农产品的质量安全管理中去；四是消费者对于中国的农产品管理的相关制度比较模糊。如目前中国认证农产品包括无公害农产品、绿色食品、邮寄食品三类，社会上流行的说法还有安全食品、放心食品等，这些繁多的种类和产品质量层次，多数消费者很难真正了解，甚至存在严重的混淆。但是相对于农产品供给者和消费者来说，政府对于农产品质量安全管理的各项措施政策就非常了解，所以政府在对农户和企业进行监管的同时，也应该普及关于农产品质量安全管理的相关制度政策，让农产品的供给者有危机意识，也可以让消费者在购买农产品时，对于自己所购买的产品的质量有一个大致的把控。

第二节　追溯体系对农产品质量安全的作用机制

一、农产品追溯体系的外部监管机制

通过对农产品追溯监管机制研究的文献梳理，可以发现，制定相应的法律法规对农产品追溯体系的发展影响重大（Sarig and Baerdemaker）；施瓦格勒（F. Schwagele，2005）等对欧美等不同国家的农产品追溯机制进行介绍和研究；对于可追溯信息采用什么样的载体传递给公众，各个国家有不同的标签系统（J. A. Casewell，1998）；政府部分的抽检对提高质量安全水平非常有效（S. Andrew Starbird，2005）。

监管因素包括政府（中央和地方政府）的政策法规和行动方案，生产经营者（供应链中从事初级农产品及原料生产、加工、储运、销售等

不同环节的生产经营者）以及消费者（个人和消费者组织）和社会公共媒介的对策措施和行动方案。一方面，生产经营者与政府之间的博弈关系会决定和影响农产品追溯体系的顺利实施。政府按照社会福利最大化的目标制定并公布农产品追溯体系契约的内容，生产经营者决定是否加入契约。一旦加入，可以得到政府资金以及政策上的支持，但作为回报，需要接受政府对其生产行为特征的监管和约束。如果政府的监管行为到位而卓有成效，那么生产经营者的机会主义行为（即不实施追溯体系）将得到相应的惩处。

　　政府作为管制者时，与农产品生产企业作为监管博弈的双方，都以自身利益的最大化为目标进行行为选择。信息不对称是引起农产品质量安全问题的根本原因，在政府的监管活动中同样存在着信息不对称的问题。出于对时间以及监督成本的考虑，政府无法对农产品的生产流通进行全过程的监督管理，只能采取分段抽检的方式来进行监管，因此政府在实施监管时获取的信息与生产者的信息同样存在着不对称问题。监管信息的不对称以及部分经济信息的失真加大了政府监管的随意性和准确性，更加大了农产品生产企业产生机会主义行为的可能性。面对生产经营者数量众多、监管成本过高等限制因素，监管者只能选择"理性无知"，在常规监管模式上采取"出现问题—解决问题"进行事后补救；另外，由于农产品追溯体系的追踪流程是农产品信息在利益主体之间的传递和流动过程，主体之间的合作关系对信息的完整传递起关键作用，因此供应链内不同环节的生产经营者之间以及供应链内同一环节的不同生产经营者之间的行为与利益的博弈关系也将对农产品追溯体系产生影响。假设生产经营者 A 和 B 的行为战略都是"诚实"或"机会主义"，在无限重复博弈中，假定 A 和 B 都采用触发战略，即没有人选择不合作，那么合作将一直进行下去；一旦有人选择不合作，就会触发其后所有阶段都不再相互合作，同一链条中的不同经营者对追溯体系的顺利实施起到监管作用。

　　相对于政府管制的强制性，以消费者监督为主的社会监督对农产品质量安全更具有直接的动力。社会监督在效能上不具有强制性，但其评判、抑制、转换功能却具有极大的威力。在对农产品质量问题形成监督作用的同时，消费者对政府的行为同样具有明显的监督作用。由于网络媒体的发展，消费者获取信息的几乎能够与监管者同时获取市场中出现的农产品安全问题信息，甚至于大量的农产品安全事件是经过消费者的反映才得到监管者的重视，因此消费者对于政府的行为具有一定的督促作用。

二、农产品追溯体系的内部激励机制

农产品追溯体系涉及的相关主体主要包括农产品生产者、消费者以及作为第三方监管的政府部门。通过分别对从农产品生产者与消费者、农产品出口贸易双方以及生产者与第三方政府监管部门之间的博弈对农产品追溯体系中相关利益主体相互作用时的策略行为选择进行具体分析，从而反映出在农产品供应链追溯体系中，各相关利益主体在采取追溯行为时存在的内部激励机制。

（一）生产者与消费者之间的博弈

消费者作为农产品质量改善的受益者，将在一定程度上承担生产可追溯产品所增加的成本，其对于可追溯农产品的支付意愿是企业的最主要动力。但消费者对农产品可追溯信息的额外支付建立在能够获得额外效用的基础上，若消费者获得的额外效用低于额外承担的成本，则其支付意愿就会下降。

假若在市场中的农产品生产者分为实施或没有实施追溯体系两类，即 A 企业实施了质量安全追溯体系，生产符合标准的优质农产品，B 企业并没有实施质量安全追溯体系，生产普通农产品。设农产品生产企业的利润为 π，则 A、B 企业获得的利润分别为 $\pi_A = (P_A - C_A)Q_A$ 及 $\pi_B = (P_B - C_B)Q_B$，其中：P 表示价格；Q 表示销售量；C 表示生产农产品的单位成本，$P_A > P_B$；$C_A > C_B$。U_A 为消费者 A 企业农产品的效用；U_B 为消费者购买 B 企业农产品的效用，则生产者与消费者之间的博弈策略矩阵如表 2 - 2 所示。

表 2 - 2　　　　　　　　消费者与生产企业之间的博弈矩阵

生产者	消费者	
	购买 A	购买 B
实施可追溯体系	π_A，U_A/P_A	π_A，U_B/P_B
不实施可追溯体系	π_B，U_A/P_A	π_B，U_B/P_B

从表 2 - 2 的博弈矩阵可以发现：

农产品的信任品及经验品属性是导致农产品市场产生信息不对称现象的根本原因，消费者处于市场中的绝对弱势地位，无法及时准确地获知产品信息而不得不面对农产品安全与健康风险。假设建立农产品质量安全追溯体系后，市场上的信息不对称问题得到了解决，买卖双方能够做到信息完全对称，消费者愿意支付较高的价格 P_A，则生产者和消费者的最优策略选择是（实施追溯体系、购买 A）。在此情况下，消费者能够准确分辨出农产品的质量安全信息而购买放心的优质产品；企业凭借产品的追溯信息获得消费者的额外支付，实现了产品的优质优价，双方的利益都有所增加，因此该策略选择是稳态的帕累托最优策略。

结合现实情况，中国大量分散的小规模农业生产者作为可追溯制度的源头参与者，受经济因素及非经济因素的影响，会产生机会主义行为，提供虚假的追溯信息；同时，由于部分企业弄虚作假及不实宣传，导致消费者对于可追溯信息的信任度偏低。而消费者由于自身对于可追溯体系的认知度有限，无法辨别出相关信息的真假，且由于维权意识不强，反而使"以次充好"的农产品占据了一定的市场。此时，消费者难以辨别农产品的真实质量，对追溯性农产品的支付意愿将会下降，消费者无法接受价格 P_A，而只愿意支付相对较低的价格 P_A'（$P_A > P_A' > P_B$），这将导致真正实施追溯体系的生产者因价格下降而利润减少甚至亏损。经过反复地连续动态博弈，消费者购买追溯性农产品的意愿会越来越低，而生产者缺乏足够的正向激励，实施追溯体系的意愿也将逐步丧失。这种"柠檬市场"效应可能会导致出现 $\pi_A < \pi_B$；$U_A < U_B$ 的局面，买卖双方的收益都将减少，最终生产者和消费者选择的策略是（不实施追溯体系，购买 B）。可见，消费者与生产企业之间的博弈过程能否达到最优状态，主要取决于追溯体系能否真正发挥其作用，有效消除农产品交易市场上存在的信息不对称问题。

（二）经营者上下游企业之间的博弈

经营者是从事商品生产、经营或者提供服务的自然人、法人和其他组织。因此，对于经营者上下游之间的博弈就以收购商和加工商之间的博弈进行分析。

假定在市场中，只有一个简单的二级供应链系统，分别是上游的原材料供应商 A 和下游的生产加工商 B，在追溯体系的建设过程中，原料的供应商 A 以及生产加工商 B 之间存在着利益博弈的关系。在模型建立之初首先假设他们之间的博弈为无限次的重复博弈，那么双方均有（实施，不实施）两种决策的选择，其中实施策略是指参与者，也就是原料供应商以及加工商愿意实施产品追溯体系，并且承诺负担追溯体系实施过程中所产生的成本；而不实施是参与双方不愿意实施追溯体系，以及实施追溯体系所产生的成本。

为了研究供应商和加工商的不同策略的组合会产生什么样的结果，需要建立博弈的支付矩阵进行具体的论述。现假设 π_A 和 π_B 分别表示在实施追溯体系之前供应商和加工商的原始收益，W_A 和 W_B 分别表示在实施追溯体系之前供应商和加工商所面临的风险损失。$\Delta\pi$ 和 ΔW、C 分别表示供应商和加工商都选择实施追溯体系时所增加的总收益和所规避的总风险，以及所投入的总成本。π_A 为原料供应商单方选择合作策略时所增加的收益，π_B 为生产加工航单方选择合作策略时所增加的收益。

α、1−α 分别代表供应商和加工商选择合作策略后各自的收益分配系数，而 β、1−β 则为各自成本分担系数，γ、1−γ 为各自风险损失规避值的分担系数，最后 q 代表农产品质量安全风险事件发生的概率，需要特别强调的是 $0 \leqslant α、β、γ、q \leqslant 1$，并且只有在双方都选择合作时各自的收益才总是大于成本的，而在只有一方实施追溯体系时，实施方所增加的收益始终是小于所投入的成本的。

根据上述假设，原料供应商和生产加工商的博弈支付矩阵如表 2−3 所示。

表 2−3　　　　　　　　　原料供应商和生产加工商的博弈支付矩阵

B A	实施	不实施
实施	$\pi_A + (1-\alpha)\Delta\pi - (1-\beta)C - q[W_A - (1-\gamma)\Delta]$ $\pi_B + \alpha\Delta\pi - \beta C - q(W_B - \gamma\Delta W)$	$\pi_A - qW_A$ $\pi_B + \Delta\tau_B - \beta C - qW_B$
不实施	$\pi_A + \Delta\pi_A - (1-\beta)C - q\pi_A$ $\pi_B - qW_B$	$\pi_A - qW_A$ $\pi_B - qW_B$

根据表 2−3 可知，原材料的供应商和生产加工商之间有三种不同的策略选择。①是双方都选择合作的策略，即双方通过契约协议共同建立与实施食品的可追溯体系。这种策略不仅可以对食品供应链的质量安全风险进行有效的控制，降低风险损失和提升食品质量安全度，而且可以使双方都可以实现超额收益的同时规避原本的存在的风险值。②原料的供应商和生产加工商只有一方选择实施追溯体系，而另一方选择不实施的策略。这种策略会使得选择实施的一方所增加的收益小于所投入的成本，而选择不实施的一方的收益不变。③原料的供应商和生产加工商都不选择实施食品追溯体系的策略选择。这种策略的结果就是双方的收益都保持不变。

在农产品追溯体系建立之初，原料的供应商和生产加工商都没有激励去实施农产品追溯体系。因为，在（实施，不实施）的策略假设之下，无法实现厂商利润最大化的经营目标，并且利润还会有所下降，而选择（不实施，不实施）可以确保厂商原有的利润不会降低，因此在双方的博弈之下最终会陷入（不实施，不实施）的囚徒困境。所以在农产品追溯体系实施之初，政府应该加强激励和监管，诱导供应商和加工商的策略选择为（实施，实施）。

（三）监管者与经营者之间的博弈

政府监管者及农产品生产者作为理性经济人，都以自身利益的最大化为目标。在政府监管者与生产者的博弈过程中，双方所追求的目标与利益不同，其决策以及行为选择会相互影响和制约。目前，实施的质量安全追溯体系主要有两种形式，一是由生产者自行决定是否实施追溯体系，即自愿性可追溯体系；二是政府严格要求生产者实施追溯体系，即强制性可追溯体系。前者是企业为了在一定程度上使消费者了解到产品生产过程和质量属性信息而主动实施的信息可追溯化；后者则是政府为了规范市场行为，在发生质量安全问题的时候能够及时有效地追查出问题的根源，明确相关的责任主体而通过法规强制要求农产品企业实施可追溯体系。

1. 自愿性可追溯体系

假设市场中只存在两个生产者 A 和 B，其中 A 企业已自愿实施追溯体系，而 B 企业并没有实施追溯体系。对企业而言，其从事经济活动的影响因素可以归为两类：一类为经济因素；另一类则表现为社会责任因素。若企业选择实施质量安全追溯体系，则能带来 $1 + R - C$ 的收益（$R - C > 0$），其中 1 表示企业在没有实施可追溯体系时所能获取的利益；C 表示实施追溯体系所增加的成本；R 表示在实施可追溯体系之后带来的额外价值补偿，包括使消费者信心增加而引起需求增加的额外价值及企业自愿引入追溯体系所获得的商誉价值等。若 A 企业选择实施而 B 企业选择不实施，则 A 企业收益为 $1 + R - C$，B 企业收益为 $1 - R_1$，其中 R_1 表示由于 A 实施追溯体系而使 B 企业农产品需求量减少产生的损失。根据以上分析可得到如表 2 - 4 所示的支付矩阵。

表 2 - 4   企业 A、B 之间的博弈矩阵

企业		B	
		实施	不实施
A	实施	$1 + R - C$，$1 + R - C$	$1 + R_2 - C$，$1 - R_1$
	不实施	$1 - R_1$，$1 + R_2 - C$	1，1

若可追溯体系已进入比较成熟阶段，能在市场中充分发挥作用，使消费者能够获取有效的信息来辨别农产品质量安全情况，则 A、B 企业的最优策略将会是（实施，实施）。A、B 企业在增加自身利益的同时提高了整个社会的总体福利，这个策略是帕累托最优策略。

但在可追溯体系建设初期，由于消费者对于可追溯体系的认知度较低、支付意愿不强且可追溯农产品价格较高，可能导致市场上普通农产品挤占可追溯农产品市场份额的情况，出现 $R - C > - R_1$（$R_1 < 0$）的情况。此时，A、B 两企业存在两个纳什均衡，即（实施，不实施）和（不实施，实施），但这两个均衡策略都没有达到帕累托最优。同时，由于在追溯体系建设初期，企业需要投入大量的财力与人力，使企业在短期内的经济利润减少，而市场的正向激励作用并不明显，导致部分企业的实施意愿降低。经过多次市场选择，不管是 A 企业或者 B 企业，其最优策略都将是（不实施，不实施），从而陷入"囚徒困境"。因此，在可追溯体系建设的初期，应该进一步加强政府监管部门的作用，强制要求企业实施可追溯体系并对其行为进行监督管理。

2. 强制性可追溯体系

在市场竞争及自利行为的作用下，企业的行为往往只追求利润最大化，而这种行为往往会损害社会的整体福利。在政府强制企业实施追溯体系的前提下，假设全部企业均实施了质量安全可追溯体系。但政府并不能对企业的生产经营活动全过程进行监督，并且由于监督成本的存

在，只能按一定概率对企业活动进行抽检，因此企业存在机会主义行为，可能会出现宣传已经实施了追溯体系的生产企业在实际操作中并无法做到安全信息可追溯的状况。

假设政府监管部门和生产者都是风险中性者，政府强制要求企业实施可追溯体系，且追溯程度的标准要求为 T^*。在此情况下，市场中的生产者有两种策略选择，即"诚实"或"机会主义"。选择"机会主义"的生产企业宣称实施了追溯体系，但实际上其生产的农产品根本无法追溯或者只能做到部分信息的追溯，无法达到政府的相关追溯标准，但在市场上却享受着与追溯产品同样的价格待遇。进一步假设企业生产农产品的实际追溯程度为 T，则企业的追溯成本为 C＝C（T），0＜T＜ T^*，T 越大则企业的追溯成本越高。消费者认为市场上的农产品都已达到政府的追溯要求，没有针对追溯性的消费偏好，故而生产企业的收益都为 π。若政府无法对所有企业的生产过程进行监督，设定其检查的概率为 p，检查成本为 m，当政府检查发现企业的实际追溯程度无法达到标准时，则对该生产企业处以惩罚 F，而政府需承担由于生产企业无法达到追溯标准而造成负的外部效应 H。农产品生产企业与政府监管者成本收益的博弈树如图 2－1 所示。

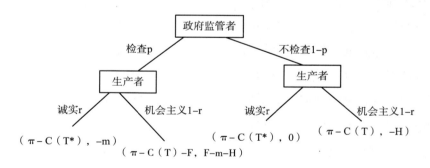

图 2－1　监管者与生产者之间的博弈树

U_g 和 U_c 分别表示政府监管者与生产企业的收益，两者的具体表达式如下：

$$U_g = -prm + p(1-r)(F-m-H) - (1-r)(1-p)H$$
$$U_c = pr[\pi - C(T^*)] + p(1-r)[\pi - C(T) - F] + r(1-p)$$
$$[\pi - C(T^*)] + (1-p)(1-r)[\pi - C(T)]$$

当政府监管部门的收益最大时，$\dfrac{\partial U_g}{\partial p} = -rm + F - m - rF + rm = F - m -$

$rF = 0$；企业收益最大时，$\dfrac{\partial U_c}{\partial r} = pF - C(T^*) + C(T) = 0$。整理后得，$p = $

$\dfrac{C(T^*) - C(T)}{F}$，$r = \dfrac{F-m}{F}$。

由上述过程可以发现，在实施强制性追溯体系下，政府监管部门对企业检查的力度与企业实施追溯体系的成本以及发现存在机会主义行为企业而需承担的惩罚力度有关。当企业按照政府标准实施追溯体系的成本与低于标准实施时的成本差别越大，政府的监管力度就越大；相反，一旦企业被发现没有做到政府所要求的标准时，受到的惩罚措施越严苛，则政府采取监督检查的概率可以降低。而农产品生产企业采取"诚实"策略，严格按照政府要求实施追溯体系的概率大小受到两个因素的影响：政府监管成本，发现存在"机会主义"行为所需接受的惩罚。政府的监督成本越大，则生产者认为政府监管部门对其进行监督检查的概率将会在一定程度上减小，故而生产企业"诚实"的概率越小；而惩罚的程度越大，企业按照标准实施追溯体系的概率也越大。

3. 进出口贸易利润的博弈分析

农产品质量安全追溯体系最早在欧美等发达国家和地区开始实施，对农产品可追溯的市场准入要求直接对农产品出口国家的出口产生影响。而对发展中国家而言，突破发达国家设置的市场准入要求、提高农产品质量水平、增加农产品差异化优势、扩大国外消费者需求是实施可追溯体系的最初目的。国际市场对农产品可追溯性的需求将通过市场机制对农业生产企业形成内部激励作用，促使农产品生产企业，尤其是外向型的农业生产企业做出建立追溯体系的决策。

假设在世界市场中，有且仅有两个国家进行农产品贸易，其中一个为发展中国家 1；另一个为发达国家 2。为简便起见，将农产品笼统地作为一种产品进行考虑。发达国家由于自身的先进技术、质量标准等方面的优势，不仅要求国内实施全面的质量追溯体系，同时针对进口到其国内的农产品也有严格的追溯要求，要求进口农产品必须具有追溯性。如欧盟 2001 年出台的（EC）No178/2002 法规提出了从 2005 年 1 月 1 日起，在欧盟国家销售的农产品必须具备可追溯功能，否则不允许进口也不允许上市。假设两国农产品市场中的总产量分别为 Q_1 和 Q_2，其中出口量分别为 N_1 和 N_2，国内市场的产品需求量分别为 M_1 和 M_2，即两国市场的产品总产量分别为

$$Q_1 = M_1 + N_2 \tag{2-1}$$

$$Q_2 = M_2 + N_1 \tag{2-2}$$

若市场均衡时的价格为 P_1 和 P_2，则 P_1 及 P_2 的函数表达式分别为

$$P_1(Q_1) = a - Q_1 = a - (M_1 + N_2) \tag{2-3}$$

$$P_2(Q_2) = a - Q_2 = a - (M_2 + N_1) \tag{2-4}$$

其中，A 为固定常数。假设没有固定成本，边际成本为 c，则国家 1 和国家 2 生产农产品的总成本为

$$C_1 = c(M_1 + N_1) \tag{2-5}$$

$$C_2 = c(M_2 + N_2) \tag{2-6}$$

考虑到建设农产品质量安全追溯体系初期需要投入大量资金，而后续维持运行的过程也需要一定的人力财力投入，因此农产品的追溯性要求会在一定程度上增加出口农产品的成本。因为两国标准技术、设备等方面的差别，两国建设追溯体系所产生的成本不同，发展中国家和发达国家分别记为 K_1 和 K_2。

将国家 1 和 2 抽象化，假设发展中国家 1 代表农产品生产企业 1，而发达国家 2 代表农产品企业 2，由以上对两个国家所有假设条件可知，两个厂商的利润函数分别为

$$\pi_1 = [a-(M_1+N_2)] * M_1 + [a-(N_1+M_2)] * N_1 - c(M_1+N_1) - N_1K_2$$

$$(2-7)$$

$$\pi_2 = [a-(M_2+N_1)] * M_2 + [a-(N_2+M_1)] * N_2 - c(M_2+N_2) - N_2K_1$$

$$(2-8)$$

本国企业 2 在本土市场上具有主导地位，因此它可以决定自己的产量 M_2，而企业 1 则只能在这一基础上决定自己的最优产量，即决定出口到国家 2 的农产品数量。此时对于企业 1 而言，最优的 M_1^* 和 N_1^* 必须满足条件

$$Max\pi_1(M_2^*, N_2^*, M_1, N_1, K_1, K_2) \qquad (2-9)$$

$$Max\pi_2(M_1^*, N_1^*, M_2, N_2, K_1, K_2) \qquad (2-10)$$

分别对 M_1 和 N_1 求偏导，

$$\left.\begin{array}{l} a-2M_1-N_2-c=0 \\ a-2N_1-M_2-c-K_2=0 \end{array}\right\} \qquad (2-11)$$

从上式中可以得到 $N_1 = 1/2(a-M_2-c-K_2)$，将 N_1 代入式（2-7）中，$\pi_2 = 1/2(a-M_2+c+K_2)M_2 + [a-(N_2+M_1)]N_2 - c(M_2+N_2) - N_2K_1$，此时厂商 2 的决策就应该满足

$$1/2(a+c+K_2) - M_2 - c = 0$$

$$a-2N_2-M_1-c-K_1=0 \qquad (2-12)$$

综上，我们可以得到企业 1 和企业 2 在这种情况下的最优产量选择分别为

$$\begin{cases} M_1^* = (a-c+K_1)/3 \\ N_1^* = (a-c-3K_2)/4 \\ M_2^* = (a-c+K_2)/2 \\ N_2^* = (a-c-2K_1)/3 \end{cases} \qquad (2-13)$$

在进口国提出进口农产品的追溯性要求之后，不管农产品本身的质量是否达到安全标准，进口国都能以农产品不具有追溯性为由拒绝其进口。在此情况下，发展中国家出口到发达国家的农产品数量不再通过市

场中的纳什均衡来决定，而是直接取决于发展中国家是否能按照进口发达国家的要求做到出口农产品信息完全可追溯。若出口农产品完全符合可追溯要求，则农产品出口可以顺利进行；若不具有追溯性，则不论其质量是否符合标准，则一律被禁止进口，即 N_1 为零。可见，当进口国市场已提出追溯要求时，出口国只有实施可追溯体系才能突破追溯要求所形成的数量控制作用。

在上述推导的基础上，对发展中国家实施追溯体系之前与之后企业的贸易利润变化来进行比较。假设在发展中国家 1 国企业实施质量追溯体系之前，发达国家 2 以进口农产品的追溯性要求拒绝进口 1 国的农产品，即 $N_1 = 0$，$K_1 = 0$，则两生产商的贸易利润分别为

$$\pi_1 = (a - M_1 - N_2)M_1 - cM_1 \qquad (2-14)$$

$$\pi_2 = (a - M_2)M_2 + [a - (N_2 + M_1)]N_2 - c(M_2 + N_2) - N_2K_1 \qquad (2-15)$$

此时，满足 π_1 的最大值，$a - 2M_1 - N_2 - c = 0$。满足 π_2 的最大值，对 M_2 和 N_2 求导，$a - 2M_2 - c = 0$，$a - 2N_2 - M_1 - c - K_1 = 0$，可知

$$\begin{cases} M_1^* = (a - c + K_1)/3 \\ N_1^* = 0 \\ M_2^* = (a - c)/2 \\ N_2^* = (a - c - 2K_1)/3 \end{cases} \qquad (2-16)$$

得 $\pi_1^0 = \dfrac{(a - c + K_1)^2}{9}$，此即发展中国家在没有实施追溯体系之前企业所获得的贸易利润。若发展中国家 1 针对发达国家的要求实施质量追溯体系，提高农产品质量水平，使农产品能够顺利出口到目标国家，则最终两生产商的最优解为

$$\begin{cases} M_1^* = (a - c + K_1)/3 \\ N_1^* = (a - c - 3K_2)/4 \\ M_2^* = (a - c + K_2)/2 \\ N_2^* = (a - c - 2K_1)/3 \end{cases} \qquad (2-17)$$

此时，$\pi_1^* = \dfrac{(a-c+K_1)^2}{9} + \dfrac{(a-c-3K_2)^2}{16} > \pi_1^0$ 发展中国家所获得的利润明显高于实施追溯体系之前的利润。在实施了质量安全追溯体系之后，发展中国家原本由于不满足追溯条件而被拒绝的农产品将顺利进入发达国家，使出口量大幅增加，发展中国家 1 的贸易利润将会增加 $(a-c-3K_2)$ 2/16，明显高于没有实施质量追溯体系之前所获得的利润。虽然追溯体系建设会增加成本，但农产品的追溯性满足了进口国消费群体对低风险农产品的需求，扩大了出口需求，而企业为接轨国际标准提高相应技术及设备带来的生产效率提高在很大程度上抵消了由于生产成本增加带来的不利影响。可见，质量安全追溯体系的实施将更有利于推动农产品出口贸易的发展。

三、农产品追溯体系全产业链协同机制

（一）全产业链协同机制的内涵

协同效应（Aynergy Effects）理论是企业实施多元化战略的重要理论依据。20 世纪 60 年代，战略管理学之父伊戈尔·安索夫首先将协同理论引入到企业管理理论中来。通俗地讲，企业的战略协同效应的目标就是实现"1 + 1 > 2"的结果。企业可以通过资源共享、战略协调、垂直整合等方式实现协同效应（蒂姆·欣德尔，2004）。

产业链协同是一种混合治理机制。首先通过纵向一体化、模块网络联结、社会资本网络等产业组织成员的关联，形成了农产品产业链组织内部一体化、上下游网络等的新型产业组织创新，减少了产业链上个别企业实施追溯体系的"搭便车"等机会主义行为；其次产业链协同是一种基于专用性资产配置基础上的链式激励和约束机制。通过产业组织协同方式创新，形成激励相容的产业链治理，对农产品产业链追溯体系的利益相关者形成包括声誉投资、物质资本投资等专用性资产投资与收益

相对称的激励和约束机制，最终形成农产品追溯体系运行与产业组织融合、协同互动发展的格局；产业链协同还是一种产业链自组织演进机制。从产业链协同系统演进角度看，可追溯体系运行与农产品产业组织演化融合发展形成一个自组织系统。农产品追溯体系的完备性、流畅性与一致性，要求农产品生产、流通和消费的全产业链成员对可追溯体系运行投入专用性资产，并和产业链成员建构共生、协同的组织关系，追溯体系所嵌入的产业链协同方式及其演化是决定追溯体系的内生的关键变量。

具体而言，全产业链的协同机制主要包括四个层次：一是单一产业链内部上下游之间的纵向协同。即企业通过产权渗透或者管理渗透集成产业链内的上下游各个环节资源，尤其注重整合种养源头资源，在源头建立生产种养基地；二是多链之间的协同效应，即企业在全产业链网络内共享有形或者无形的资源，利用潜在的范围经济获得经营多种产品和服务，降低总的经营成本；三是环向协同效应。在全产业链形成的纵向和横向交叉的网络内，各个交叉的节点通过复杂的技术经济联系往往又会形成不同的"环"，不同产业链中不同环节之间可以实现环向协同效应；四是综合协同效应。全产业链运行模式还能在企业文化、服务、品牌、信息系统、物流运作、风险管理、财务资源等方面取得整体性的综合协同效应①。

（二）全产业链协同机制的效用体现

从产业链整合的视角来看，全产业链战略产生的系统协同效应主要体现在两个方面：一是提高了产业链整体的经济性。未经过系统协调的产业链上各个环节结构上是相对松散的，彼此之间通过自由的市场交易实现利益交换；相互独立的市场主体会因为各自的利益倾向而在交易环节中加入各自的成本边际，进而导致整个产业链成本的上升，因此通过

---

① 许益亮. 农产品全产业链运行模式研究 [J]. 财经论丛，2013，9：88-94.

战略整合后的产业链，可以协调整个产业链运作，减少不必要的产业链环节，进而提高整体的经济性；二是提高产业链整体附加值水平。从农业产业链源头开始，每增加一个环节，就会产生一个环节的附加值，这样所有环节的附加值加起来，就形成了产业链整体的附加值（桂寿平，2006）。

第三节　农产品供应链追溯体系的价值实现机制

一、创造企业租金

（1）租金是一个重要的经济学概念，它可以看成是这样一种要素收入，其数量的减少不会引起要素供给量的减少。有许多要素的收入尽管从整体上看不同于租金，但其收入的一部分却可能类似于租金，亦即如果从该要素的全部收入中减去这一部分并不会影响要素的供给。在经济学当中，将这一部分要素收入叫做"经济租金"，又叫经济剩余。而租金实际上是经济租金的一种特例，即当要素供给曲线垂直时是经济租金，而经济租金是更为一般的概念，这不仅适用于供给曲线垂直的情况，也适用于不垂直的一般情况。或者我们可以换一种通俗的方法来解释租金的概念，例如，农产主可以将自己的一块土地以每年 50 000 美元的价格卖给建筑商去建筑大楼，也可以只以 30 000 美元的价格租给牧场主放牧，在农产主将土地租给建筑商的情况下，租金是 50 000 美元，但经济租金是 20 000 美元，即 50 000 美元减去土地次优使用时的 30 000 美元。所以，经济租金等于要素的收入减去机会成本（也就是次优用途上的收入）。

（2）决定企业存在以及企业市场行为的因素，除了竞争这一既定的制定因素外，还有企业拥有的其他企业或竞争对手没有的知识和生产要素。这些知识和生产要素又被称为资源的异质性。异质性说明企业的资源禀赋不同，它们决定着企业之间的不同市场状态。因而，企业租金就是竞争和企业的不同资源禀赋的产物。由于资源禀赋程度的不同导致自愿的供给程度的不同，而这样的资源供给产生的经济租金就被称为异质性资源的"李嘉图租金"。

根据"李嘉图租金"理论，在农产品的供应链中，可追溯系统可以作为一个企业的异质性资源，为企业创造租金。供应链中占支配地位的企业，是直接面对质量检测的主体，所以它也是使用可追溯系统的积极推动者。对于生产者来说，可追溯系统可用于控制意外事故，方便企业进行物流管理，同时也减少了由于重复检测带来的成本。在市场或政府对质量要求的压力下，供应链内部出现可追溯系统的概率增大，所以企业出现对可追溯系统的需求是对外部市场或者政府监管压力的反映。他们从自身的信誉以及利益出发，通过某种方式来约束上层供应商或直接生产者的农产品质量。但是农产品的召回需要记录所有的与商品对应的消费者信息，即企业每次产品的交割，分割时的采集信息，难度较大。而且召回还会带来较大的经济损失和信誉损失，政府也缺少召回的相关激励机制，所以企业往往不到迫不得已不会这样做。大部分企业可追溯系统的物流管理能力较差，尤其是当农业生产还是处于小规模、从业者素质不高、产品价格偏低、农产品标准化水平不高时，企业之间没有使用固定的标准化交易和追溯的条码，企业内部也不能很好地利用已有的系统资源，导致成本较高。因此，企业可追溯系统的建立通过整合自身的人力资源、物流管理和财务管理，结合自身独特的经营模式，借助以下几种路径，有效整合了供应链价值，为企业创造出更多租金。具体表现在：第一，追溯系统有效地对企业的物流、财务、人力资源进行管理整合，节约企业生产经营成本。第二，追溯技术的使用给予消费者质量的保证，传递出高质量的品牌信号价值，提高企业市场竞争力。第三，可追溯功能的实现虽然在短期内可能提高企业的成本，但是长期而言产生了专用性投资，降低了对农户的监督费用（协调成本）。第四，企业通过先交货后付款的形式（延迟权利），可以有效减少测量，将农产品安全产权归结给农户，发生农产品安全问题可有效地找到责任人。所以农产品供应链的追溯系统是一个创造租金的制度，可以借助供应链充分与企业的其他系统整合起来用于管理企业的各个方面。

二、降低运作成本

（1）农产品具有典型的经验品特征，具有质量隐匿性、效用滞后性等特点。由于生产、流通、销售各个环节信息不对称，发生农产品质量安全事件后责任不易追溯。因此，易引发各个环节生产经营主体的机会主义倾向，形成农产品"柠檬市场"①。在整个农产品"从田间到餐桌"过程中发生的信息不对称可以用两个经济学原理来进行简单的解释，这两个原理也就是"外部性理论"和"博弈论"。

在经济学中的外部性是指：一个经济主体的行为对他所处的经济社会所产生的影响。更进一步外部性分为正的外部性和负的外部性，正外部性是指某个人或经济主体的行为使他人收益，而受益者无须花费任何代价；负外部性是指一个人或经济主体的行为使他人的经济遭受损失，并不承担责任的行为。在农产品的供应过程中，农产品的生产者与农产品加工者、农产品加工者与农产品销售者、农产品销售者业消费者之间因为他们各自作为一个经济主体所追求的利益函数不同，所以他们之间都存在着负的外部性。例如，中国农户现在主要是从事分散经营，由于农户的文化素质较低、信息搜索技能差，他们在进行农产品的生产过程中，为了提高农产品的产量会使用一些高毒、高残留农药和劣质的化肥，这种行为已经给农产品的供应者、加工者和消费者造成了负的外部性。又如农产品的加工者和销售者，他们作为农产品的第二或者第三接

---

① 徐金海．农产品市场中的"柠檬问题"及其解决思路［J］．当代经济研究，2002，08：42－45.

手人，常常为了自身的利益在农产品的加工或者运输过程中使用各种添加剂等，这对于消费者来说也是一种外部性。归根结底，这些负外部性的形成主要是由于各经济主体之间的利益函数的不一致。这种信息不对称造成的外部性在经济学中也有很多经济学家对此提出了相关的解决措施，其中将外部性内部化是比较适用的一种方法，应用到本书中也就是将农产品的生产者、加工者、销售者结合起来形成一个经济主体，使他们的利益函数一致，也就是形成农产品供应链的纵向协作机制；博弈论是指研究多个个体或者团队之间在特定条件制约下的对局中利用相关方的策略，而实施对应策略的学科，有时也称为对策论或者赛局理论。在博弈论中有博弈可以分为有限次的重复博弈和无限次的重复博弈，有限次重复博弈是指相同结构的博弈有限次重复进行。在有限次重复博弈中，参与者会欺骗和违约，但当参与者不知道哪一次是最后一期时，决策近于无限次博弈，在无限期重复博弈中，对于任何一个参与者的欺骗和违约行为，其他参与者总用机会给予报复，由于在无限期重复博弈中，报复的机会总是存在的，所以每一个参与者都不会采取违约或者欺骗的行为。对于无限次的重复博弈我们就举一个日常生活中经常发生的例子，我们经常会去菜市场买菜，每个菜摊的菜的质量、口感我们也没办法从外观上去进行判断，但是如果有一家菜农对你说："你放心买吧，我在这儿卖了十几年的菜了，质量、口感你放心，有问题你随时过来，我一直在这儿"，听到这些话之后你会发现我们此前纠结的心态顿时放松，此处的原因就在于，从菜农的话中，我们可以体会到这是一个无限次的重复博弈。所以在农产品的供应的过程中使农产品各个利益主体通过通应链形成纵向的协作机制可以使他们产生一个无限次的重复博弈的格局，这样就会大大减少农产品供应过程中的信息不对称，从而使农产品的加工商和供应商等额也都可以降低成本。

（2）农产品通过供应链的纵向协作，降低系统运作成本。从某个角度来说，供应链的不同形态可以作为安全水平的外部指标，组织规模不同，其追溯体系的实现绩效也有差异。完全一体化（自种自销）形式的组织模式优于"公司加农户"，优于基地农户，优于一般的散户。农产品安全水平监管越严，市场检查越严格，企业与农户之间的供应链一体化程度越高；同时一体化程度越高，相对质量安全的风险越小，内部成员的信誉程度越高。相对来说纵向协作越紧密的供应链形式中，可追溯系统的使用可以形成最优的处罚机制。企业与农户以至于企业与消费者之间的关系变成了重复博弈，一旦出现质量问题，就可以进行追溯。同时，可追溯系统作为一种产权界定的交易工具或技术，能够把相关的农产品安全产权界定给供应链中的相关责任人，而他们正是最有知识和能力控制产品安全属性的供应链环节，进而提高了效率①。另外，相对固定的供应链关系可以在一定程度上解决契约的不完备问题。固定关系的形成在某一方面通过专用性投资来维持企业对生产过程的全程参与。因为专用性投资，企业不可能随时进入或退出市场，所以必须为农户提供专业技术支持，监督农药化肥等的使用操作，保证蔬菜质量，以保证自己的投资。同时，固定关系可以简化标识，减少执行成本，更高效地进行编码管理和包装物的重复利用。对比纯粹市场化交易背景下的可追溯系统使用，可以极大地降低农产品的质量安全风险和不确定性。

三、打造品牌效应

（1）打造品牌效应。①品牌一词源于西班牙的游牧民族，为了在交换时与他人的牲畜相区别，因此品牌为"烙印"的意思。品牌的内在含义为：品牌是区分的标志，这种标志能提供货真价实的象征和持续一致的保证。品牌不仅仅是一种符号结构，一种产品的象征，更是企业、产品、社会的文化形态的综合反映和体现；品牌不仅仅是企业意向产权和消费者的认识，更是企业、产品与消费者之间关系的载体。而品牌效应是商业社会中企业价值的言行，在当前品牌先导的商业模式中，品牌意

---

① 周德翼，吕志轩，汪普庆等. 食品安全的逻辑［M］. 北京：科学出版社，2008：15－35.

味着商品定位、经营模式、消费族群和利润回报。②品牌效应给企业带来的是一种无形的价值。在当前的这个商品社会中，除了垄断行业，每种产品、服务都是由多加厂商来共同提供的，要使自己的产品能够在这些琳琅满目的商品中脱颖而出，自己的商品就需要一个产品标签，而品牌效应在商业中具有杠杆作用，它使购物变得简单，如经常买海飞丝的客户不会在眼花缭乱的商品柜台上驻足太久；它也可以给顾客带来一种群体归属感，又如购买一台苹果手机的消费者会将自己划到某个特定的圈子里。归根到底品牌效应作为一种无形的资产，可以为企业培养忠实的用户群体，对企业长期的利润营造来说是一个必备的法宝。

（2）基于以上对品牌的理解，可以把比较正式的品牌转换成一种比较通俗的概念即"声誉"，以期更加便捷地理解品牌这一概念。经济主体的声誉是一种"认知"，即在信息不对称的前提下，博弈一方参与人对于另一方参与人是某种类型偏好或者可行性行为的概率的一种认知，而这种认知并不是一成不变的，它会不断地被更新，从而包含了两者之间的重复博弈所传递的信息①。市场主体的声誉是社会公众对其品质、禀赋特征和行为的积极认可，可以帮助拥有一定声誉的市场主体获得其他主体得不到的利益。具体而言，声誉可以通过三种途径来影响企业的经营：①声誉可以提供激励。声誉机制可以将声誉主体可能获得的收益由潜在的状态向现实的状态转化，激励其采取维持和巩固其声誉的策略。②声誉机制在一定程度可以抑制生产经营者的机会主义行为，因为在声誉机制的作用之下，声誉主体与某一交易对象交往中，他的欺骗、背叛行为的信息并不仅仅局限于这一个交易对象知晓，而是会被传递给其他潜在的或未来的交易对象，收到所有交易对象拒绝合作的惩罚。③声誉机制有助于降低交易费用。声誉可以降低缔约前的信息搜寻成本，声誉还可以看做契约履行中的抵押资本，如果声誉主体不履行契约，其声誉资本将会大打折扣。运用声誉提供的契约自我实施机制，不

---

① 余津津. 国外声誉理论研究综述［J］. 经济纵横，2003，10：60－63.

仅可以减少契约的监督成本，还可以减少卷入法律诉讼的概率，节约强制履约的成本。声誉机制使得声誉信息在各个利益相关者之间不断的交换、传递，形成声誉信息流和声誉信息网络，成为信息的显示机制，为交易提供信息来源，可以有效地限制信息扭曲，增加交易的透明度，并减少交易中存在的风险，从而降低交易费用（王可山，2006）。

（3）供应链相关法律法规，为企业开发可追溯系统提供制度环境，创造了整个供应链的品牌效应。政府的政策可以通过罚款或关闭工厂等措施，增加销售不安全农产品的成本。制定的政策要加大检测力度，一旦外部环境有了对质量安全的压力，有利于鼓励企业加强农产品安全和可追溯系统的建设，为企业开发和使用自己的可追溯系统提供激励。当违法成本提高时，建立可追溯系统的相对成本就会下降，有助于企业将生产和销售不安全产品或者劣质产品的可能性降到最小，从而使发生农产品安全责任和农产品召回的影响企业声誉的潜在可能性最小化。所以可追溯系统是与外部环境的适应与互动过程中自发产生的结果[①]。同时政府的监管制度应与可追溯系统的信息传递特点相适应，使得在实施可追溯系统的条件下，生产者、企业、消费者三方行动选择达到均衡，使农产品质量安全信息达到社会最优供给。因此，对于农产品生产企业而言，出于自身利益的市场激励，有不断改进农产品安全管理的意愿，企业有动力投资于可追溯系统。企业通过可追溯系统能够证实他们所声称的产品信用属性。从某方面来说，追溯系统越精确，生产者就应该能越有效地识别和解决农产品安全问题，但是追溯的精度与追溯成本呈正比。供应链的组织形式多样化，不同企业的组织形式、管理生产流程和产品属性不同，对可追溯系统要求的精度、深度和宽度也不相同。企业应该根据自己的实际情况，开发使用不同的标识技术和可追溯系统，并利用社会结构、经济组织进行适度追溯。

---

① Hobbs J. E., Young L. M. Closer vertical co-ordination in a-grifood supply Chains: A conceptual framework and some pre-liminary evidence [J]. Supply Chain Management, 2000, 5 (3): 131 – 142.

四、营造营销优势

供应链模式所产生的农产品标识与追溯系统是可行的经济治理模式，有助于营造营销优势。所有产权制度的安排，都是为了降低交易费用而产生的，但因为限制条件千变万化，不同的制度安排就出现了。可追溯系统追溯的单位越小，它的产权责任就会越明确。追溯的精度和产权清晰度通常与界定的成本成正比。据研究表明，利用社会结构中存在的经济组织进行适度追溯，往往效率更高①。其中包括：（1）公司或地区负责人与农户间的合同关系及对合同农户的治理机制。公司与农户之间，由于市场对农产品需求不同，市场的竞争程度不等，使用了不同的合同等级来灵活约束公司与农户之间的权利和义务。这种灵活的合同有多种好处，减少了公司的风险，也降低了农户履约的难度，农户出于销售的便利（节约交易费用）往往将非合同产品也交给了公司，使公司可以获得营销上的优势。这样一种通过行为主体间默认或签订契约等行为形成的中长期稳定性质交易关系有助于减少双方的机会主义行为，提高对未来交易继续进行可能性的预期，增加农产品供应链上不同阶段参与者之间的协作②。（2）重复博弈和信誉机制，在纵向一体化中，企业与农户以至于企业与消费者之间的关系变成了重复博弈，一旦出现质量问题，可以追溯到相应的责任主体，所以企业和农户都有了讲信誉的积极性，合作的长远利益意愿也抵制了投机行为的诱惑。（3）社会网络资源机制。与公司合作的基地农户一般都位于较偏远的山区，而且规模较小，分散经营，不利于随时了解情况，这就需要熟悉当地环境、具有一定威望的中介来完成公司与农户之间的沟通、连接和管理，公司可以利

---

① 李春艳，周德翼. 可追溯系统在农产品供应链中的运作机制分析 [J]. 湖北农业科学，2010（4）：1004 - 1007.

② 赵一夫. 中国生鲜蔬果物流体系发展模式研究 [M]. 北京：中国农业出版社，2008：20 - 21.

用中介的社会网络资源降低投资风险和节省成本，控制生产行为。在建立和维护与农户的合同关系上，地区负责人有公司所不具备的能力优势，同时要求他们要具有一定的学习、管理和协调能力，同时需要具有相关技术和知识，能在公司的引导下比一般的农户更快地接受新的种植技术或品种。

| 第三章 |

中国农产品质量安全追溯
体系实施情况分析

　　本章结合中国当前农产品质量安全的现状，基于实施追溯体系的必要性和可能性，对中国追溯体系实施过程的现状、特征进行深入分析，在此基础上，把握中国农产品追溯体系实施过程中存在的问题。

第一节　农产品质量安全现状及其问题

一、质量安全现状

（一）概况

　　中国《食品安全法》在第十章"附则"第99条的界定中对于食品安全的界定是："食品安全，指食品无毒、无害，符合应当有的营养要求，对人体健康不造成任何急性、亚急性或者慢性危害。"纵观中国食品安全管理的历史轨迹，可以发现，上述界定中的无毒、无害，营养要求，急性、亚急性或者慢性危害在不同的年代衡量标准不尽一致；不同标准对应着不同的食品安全水平。因此，食品安全应该是一个动态概念。

根据 2014 年中国食品安全发展报告，2013 年中国粮食产量达到 60 194 万吨，比 2012 年在增产了 1 236 万吨，增长率为 2.1%，再创历史新高，粮食生产实现了"十连增"，实现了半个世纪以来粮食生产的新跨越，与此同时农产品质量安全例行监测采用了参数指标更加严格的《食品农药最大残留量》（GB 2763 – 2012）标准，共监测全国 153 个大中城市 5 大类产品 103 个品种，抽检样品近 4 万个，检测参数 87 项，总体合格率为 97.5%，同比上升 0.8 个百分点。其中，对蔬菜中的甲胺磷、乐果等农药残留例行监测结果显示，检测合格率为 96.6%。另据农业部对全国 31 个省（区）153 个大中城市畜产品中"瘦肉精"以及磺胺类药物等兽药残留检测结果显示，畜产品质量安全总体合格率为 99.7%，与 2012 年持平；2013 年农业部对全国 153 个大中城市水产品中的孔雀石绿、硝基呋喃物代谢等检测结果显示，检测合格率为 94.4%[①]。

（二）抽检情况

2014 年农业部在全国 31 个省（区、市）153 个大中城市组织开展了四次农产品质量安全例行监测，总体合格率达 96%，表明主要食用农产品质量安全水平总体稳定。其中，蔬菜、畜禽产品、水产品、水果、茶叶质量的监测合格率分别为 96.3%、99.2%、93.6%、96.8%、94.8%。农产品加工制造环节的国家质量抽查合格率为 95.7%，但方便食品、蔬菜干制品、糕点、饼干、调味品、熏烧烤肉制品和瓶（桶）装饮用水等抽检合格率仍然偏低。国家有关部门分阶段监督抽检的数据显示，在粮食及其制品中，除方便食品、米粉制品和玉米粉等抽检合格率较低外，其余粮食及其制品的抽检合格率均在 97.0% 以上；腌腊肉制

---

① 吴林海等．（2014 年）中国食品安全发展报告［M］. 北京：北京大学出版社，2014（12）.

品、酱卤肉制品（熟肉干制品）、熏煮香肠火腿制品、熏烧烤肉制品的抽检合格率分别为98.6%、96.6%、95.2%、90.0%；淡水鱼类抽检合格率为100%，而熟制动物性水产品（可直接食用）合格率为88.9%，软体动物类和其他盐渍水产品的抽检合格率仅为66.6%和33.3%；干制食用菌、酱腌菜合格率、蔬菜干制品的合格率分别为97.6%、96.6%、93.7%；新鲜水果类、水果干制品、蜜饯制品、果酱的合格率分别为100%、98.3%、96.5%、91.2%；月饼、粽子、糕点、饼干产品的抽查合格率分别为98.4%、99.4%、93.8%、93.6%；婴幼儿配方乳粉抽检合格率为96.9%；茶叶、代用茶、速溶茶类、其他含茶制品的合格率分别为99.1%、98.5%、100%、100%；味精、鸡精调味料合格率为100%，食醋、酱油、固态调味料、半固态调味料的合格率分别为96.3%、94.3%、93.9%和93.7%。

（三）民意调查

虽然农产品质量安全水平总体上保持稳定，居民主要食用农产品消费的质量安全得到相应保障。但在调查过程中，农业生态环境恶化等源头性因素加上中国食用农产品质量安全稳定提升的基础较为脆弱，农产品仍存在较大的质量安全风险，同时也发现了食用农产品质量安全程监管缺乏统一性，地方政府未能充分统筹本地区质量安全监管，各环节监管单位缺乏沟通机制、推诿责任、层层失位等问题。农产品供应链体系各个环节均存在不同程度的隐患。

据调查①，在中国消费者协会接受的国内消费者的申诉中，食品类的投诉量为26 459件，投诉量由2013年的第二位降至2014年的第五位。消费者投诉的主要食品类分别是米、面粉、食用油、肉及肉制品、水产品、乳制品等大众类普通食品。2005～2008年商务部的抽样调查表明，公众对食品安全的满意度在绝大多数年份均保持在80%以上，虽然

---

① 吴林海等著.2014年中国食品安全发展报告［M］.北京：北京大学出版社，2014（12）。

在此期间爆发了影响极其恶劣的"三鹿奶粉"事件,但公众的食品安全满意度并没有出现拐点。

中国全面小康研究中心的调查显示,在 2010～2012 年约 80% 的受访民众缺乏食品安全感。根据在 2012～2014 年对全国 10 个省(区)相对固定的调查点进行的大样本调查显示①,公众食品安全满意度由 2012 年的最高点的 71.32% 下降到 2014 年的 56.12%。公众对满意度较为低迷的态势可能是未来食品安全治理中的常态化问题。另外,据对江苏、四川、重庆、山东、河北、浙江、安徽、河南、湖北、吉林 10 个省市 59 个县市的 92 个行政村的 3 984 户农村居民分层抽样调查显示,81.5% 受访者担忧"化肥、农药、兽药等有害物质残留超标"问题,分别有 36.8%、22.3%、37.3%、35.0% 的受访者担忧"农产品种植土壤中重金属超标""转基因食品安全性""食品添加剂与滥用非食品用的化学物质""假冒伪劣、过期食品等"问题。

(四)进出口安检

尤其值得关注的是,中国农产品进口贸易规模在进入 21 世纪后迅猛增长,具体表现为贸易总额持续增长,年均增长率屡创新高。2014 年,进口食用农产品贸易在高基数上继续实现新增长,贸易总额达到 609.92 亿美元,再创历史新高②。进口品种几乎涵盖了全球主要食品种类,而谷物及其制品、蔬菜及水果、植物油脂等三大类食品进口贸易额接近整个贸易额的半壁江山,东盟、美国、欧盟、新西兰、澳大利亚、巴西、俄罗斯和秘鲁八个国家和地区进口的食品贸易额占进口总额的 80.3%。各地出入境检验检疫机构检出不符合中国食品安全国家标准和法律法规要求的进口食品共 3 503 批次,同比增长超过六成,比 2013 年

---

① 江南大学吴林海教授主持的国家社科重大招标课题《食品安全风险社会共治研究》与教育部《中国食品安全发展报告》课题组。

② 2015 年 11 月 27 日,北京发布的《中国食品安全发展报告(2015)》《中国食品安全网络舆情发展报告(2015)》。

有较为明显的上升，进口不合格食品批次最多的前十位来源地（按大小排序）分别是，中国台湾、美国、韩国、法国、意大利、马来西亚、泰国、德国、日本、澳大利亚等，合计 2 399 批次，占全部不合格批次的68.5%。进口不合格食品来源地的国家或地区数量从 2013 年的 68 个扩大至 2014 年的 80 个。食品添加剂不合格、微生物污染与标签不合格是进口不合格食品的主要问题，占检出不合格进口食品总批次的51.1%，均表明进口食用农产品的问题依然严峻。

（五）查处情况①

2014 年，中国食药监系统共查处不符合食品安全标准的案件8.45万件，查处食品 146.16 万公斤，共检查食品经营者 1 389.3 万户次，检查批发市场、集贸市场等各类市场 37.98 万个次，捣毁售假窝点 949个，查处违法添加或销售非食用物质及滥用食品添加剂案件 1 531 件，查处非食用物质和食品添加剂 1.38 万公斤，移送司法机关违法案件 738件，吊销许可证 658 户，创建食品安全示范店 13.39 万户。

在 2013 年发生的一系列食品质量安全问题之后，2014 年食用农产品质量安全主要热点事件可以看出，中国加工和制造环节农产品质量虽然有所改善但并没有根本性改观，微生物污染、品质指标不达标以及超量与超范围使用食品添加剂仍然是目前中国农产品加工和制造环节最主要的质量安全隐患（如表 3-1 所示）。2014 年 7 月 20 日有关媒体曝光上海福喜食品有限公司大量使用过期变质肉类原料的行为，其中该公司所生产的加工食品供应的品牌有麦当劳、肯德基、必胜客、星巴克，等等。随后 8 月份又爆出了沃尔玛的"过期肉"事件。2015 年比较典型且死伤人数较多的食品中毒事件共有 68 起，事件影响巨大。民以食为天，食得安不安全，是事关民生的大事。中国公众环保民生指数显示，82% 的公众都高度关注食品安全，而 38% 的公众在日常生活中"遭遇"

---

① 吴林海等著. 2014 年中国食品安全发展报告 [M]. 北京：北京大学出版社，2014（12）。

过食品安全问题。食品安全问题频频敲响警钟，已经成为制约中国经济社会发展的重要因素。如何有效维护公众健康与安全，完善突发性的食品安全公共责任应急管理机制，并保障大众的食品安全责任问题，成为各级政府和老百姓最关心、最直接也最为现实的热点问题。

表 3 - 1   2014 年食用农产品质量安全主要热点事件

序号	事件	基本情况	处理结果
1	福喜事件	2014 年 7 月 20 日，上海广播电视台电视新闻中心官方微博报道，麦当劳、肯德基等洋快餐供应商上海福喜食品公司被曝使用过期劣质肉。	上海福喜涉嫌组织实施违法生产经营食品行为，查实 5 批次问题产品，共 5 108 箱。对问题食品，均采取下架、封存等控制措施。福喜母公司 OSI 集团宣布收回上海福喜所生产的所有产品。
2	黑心油	2014 年 10 月 9 日，顶新集团旗下正义公司被发现以动物饲料油混充食用猪油制成精制油品销售，一年内三次陷入"黑心油"事件，包括油品掺铜叶绿素、味全产品用到馊水油及这次以饲料用油混入食用油。	以违反《食品安全卫生管理法》搀伪或假冒行为，处 6 万（新台币，下同）至 5 000 万元罚款，并可处 5 年以上有期徒刑、拘役，或并处 800 万元以下罚金。
3	二氧化硫超标	2014 年 12 月 18 日，广东家乐福超市康王店的散装白菜干，发现二氧化硫残留量超标 6 倍多，标准值皆为每公斤 0.2 克以下，实测值为 1.5 克/千克。	各监管部门已对抽检不合格食品依法实行下架、封存、召回等措施，按规定通报相关监管部门，对生产经营不合格食品的单位依法进行查处。
4	假驴肉	2014 年年初，全球零食商巨头沃尔玛又爆出在华部分店面所售驴肉含有包括狐狸肉在内的其他动物的 DNA。	沃尔玛召回问题驴肉，给予每位购买者 8.25 美元的补偿（约合人民币 50 元），同时对超市中其他肉类进行 DNA 测试。

序号	事件	基本情况	处理结果
5	过期食材	中央电视台 3·15 晚会曝光了杭州广琪贸易公司将过期食品原料"改头换面"变成合格产品，其供货对象包括可莎蜜尔、丹比等多家知名的蛋糕坊和烘焙企业。	质监部门连夜封存广琪原材料。一些商家和厂家已经更换了原先广琪供应商。
6	吸血鬼饮料	吸血鬼饮料类产品未经任何部门批准生产，绝大多数仅有英文标签，产品标签标识不规范，属"三无"产品，有的标示虚假生产厂家、生产许可证号。	责令相关网络交易平台关闭所有销售此类产品的网店，并要求其严格把关，今后一律禁止销售类似产品。
7	大肠杆菌超标	超过 494 公斤的统一方便面被检出大肠杆菌超标；同时，3 个批次的雀巢饼干因为菌落总数超标和标签不合格。	大肠杆菌超标的被销毁，菌落总数超标和标签不合格的予以退货。
8	肝吸虫	淡水鱼生鱼片发现含有大量的肝吸虫。	爱吃生鱼片导致中国超过 1 200 万人感染肝吸虫，其中大多数分布在东南、东北省份。
9	毒米线	2014 年 4 月 15 日晚，昆明碧鸡办事处长坡社区排联村以及明朗宗龙箐村的 3 家生产米线被查含有二氧化硫残留，质检样品不合格。	3 家米线作坊的老板因涉嫌生产、销售有毒、有害食品被刑事拘留。

资料来源：笔者自行整理。

二、存在的问题

接踵而至的农产品质量安全事件一次次的挑战者大众底线，影响国际声誉。总结梳理，可以发现主要存在以下几个方面的问题：

（一）农产品生产环节存在的问题

1. 有些企业为了增加短期利润，滥用农业投入品，甚至在农产品中掺假

　　造成农产品质量下降的直接原因来自这些为了获得短期利润，在农产品中掺假使假的农产品的生产加工者。农户作为农产品生产的源头，他们为了增加农作物的产量，会大量的使用化肥，高毒和高残留的农药；另外，在畜牧方面，他们为了缩短动物的生长周期、改善产品的卖相，会大量使用含激素类的药物，并使用工业类的添加剂，最终使得销售出去的农产品受到不同程度的化学和物理污染。

　　农产品生产过程中的具体问题主要表现在以下几个方面：第一，抗生素、激素滥用导致的动物性农产品污染。在生产过程中，由于饲养者对于抗生素的不当使用，使得动物农产品体内残留有大量的抗生素。这些抗生素会引起病原菌对多种抗生素产生抗药性；另外，动物体内的激素，特别是性激素，对青少年的成长和发育带来极大不利。第二，食品添加剂，滥用非食品加工用化学添加物的超量使用。目前，我国批准使用的食品添加剂有 22 大类 1 500 余种，含添加剂的食品在 10 000 种以上[①]。国家对食品添加剂的适用范围和使用量都有明确规定，但是生产企业的自律性普遍较差，违规、违法使用食品添加剂的现象很普遍，近年来出现的重特大污染事件多与滥用添加剂有关。例如，在各地爆发的"瘦肉精"事件，就是因为生产者将治疗支气管哮喘病，但对心脏有较大副作用的违禁药物用作饲料添加剂造成的。第三，由于操作不规范导致的收获、加工过程中的农产品物理性因素污染。如农作物的粗放采收，农产品的散装散卖，包装材料不安全，在农产品加工、贮运过程中非法使用增色剂、保鲜剂等造成的二次污染[②]。"苏丹红"事件就是典型的物理性污染事件。第四，对于植物性的农产品滥用化肥、农药以及植物的生长调节剂，导致这些植物性的农产品遭到严重的污染。中国是全球第一化肥消费大国，每公顷耕地消耗的化肥数量比世界平均水平高2.6 倍，在一些经济发达地区，每公顷耕地使用的化肥更是超过了 400

---

①　成昕．农产品质量安全工作任重道远［J］．中国农业推广，2005（1）：16－17.
②　孙小燕．农产品质量安全信息传递机制研究［M］．北京：中国农业出版社，2010：69.

千克，远远超出了一些发达国家认定的 225 千克的化肥使用量的临界水平。同时，中国的化肥利用率很低，平均只有 35%，比发达国家 60% 的水平低近一半①。过量的化肥施用不仅会直接污染植物的茎叶，还会转变为硝酸盐和亚硝酸盐产生本底性污染。

2. 生产加工的标准化、组织化程度过低，农产品质量安全水平难以提高

生产加工的标准、组织程度过低，可导致以下影响：第一，过低的生产加工标准化、组织化程度阻碍了先进技术和工艺的利用致使农产品质量水平止步不前，因此，标准化生产成为解决这一问题的关键。标准化的生产加工体系本身就可以体现出该产品的质量安全水平，如 ISO 9000 质量标准体系中的《农业质量标准体系》、HACCP 体系、良好生产规范（GMP）等标准化体系。但是结合目前中国农产品标准化的现状，其低程度的发展水平一定程度上阻碍了农产品质量安全水平的提高。第二，过低的组织化程度，阻碍农户对于新技术和工艺的应用。目前我国农户生产仍然处于大规模分散的小农经济模式，加之农民整体的受教育水平不高，单单依靠农户单枪匹马难以实现新技术和新技艺的推广，必须配合专业人员的指导培训，但是我国农技推广体系尚未完善，到是以面对千家万户的小农户的水平。因此，必须将农户组织起来，由组织聘用外部人员进行指导，或者由组织内部的技术能人带动，农户就可以克服上述困难。但目前中国农户的组织化程度依然很低，外界技术指导不到位，因而农户难以将大量实用的新技术、新工艺运用到农产品生产加工过程中（例如，新的施肥技术可以减少化肥污染、新的农药喷洒技术可以减少农药的残留等），从而不利于农产品质量安全水平的提高。第三，不利于政府对农产品生产加工环节的外部监管。中国虽然是一个农业生产大国，但是这些农户都以千家万户分散的小农户为主，其

① 郭天财等．两种穗型冬小麦品种旗叶光合特性及氮素调控效应．作物学报，2004，30（2）：115 - 121.

规模小到户均土地仅有 0.5 公顷。正是由于这些生产者非常分散，规模大并且无须相关登记手续，一旦出了问题，很难追究问题产品的责任人。而且由于农户的规模小、专业化程度不高，一旦哪类农产品出现了问题，他们调整生产结构的速度也较快，对其造成的影响就会较小。农产品生产组织形式的这些问题，导致了法律或制度的执行成本过高，使农产品质量安全管理过程中难以做到"违法必究"。

3. 优质优价市场机制的缺乏

在一个竞争性的市场中，如果信息是对称的、充分的，通过市场机制便可以实现优质优价，不同质量水平的产品被赋予不同的价格水平，不安全产品在价格透明的情况下，存在的空间比较小，甚至随着人们生活水平的提高，不安全产品将会被消费者利用价格手段淘汰出场①。然而农产品市场上的信息却是不对称的，由此导致的后果主要体现在以下几个方面。就组织化程度低导致传递农产品质量安全信息的单位成本过高，这一问题集中体现在农产品检验检测、认证、商标管理等一系列程序中。首先，由于目前农户主要从事小规模的分散经营，难以实现规模经济效益，导致农户在以上程序的操作中存在较高的门槛费用，进而促使农产品的相关信息不能有效地传递给消费者。其次，绝大多数农户由于受教育程度、地理环境等因素的限制，难以独立完成以上一系列的检测认证程序，一般都需要相关方面有能力的人带动。但由于农民的组织化程度比较低，即便个别人具有带动能力，也难以实现农产品质量安全信息快速、有效、全方位的传递。最后，农户的低组织化程度致使消费者和农户之间信息传递的桥梁无法有效构建，消费者无法准确辨识市场上农产品的真实质量，故农产品市场中难以通过价格竞争实现优胜劣汰。

农业投入品供给者和生产者之间的信息不对称，为劣质农资和农产

---

① 孙小燕. 农产品质量安全信息传递机制研究［M］. 北京：中国农业出版社，2010. P70－71.

品创造了更大的生存空间。虽然农户受到文化程度、资金、思想等的限制会故意使用一些低质量的农业投入品，如化肥、农药等，但更主要的原因在于信息不对称导致的农户对低质量农业投入品的使用，进而通过连锁反应使生产加工者也在不知情的情况下无意的使用了劣质农业投入品和原料。因此，供应链上每一个环节信息的不对称性都是农产品质量安全问题存在的隐患。

（二）农产品流通环节存在的问题

1. 经营者以次充好、以假乱真，盲目追求短期利益

经营环节是农产品流入消费市场的最终闸口，因此经营者的行为对于消费者最终消费的农产品质量起到重要作用。根据微观经济学理论，企业经营的最终目的是实现自身利益的最大化，完全信息市场中企业会认识到自身与消费者之间存在着无限次的重复博弈，因此企业经营是以长期利益为目标。但目前我国的农产品市场难以实现信息的完全透明化，加之市场机制尚未成熟、信息机制尚未健全、信息体系和可追溯体系还未完全确立，从而使得大多数厂商在生产过程中以次充好、以假乱真、生产低质量农产品，不惜牺牲企业信誉只追求短期利润。另外，由于农产品市场生产加工环节的集中度比较低，上游环节的市场地位和议价能力比较弱，往往受到下游企业的牵制。因此，下游企业的行为也影响着上游的生产加工行业，最终使整个市场农产品质量安全的整体水平受到一定的影响。

2. 流通主体细小分散、组织化程度低，农产品质量安全水平难以提高

农产品的生产经营全世界都普遍以家庭为单位，各个国家和地区所不同的知识农户的组织化程度。与日本相同，我国农户的经营规模也都非常小，但是有所不同的是日本农户几乎都加入了各种各样的经济合作组织或者协会，他们的组织化成都非常高。而我国不但农户的经营规模小，合作经济组织发展也比较缓慢，以至于在农产品营销环节中没有组织带动。另外，我国的农业企业也面临着规模小、数量少和发育不成熟

的现状，难以在农产品流通中形成龙头带动作用。以蔬菜销售为例，据调查集体组织运销的蔬菜只占蔬菜总量的 7.8%，加上农户联合运销的也只有 12.9%，农民自己运销的 70.1%①。这种细小分散的生产方式形成了两方面的影响。第一，细小分散的流通主体妨碍了农产品质量安全水平的提高。首先，流通主体的细小化和分散化加大了外部监管和内部监督的难度，外部监管和内部监督都难以发挥作用，使劣质农产品的供给者有机可乘。监管部门若要实现对这些小规模分散的小农户和商贩的全面监管，不但要承担非常巨大的成本，而且这些小的流通主体经常"打一枪换一个地方"的经营模式，也加大了监管的难度。同时，分散的流通方式也给流通主体之间的内部监督带来很大的难度，流通主体之间由于缺乏内部利益一致的纽带，便会缺失内部监督的动力。第二，企业在经营的过程中始终秉持着利润最大化和成本最小化的原则，流通环节中这些农户和小商贩由于受到规模和资金各个方面的影响利润空间原本就非常有限，加之他们传递自身农产品质量安全信息的成本过高，因此他们缺乏传递农产品质量安全信号的动力，最终导致这些小规模供给着和消费者之间农产品质量安全信息的不对称。同时，这些分散细小的小农户和小商贩受教育水平、资金、规模等因素的限制，收集农产品市场需求信息和质量安全信息的能力较弱，这也导致农产品供给者难以提高满足市场需求的高质量安全农产品。

　　3. 经营者与生产加工者之间信息不对称，增大了低质量农产品存活的空间

　　经营者与生产加工者之间存在信息不对称，增大了低质量农产品存活的空间。如前文所述，经营者除了受利益的驱使而故意经营质量低下甚至劣质农产品之外，很大程度上也会受信息不对称的影响而无意的去经营一些劣质产品。原因在于我国的农产品加工者也多为小规模的分散经营者，即使其加工环节的农产品符合质量安全标准，也会由于信息传

───────────

　　① 孙小燕. 农产品质量安全信息传递机制研究［M］. 北京：中国农业出版社，2010. P72.

递的成本过个而无法将产品信息传递给经营者，因此对于低质量的农产品，这些加工者更没有充分的动力主动将农产品质量信息传递个下游的经营者，下游经营者在缺乏信息的条件下便去经营这些农产品，最终增加了低质量农产品的存活空间。

4. 冷链物流的匮乏和不足，阻碍了农产品追溯体系的进程

虽然我国的冷链物流发展已经取得了一定的进步，但是毋庸置疑的是其发展水平仍然处于起步阶段，发展中还存在去多亟待解决的问题。例如：农产品冷链物流体系不健全、基础设施发展滞后、技术落后、管理水平不高、管理服务人才匮乏等，这些问题的存在一定程度上也阻碍了农产品追溯体系的发展。据有关数据的统计，中国每年进入流通领域的生鲜农产品约有 4 亿吨，这个比例是在不断提高的，但是另一方面，果蔬、肉类、水产品所对应的冷链流通率为 5%、15% 和 23%，冷藏运输率为 15%、30% 和 40%，同时易腐农产品的运输率为 30%。与此形成明显对比的是，当前欧美日等发达国家的农产品 95% 以上进入了冷链流通，100% 的易腐农产品冷藏率。可见，加强冷链物流的基础性设施建设迫在眉睫。

（三）农产品消费环节存在的问题

农产品流通的最终对象是广大消费者，农产品质量好坏直接影响着消费者的身体健康和生命安全。因此，若要确保农产品质量安全也必须消费者加强自身的安全防范意识、坚决抵制劣质农产品、积极购买安全的可追溯农产品，这会在一定程度上迫使农产品生产的各个环节提高农产品的经营质量。但是由于信息不对称以及消费者获取信息的方法和途径的缺失，我国的消费者或多或少的都在消费者不安全农产品。

1. 消费者健康消费观念还没有全面树立

消费者健康消费观念还没有全面树立，对优质农产品的需求总体不高。我国是一个人口大国同时也是一个消费大国，农产品质量安全问题与每一个人息息相关，因此在人口总数上消费者掌握着绝对的话语权和

决策权，消费者的决策可以直接的影响农产市场的整体质量水平。但是，作为一个人口大国消费者的消费观念并非完全相同，这主要受到年龄、文化水平、消费习惯等因素的影响，正是受到这些因素的影响购买者消费观念不同，整体健康消费意识不强。并且大多数不安全农产品对身体健康的影响是一个长期积累的过程，一定数量的消费对身体在短期内不会造成明显的影响，这就导致消费者在短期存在侥幸消费的心理，长期健康消费的观念难以树立。以频频被各大媒体曝光的快餐行业"速成鸡"事件和大小饭店的"地沟油"事件为例，消费者虽然众所周知，但是消费热情依然不减。消费观念直接影响消费行为，健康消费的观念没有全面树立，则直接抑制消费者对优质农产品的需求，而给普通农产品以较大的市场空间。

2. 消费者的收入水平依然不高

消费者的收入水平依然不高，制约了人们对优质农产品消费比重的增大。在其他条件一定的情况下，收入是影响需求最直接、最根本的因素。就农产品整体而言，作为生活必需品，是缺乏弹性的，但优质农产品，特别是有机食品等价格较高的农产品，则比较富有弹性，需求量受收入水平的影响相对较大①。因此，在消费偏好一定的情况下，收入水平是影响优质农产品需求量最主要的因素。以有机食品为例，有研究表明，有机食品的消费频率与消费者的收入水平存在正相关关系，收入水平在1 000元以下的消费者，不消费有机食品和经常消费有机食品的比例分别是92.6%和7.4%，而收入在5 000元以上的消费者，其比例分别为15.4%、53.8%②。

3. 消费者无法全面了解到农产品的真实质量信息

消费者无法全面了解到农产品的真实质量信息，增大了低质量农产品存活的空间。农产品供应链中的下游企业普遍存在这一问题，如前文所述的农产品加工者和经营者之间的信息不对称所造成的经营者无意消

---

① 孙小燕. 农产品质量安全信息传递机制研究 [M]. 北京：中国农业出版社，2010. P74.
② 张利国，农户有机食品生产中的道德风险分析 [J]. 经济问题，2008（12）：89－92。

费劣质农产品相同，消费者除了由于受收入水平和消费观念影响而主动消费低质量农产品之外，大多数消费者是在缺乏农产品质量安全信息基础上被动进行的消费。收入水平和健康消费意识确实影响着消费者的决策，但是消费者毕竟不会在完全知晓该产品对自身健康不利的基础上还去主动消费。因此，信息不对称就成为导致消费者消费不安全农产品主要原因。实现信息的透明化、给消费者足够知情权，市场的几个机制自动就会淘汰掉不安全农产品，农产品供应链的各个环节也就不会存在各种安全隐患。

（四）农产品经营环境方面存在的问题

随着工业化和城镇化的推进，造成的各种污染也在不断地加剧，其中报考农业产业生产环境中的大气污染、水体污染和土壤污染。

大气污染。凡是能使空气质量变差的物质都是大气污染，其中典型的并且对植物影响较大是工业废气中的二氧化硫、氟化物、臭氧和乙烯。从中国的实际情况来看，二氧化硫的危害是最为严重的。中国二氧化硫年排放量约在 2 000 万吨。二氧化硫不仅直接影响农作物生长发育，并可形成酸雨，PH4.7 以下的降雨可造成蔬菜产地绝产。在被调查的 690 家重污染企业用地及周边的 5 846 个土壤点位中，超标点位占 36.3%；81 块工业废弃地的 775 个土壤点位中，超标点位占 34.9%；146 家工业园区的 2 523 个土壤点位中，超标点位占 29.4%；188 处固体废物处理处置场地的 1 351 个土壤点位中，超标点位占 21.3%；13 个采油区的 494 个土壤点位中，超标点位占 23.6%；70 个矿区的 1 672 个土壤点位中，超标点位占 33.4%；55 个污水灌溉区中，有 39 个存在土壤污染，在 1 378 个土壤点位中，超标点位占 26.4%①。这些都是工业排放导致大气污染而致。

水体污染。水体污染严重降低了我国水资源的整体质量，也对农产

---

① 全国土壤污染状况调查公报，2014 年 4 月 17 日发布。

品质量安全构成了极大的压力。水体污染尤其是农业灌溉月水的污染，将直接影响到农产品的品质，如水体中氮、磷等元素超标，都将对农产品产生本底性污染。目前，中国有80%以上的河流湖泊遭到不同程度的污染①。据水质监测资料显示，中国水体的质量，劣Ⅴ类水河长占16.6%，低于Ⅲ类水标准的合唱仅占总评价河长的38.6%；在评价的24个湖泊中，12个湖泊水污染严重；经对532条河流的监测，有436条河流受到不同程度的污染，中国七大江河流经的15个主要大城市河段中，有13个河段的水质污染严重；在评价的182座主要水库中，有37座水库税制未达到Ⅰ、Ⅱ、Ⅲ类水质标准，其中人为污染问题不断加剧，60年代开始显露，70年代迅速增长，80年代以来明显加剧，70年代初全国的日排污量为300万~400万吨，目前已超过1亿吨，其中80%以上未经任何处理直接排入水域，使河流、湖泊、水库遭受了不同程度的污染，全国湖泊达到富营养水体的已达66%，巢湖、太湖、滇池、洱海的总氮、总磷和氨氮总的浓度分别是80年代初的十几倍。在我国太湖流域，农业和生活污水大量增加，太湖流域每年的化肥用量已达200万~300万吨，农药5万~8万吨，其中约50%的化肥和农药随雨水流入湖泊河道，太湖水中的含磷量、含氮量，1994年比1986年提高了近十倍，大大超过Ⅲ类水指标。

土壤污染。土壤是植物赖以生存的物质基础，是污染物累积的重要介质。据有关监测结果表明，中国土壤污染较为严重，全国土壤总的超标率为16.1%，其中轻微、轻度、中度和重度污染点位比例分别为11.2%、2.3%、1.5%和1.1%。污染类型以无机型为主，有机型次之，复合型污染比重较小，无机污染物超标点位数占全部超标点位的82.8%。从污染分布情况看，南方土壤污染重于北方；长江三角洲、珠江三角洲、东北老工业基地等部分区域土壤污染问题较为突出，西南、中南地区土壤重金属超标范围较大；镉、汞、砷、铅4种无机污染物含

---

① 吴秀敏. 我国猪肉质量安全管理体系研究［M］. 北京：中国农业出版社，2006：6.

量分布呈现从西北到东南、从东北到西南方向逐渐升高的态势①。其中跟农业生产直接相关的耕地土壤点位超标率为 19.4%，其中轻微、轻度、中度和重度污染点位比例分别为 13.7%、2.8%、1.8% 和 1.1%，主要污染物为镉、镍、铜、砷、汞、铅、滴滴涕和多环芳烃。

第二节　实施追溯体系的必要性、可行性及动因

一、实施追溯体系的必要性

保障农产品质量安全是一项复杂的系统工程。伴随着农产品生产方式的逐步专业化和贸易模式的全球化，农产品由原料生产到最终消费的供应链中间环节越来越多，使农产品质量安全涉及生产、加工、存储、运输、销售等整个供应链，客观上增加了引发农产品质量安全问题的概率。只要任何一个中间环节出现问题，就会导致最终农产品的质量安全问题。同时，由于农产品供应链整个环节中涉及诸多的利益主体，这些利益相关主体追逐各自利益最大化的动机导致其在市场行为中存在不同的选择，容易引发道德风险和逆向选择，进一步增加了农产品质量安全问题发生的概率。

中国农产品生产主体和流通主体的组织化程度都很低。农村家庭承包经营制度下的农户分散经营，在中介组织缺失的情况下，农户无法掌握农产品流通中的信息，只能被动听从经销商或中间商的安排，从而造成农产品供应链中的产销脱节。另外，在农户小规模生产的背景下，由于市场的放开，需要大量从事农产品流通的主体来完成小生产与大市场的对接，因此诞生了大量的小规模的农产品收购商、运输商、批发商、

---

① 全国土壤污染状况调查公报，2014 年 4 月 17 日发布。

零售商等物流参与主体。这些主体之间的关系仅仅是简单的交易关系，竞争多于协同，不仅导致信息失真，无法引导农民生产，而且量大、规模小的农产品物流主体导致农产品流通环节增多，成本增加。

中国农产品质量安全问题从表面上看其直接原因是由于生产和加工原料的不合格、生产经营企业缺乏积极性以及监管体系存在着一定的缺陷等问题，但究其深层次的原因还得归结于农产品市场上的生产企业与消费者、生产企业与政府监管者之间的信息不对称。只有尽可能减低或消除农产品市场中的信息不对称，才能从根本上解决农产品质量安全问题，但信息不对称是经济社会中客观存在且难以消除的现象，因此利用农产品质量安全信号传递机制的可追溯体系成为保障农产品质量安全的有效手段。

农产品可追溯性是指逆向可追溯到农产品原料及其在供应链中的原始生产商和之前的处理者，前向可追溯到违反安全和质量标准的农产品并将之召回[①]。完整的前向及逆向追溯能力对于提升下滑的消费者信心，保护消费者利益和无辜环节的声誉极为关键[②]。通过追溯系统保证农产品质量安全的途径是降低供应链各经济主体间的信息不对称性。由于农产品质量安全具有经验品和信任品特性，消费者难以通过有效途径获取这些信息，生产经营者不会主动向消费者提供真实全面的质量安全信息，因此农产品市场上形成了消费者与生产者之间的信息不对称[③]。追溯系统中储存的信息能够用来移除供应链中不安全农产品，或者阻止不安全农产品进入农产品供应链，通过事前的检查降低消费者寻求质量安全产品的信息成本，事后的追溯降低医疗、劳动力损失等社会成本（Jansen – Vullerset，2003；Hobbs，2004）。可追溯信息沿着农产品供应

---

①　袁康来，杨亦民. 农业食品供应链的可追溯性研究 [J]. 物流科技，2006，09：121 – 123.

②　王蕾，王锋. 农产品质量安全可追溯系统有效实施的影响因素——基于 SCP 范式的理论分析 [J]. 兰州学刊，2010（8）：40 – 42.

③　陈红华，师严涛，田志宏. 我国农产品可追溯系统中的博弈模型分析 [J]. 经济师，2007，07：10 – 12.

链逐渐传递，经过某一个环节，该环节上的经营主体都有责任记录并标识此环节的进货来源、加工处理等相关信息，同时还必须采集此环节之前的生产与流通履历信息，并将所有的信息标识在加工后的产品上，以被下一个经营主体或消费者所使用。

从另一角度看，企业实施了产品可追溯性，既保证了农产品安全，又与同行业其他企业有了明显的区别，确保了已有客户的消费忠诚度，也吸引更多新的客户，因此可以作为企业发展的一种竞争战略。它能够成功传递产品的过程信息，把农产品的追溯性与正面的质量安全相结合作为一种差异化战略，成为企业竞争优势的来源（Hobbs，2006；于辉，2006）。由于各国也都将农产品可追溯作为质量安全控制体系的重要组成部分，因此，农产品追溯逐渐成为农产品国际贸易的技术壁垒之一。对于出口型农产品企业来说，为了更好地占领国际市场，有必要尽快实施可追溯管理。

二、实施追溯体系的可行性

农产品质量安全问题成为国内外关注的热点，为追溯体系的实施提供了契机。农产品是日常生活消费中的必需品，并且密切关系着消费者的人身健康安全。瘦肉精、膨大剂、三聚氰胺、地沟油等国内重大安全事件以及疯牛病、口蹄疫、猪流感、毒黄瓜等各种添加剂、不合格原料生产引起的国际农产品质量安全问题使消费者的农产品安全意识更加强烈。各种问题的发生逐渐凸显了农产品生产全程监控的重要性，也为可追溯体系的建设提供了契机。

（一）相关法规

农业部 2006 年 6 月发布《畜禽标识和养殖档案管理办法》，为"国家实施畜禽标识及养殖档案信息化管理，实现畜禽及畜禽产品可追溯"提供技术支撑。为配套《农产品质量安全法》，2006 年 11 月发布《农产品包装与标识管理办法》、《农产品产地安全管理办法》。2012 年发布《关于进一步加强农产品质量安全监管工作的意见》（农质发［2012］3 号），提出"加快制定农产品质量安全可追溯相关规范，统一农产品产地质量安全合格证明和追溯模式，探索开展农产品质量安全产地追溯管理试点"。2011 年，商务部《关于"十二五"期间加快肉类蔬菜流通追溯体系建设的指导意见》（商秩发［2011］376 号），要求"加快建设完善的肉类蔬菜流通追溯体系"。2015 年中国对于食品安全问题更是加大了管理力度，被称为"史上最严"的新《食品安全法》将会于 10 月 1 日起开始正式实施，新《食品安全法》中的一大亮点是"生产或经营不符合食品安全标准食品，增加赔偿金不足一千元的，按一千元计算"。

各地根据工作实践也出台了一些地方性法规，如上海市 2001 年发布《上海市食用农产品安全监管暂行办法》（2004 年修订），要求"生产基地在生产活动中，应当建立质量记录规程，保证产品的可追溯性"；甘肃省 2014 年 1 月发布《甘肃省农产品质量安全追溯管理办法（试行）》等。

（二）相关技术标准

2007 年 9 月，农业部发布《农产品产地编码规则》和《农产品追溯编码导则》，2009 年 4 月发布《农产品质量安全追溯操作规程通则》以及水果、茶叶、畜肉、谷物 4 大类产品操作规程，2011 年 9 月补充发布蔬菜等产品的操作规程。目前，《农产品追溯信息系统设计指南》《食用农产品质量安全合格证明管理办法》《农产品质量安全追溯管理规范》等标准正在制定中。

2002 年 7 月，国家质检总局发布《EAN‒UCC 系统 128 条码》（GB/T 15425‒2002），2014 年 9 月修订发布《商品条码 128 条码》（GB/T 15425‒2014），并于 2015 年 2 月实施。2004 年 6 月发布《出境水产品追溯规程（试行）》、《出境养殖水产品检验检疫和监管要求（试行）》，应对欧盟从 2005 年开始实施的水产品贸易可追溯制度。2005 年

12 月发布《良好农业规范（第 1 部分）：术语》，至 2014 年 6 月，发布《良好农业规范（第 27 部分）：蜜蜂控制点与符合性规范》，共 27 部分，并将继续为农产品生产阶段提供技术标准。2009 年 9 月，发布《饲料和食品链的可追溯性体系设计与实施的通用原则和基本要求》。

中国物品编码中心采用全球通用的物品编码、商品条码和射频等识别技术实现食品安全跟踪与追溯，2004 年 6 月，发布《牛肉产品跟踪与追溯指南》《水果、蔬菜跟踪与追溯指南》等。

三、实施追溯体系的动因

通过可追溯系统，利用农产品的身份标识审核有效性，即使交易双方完成了商品的买卖，仍有一部分产权也就是质量安全属性并没有完全转让出去，也就是在某种意义上交易并没有完成。只有当商品在通过政府质检部门检测的前提下，消费者在使用的一段时间里也没有出现可认定的质量问题时，商品的交易才算完成。通过可追溯系统体现了商品交易效率的改进，它保证了交易完成后惩罚机制的有效性和消费者的延迟权利，将质量安全产权界定给适当的责任人，从而改变了生产者的预期，保证了产品的质量也免去了供应链中各个环节检测带来的检测成本和等待时间。由于可追溯系统的这种生产和交易特性，系统的实施有两种不同的角度：一种是企业为了追求自身利益的最大化，在一定程度上使消费者了解产品生产过程和质量属性而主动实施信息的可追溯化，而且可追溯系统的良好运行要求它合适地嵌入到现有的交易和生产环境中；另一种是政府为了规范市场行为，在发生质量安全问题的时候能有效地查出问题，通过法规强制性要求农产品企业实施可追溯系统来提高农产品市场传递信息的能力，可追溯系统的使用也会对现有的交易和生产系统产生影响。所以可追溯系统是整个供应链以及供应链内部给各环节的一种"界定产权"的交易工具。农产品质量安全可追溯体系利用信息化手段，打造信息追溯链条，实现了农产品来源可追溯、去向可查证、责任可追究，对保障农产品质量安全具有重大的现实意义：

（一）有利于落实流通主体的农产品安全责任制，提升行业诚信度

建设可追溯体系可以运用信息技术，实现索证索票、购销台账的电子化，通过网络将相关信息归集起来，形成一个完整的流通信息链条。有关政府部门和消费者可以及时查询产品来源、流通环节、检疫检测等信息，一定程度上解决信息不对称的问题，让消费者明白放心消费，并实现对经营者有效监管，从而强化经营者的农产品安全责任意识和诚信意识，切实履行农产品安全责任，提升流通行业的整体诚信水平。

（二）有利于通过市场倒逼机制，强化农产品生产源头质量控制

可追溯体系的实施可以建立一种市场倒逼机制，运用流通引导生产和消费。一方面，将流通过程透明化，信息公开化，起到一定的威慑力量，让不合格的农产品望而却步。另一方面，一旦发现了质量安全问题，可以快速地定位，在第一时间查到问题，查到祸根，迫使生产者积极落实生产责任，强化源头管理，保证质量控制和产品检测，从源头上提升农产品质量安全水平。

（三）有利于建设现代流通体系，打造优质品牌

目前中国农产品流通组织化程度、信息化程度都比较低，设备简陋，流通方式粗放，链条长、环节多、成本高、损耗大、效率低。流通质量安全保障难度很大。建设追溯体系可以以信息化技术改造传统的流通渠道，优化交易流程，强化过程监管，有利于流通企业提升现代化的管理水平，有利于扩大市场的占有率，有利于扶优扶强，也有利于树立品牌形象。

（四）有利于提升政府部门快速反应能力，为农产品安全监管服务

建设可追溯体系可以提供系统化、网络化的数据库，以及先进的流通和监管设备，一旦发生任何食品质量安全问题，政府可以根据追溯系统快速地做出相关的反应。从一些地方的经验看，建设追溯体系是提高政府监管能力的有效手段。通过建设流通体系，帮助监管部门实现对肉菜质量安全的全过程的无缝监管，提高监管效率，创新监管方式。同时，密切行业部门与执法部门的协作配合，形成监管合力，更好地保障农产品质量安全。

第三节　农产品追溯体系实施现状及其特征

一、农产品追溯体系的建设历程

（一）中国制定的农产品追溯体系的相关法规和标准

中国的农产品可追溯体系建设最早可追溯到 2001 年。在制度建设方面，上海市政府于 2001 年 7 月颁布了《上海市食用农产品安全监管暂行办法》，提出了在流通环节建立"市场档案可追溯源制"。这是国内政府层面上对农产品可追溯机制最早的记录。2002 年，农业部"动物免疫标识管理办法"，2003 年，发布《跟踪与追溯指南》（牛肉、果蔬），其后农业部于 2005 年前后开始在农垦系统开展农产品可追溯试点，而北京、上海、广州、杭州、宁波、青岛、成都等城市则从 2004年就开始陆续宣布实施可追溯体系。2006 年 11 月 1 日，《中华人民共和国农产品质量安全法》开始正式实施，其中对农产品质量安全作出了农业生产全过程的控制和监管规定。2007 年，发布国标 ISO22005、《农产品召回管理规定》，2008 年，农业部《农产品质量安全追溯操作规程通则》。2009 年 12 月 22 日，《农产品可追溯性通用规范》和《农产品追溯信息编码与标识规范》两项国家标准通过审定，前者规定了农产品追溯的基本要求、流程以及管理规则，后者则规定了农产品追溯的信息编码、数据结构和载体标识，有助于中国农产品质量安全追溯标准体系的日益完善。2010 年，"中央一号文件"明确指出"推进农产品可追溯体系建设"，推出国标《农产品追溯要求》（水产、果蔬、蜂蜜、乳制品）、《肉与肉制品的射频识别（RFID）追溯技术要求》以及地方标准《罗非鱼产品可追溯规范》，一系列农产品质量安全追溯的国家标准正在制定中，中国农产品质量安全追溯标准体系将日臻完善。10 月，商务部、财政部办公厅联合下发《关于肉类蔬菜流通追溯体系建设试点指导意见的通知》，确定了上海、重庆、大连、青岛、宁波、南京、杭州、成都、昆明及无锡市十个城市作为第一批试点城市，通过在这些城市建设追溯体系，实现各地信息的互联互通和全国范围内信息的追溯查询，2011 年确定另外十个城市作为试点城市，继续推进肉类蔬菜流通追溯体系的建设，加快了中国建设完善追溯体系的脚步。在国家《农产品安全法》及其实施里、国务院关于加强乳制品、酒类产品监管的通知中，都强调了建立农产品安全追溯制度的重要性，明确要求企业实现对生产流通过程的记录，具备可追溯性。

（二）农产品追溯体系的全国实践

自 2004 年国务院发布《关于进一步加强食品安全工作的决定》，提出建立农产品质量安全追溯制度以来，关于食品追溯工作的文件几乎每年都下发，发文部门有国务院、农业部、商务部、工信部、财政部等。国务院办公厅印发的《2014 年食品安全重点工作安排》仍然包括建立食品原产地可追溯制度和质量标识制度。

随着文件的下发，追溯体系的试点工作逐步推进。2004 年，农业部开始在北京、天津、上海等 8 个城市开展农产品质量安全监管系统试点工作。2008 年，农业部"农垦农产品质量追溯系统建设项目"正式立项，获得国家财政资金支持。据了解，目前农垦追溯系统覆盖了全国 28 个省市。工信部于 2013 年 5 月发布《食品质量安全信息追溯体系建设试点工作实施方案》，旨在促进全国食品工业建成统一的质量安全可追溯体系。6月14日，工信部"食品质量安全追溯系统平台"在呼和浩特启动。据悉，蒙牛、伊利、完达山、三元、茅台、五粮液6家试点单位纳入该平台系统。从2010年开始，商务部、财政部持续推动大中城市肉类蔬菜流通追溯体系建设。上海、重庆、大连、青岛等10个城市成为首批试点。2013年新增试点城市包括秦皇岛、包头、沈阳、吉林、牡丹江、徐州、福州、淄博、烟台、漯河、襄阳、湘潭、中山、遵义、天水共15个。2014年，西藏拉萨、山西晋中、青海海东、贵州铜仁、新疆生产建设兵团石河子市、宁夏吴忠以及山东威海、临沂八个城市成为我国第五批肉菜流通追溯体系建设试点城市。

截至目前，已经有4批、50个城市成为试点，基本涵盖各个省会城市。第一批试点主要是沿海一些重点地区，目前已经投入运营；第二批已经建成，第三批正在建设，第四批已经启动招标项目。商务部提供的数据显示，上海、杭州、青岛、成都等前两批20个试点城市在6 141个流通企业顺利建成追溯体系。2013年5月，为加快国家重点食品（产品）质量安全追溯物联网应用示范工程建设，国家质检总局启动了以北京市东城区、浙江省杭州市、福建省福州市、江苏省南京市和无锡市、广东省广州市和东莞市、上海市金山区、四川省南充市、山东省淄博市等10个市（区）为试点的互联网追溯体系示范区建设示范产品包括乳制品、白酒、大米、面粉、食用油、进口葡萄酒等。各级地方政府也积极地开展农食产品追溯体系建设。2014年10月，财政部办公厅、商务部办公厅发布《关于开展肉类蔬菜及中药材流通追溯体系建设有关问题的通知》。以肉类、蔬菜、中药材为重点品种，支持部分省市建设覆盖各类流通节点和经营主体，并延伸到部分种植养殖、加工和消费环节的信息化追溯体系，逐步实现对肉类蔬菜中药材产、运、批、零的全链条信息化管理，促进诚信经营，提高流通环节食品药品安全保障能力，提升流通运行和监管的信息化水平。

农产品追溯体系技术的进展。"三分技术，七分管理"，"追溯体系的建设其实是管理流程的再造"。蔬菜、肉类产品从进入农产品批发市场一刻起，便进入了追溯系统。在进行农药残留、瘦肉精等检测后，所有肉菜类产品的信息，包括品种、产地、经营者信息、数量等，都要录入系统。而每位肉菜经营者都要实名办理一张 IC 卡，即肉菜流通信息卡，每个交易环节都离不开这张卡。农产品批发市场经营者的货物信息储藏在 IC 卡中，农贸市场的摊主进货时同样持有一张 IC 卡，交易时一插卡，他所批的肉菜信息便存入卡中。农贸市场的摊主零售时也要在终端交易机上插上流通信息卡，交易信息会记入卡中。而肉菜进入超市后，溯源信息会随即进入超市的电子结算系统，并生成特有的追溯码。设置在农贸市场或超市的溯源式电子秤也是交易终端的一部分，交易时会打印出附有追溯码的电子小票。追溯交易一体机、溯源式电子秤等都是特意为溯源系统开发的设备。但最关键不是电子秤这些设备，而是背后的计算机系统。电子秤连着电脑，交易信息会同时被传输至网络平台。通过互联网，不同节点的流通、交易信息都被实时上传至城市中央数据库。这些实时上传的交易数据汇总后，会形成报表，供进一步分析。一旦发生食品安全事件，这些数据能帮助监管部门迅速找到源头。而消费者拿到交易小票后，登录肉类蔬菜流通管理平台，输入追溯码，就能查看肉菜的产品及流通信息。

目前，标识系统中常用的数据载体有条形码技术和无线射频识别技术（RFID）。条形码可分为一维条形码和二维条形码。一维条形码是运用一系列字码和数字对产品特征信息进行编码，在使用时可以通过这个编码来调取计算机网络中的相应产品信息①。二维条码是通过在水平方向和垂直方向组成的二维空间上存储信息。二维条码信息承载量大、密

---

① 吕军海，关军锋，闵文江. 基于一维条码绿色果品质量安全追溯系统的建立 [J]. 科技导报，2010（21）：59 – 62.

度高、有较强的抗干扰能力和纠错能力，符合大数目产品标识编码的需要[1]；无线射频识别技术（RFID）是一种非接触式自动识别技术，最基本的 RFID 技术由电子标签、读写器和天线组成。RFID 系统利用射频信号通过空间耦合来实现信息传递，并通过所传递的信息达到识别实体对象属性的目的[2]。RFID 具有读写信息方便、都区距离较远、准确率高、不易受脏污恶劣环境影响等优点。

从实践层面来看，国家质检总局从 2003 年就启动了"中国条码推进工程"，采用 EAN·UCC 体系对农产品的生产、加工、运输、销售等环节进行有效的标识，方便相关产品进行追溯。2004 年以来，农业部已相继在北京、上海、天津等城市开展了可追溯体系的试点工作。2007年，基于无线射频技术的牛肉可追溯体系初步建立，标志着中国肉类农产品的追溯管理已达到国际先进水平。2011 年 2 月，国务院颁布了《质量发展纲要（2011~2020）》，已明确要求，搭建以物品编码管理为溯源手段的质量信用信息平台，推动各行业产品质量信用建设。为了保障追溯体系的顺利实施，每批试点城市有 4 亿元的追溯系统专项补贴，中央财政与地方财政 1∶1 的补贴，约有 16 亿元的财政资金用于城市追溯管理平台建设和批发、屠宰、零售、团体采购等流通节点进行相应的信息化改造，为各流通"节点"统一开发相关软件，配备必要的电子结算、电子秤、信息采集及传输等硬件设备。

（三）农产品追溯体系建设的主要成就

（1）质量追溯工作机制日趋完善。围绕追溯项目建设，制定了《农垦农产品质量追溯系统建设项目管理办法（试行）》等四项制度，形成

---

① 房镇坤，孙明，赵凡. 国内外二维条码技术研究及其在农产品质量可追溯系统中的应用［C］. 纪念中国农业工程学会成立 30 周年暨中国农业工程学会 2009 年学术年会（CSAE 2009）论文集，2009：929－932.

② 李瑾，马明远，秦向阳等. 畜产品质量安全控制及追溯技术研究进展［J］. 农业工程学报，2008，24（2）：337－342.

了前期资质把关、中期考核验收、后期标识管理的制度管理体系，明确了部、省、质检中心和项目承担单位的职责与分工，建立了农业部统一组织规划、省级主管部门协调指导、质量检测机构把关服务、项目承担单位负责实施的"四位一体"工作机制，共同推进农产品质量追溯体系建设。

（2）质量追溯标准体系基本形成。按照"生产有记录、信息可查询、流向可跟踪、质量可追溯"的要求，研究制定了《农产品质量安全追溯操作规程通则》以及谷物、水果、茶叶、畜肉、蔬菜、面粉质量安全追溯操作规程等 7 项行业标准，初步形成了与国际标准相衔接、与中国农产品生产实际相结合、具有中国特色的农产品质量追溯标准体系。对农产品追溯体系建设中质量关键点确定、追溯信息采集、追溯数据管理等内容都做出明确规定，为科学规范推进农产品质量追溯体系建设提供了保障。

（3）信息化支撑体系基本成型。按照国际通行的"一步向前、一步向后"的追溯理念，开发建设了集农业生产档案管理、农产品物流管理、生产者责任管理于一体的信息采集系统，实现了对农产品生产、加工、流通全过程的质量可追溯；与电信运营商开展合作，开发建设了以短信、语音、网络为载体的信息查询系统，通过对追溯信息的通联通查满足消费者的知情权、参与权和表达权；与省级主管部门、质量检测机构密切配合，开发建设农产品质量安全综合监管系统，为丰富各级行政主管部门监管手段、提高监管能力提供了有力支撑；开发建设农产品生产信息网上填报系统和生产者信息跟踪系统，以满足不同生产主体建立追溯系统的需要，有效扩大农产品质量安全监管范围；组建部级农垦农产品质量追溯数据中心，对农产品质量安全相关信息实行集中管理。"五个系统"和"一个中心"的有机结合，为不断健全农垦农产品质量追溯体系奠定基础。

（4）农产品质量安全水平不断提高。农产品质量追溯系统建设工作的开展，有效促进了企业质量安全管理能力的进一步提升，有力保障了农产品质量安全水平的进一步提高。企业按照产品可追溯的要求，完善质量管理体系，推进标准化生产，落实生产责任制，在企业内部形成了质量安全约束和保障机制；主管部门、质量检测机构运用网上监管平台，实时了解可追溯农产品生产情况，及时指导可追溯企业消除生产隐患，为提高农产品质量安全水平提供保障。2008～2010年，农业部组织7个部级质检中心，259个企业的可追溯产品进行了500多批次抽样检测，合格率达到98%。

二、农产品追溯体系的实施特征

虽然中国农产品追溯体系的建设起步比较晚，但是自2001年开始着手追溯体系建设以来，特别是在北京和山东试点成功之后，中国农产品追溯体系在建设和试点以及实施过程中逐步完善，呈现出以下几个方面的特征：

（一）多部门合作

首先，在监管部门，中国的监管以前是"铁路警察"式的分段监管体制，工商、农业、卫生、质检等多个部门都会参与到"从农田到餐桌"的每一个环节的监管，这种监管体制带来了重复监管、重复投资以及重复执法等一系列问题，同时也会造成公共资源的浪费，并且无法形成监管合力。2013年，国务院分别下发了《国务院办公厅关于印发国家食品药品监督管理总局主要职责内设机构和人员编制规定的通知》（国办发〔2013〕24号）和《国务院关于地方改革完善食品药品监督管理体制的指导意见》（国发〔2013〕18号），《规定》要求国家食品药品监督管理总局加挂国务院食品安全委员会办公室的牌子。其中农业部门负责食用农产品从种植养殖环节到进入批发、零售市场或者生产加工企业前的质量安全监督管理，负责兽药、饲料、饲料添加剂和职责范围内的农药、肥料等其他农业投入品质量及使用的监督管理。食用农产品进入批发、零售市场或者生产加工企业后，该食品有食品药品监督管理部门监督管理，农业部门负责畜禽屠宰环节和生鲜乳收购环节质量安全监督管理。两个部门建立食品安全追溯机制，加强协调配合和工作衔接，形成监管合力，这种体制简化了多部门监管引起的互相推诿、避免了重复投资、重复执法等一系列问题的同时使资源得到了最大限度的利用，为实施农产品追溯体系提供了体制保障①。

　　农产品追溯体系是一个庞大的系统，需要多个部门共同努力，其中包括政府、产业化组织、农户以及科研院所。农产品质量安全管理是社会公共管理的重要领域，保障供给人民安全的食品是政府公共管理的责任。政府的失职或者不作为，会导致严重的信任危机，也会给百姓生命健康带来极大的危害，使用农产品经验品和信任品的特征，使得消费者依靠个人获得食品生产信息的成本很高甚至是不可能。正因为如此，政府的介入成为必需（陈红华，2009）。第一，在农产品可追溯体系的建设中，政府既可以是可追溯系统的倡导者、发起者，也可以是农产品可追溯系统的监管者，对可追溯系统中记录的信息，生产的食用农产品有重要的监督、抽检和控制的责任（赵荣，2012）。因此政府要建立比较全面的法律法规，不断完善问责机制，一旦发生相关的食品质量安全问题，找出相关的责任人，并对相关责任人进行一定的惩罚，做到有法可依。同时对于监管人员的责任意识要不断地加强，将各个部门的工作细分化、明确化，使得在处理安全事件的过程中做到有法必依和执法必严，从而为农产品追溯体系建设营造一个良好的环境，为其保驾护航。第二，产业化组织是农产品追溯体系得以实现的核心要素，因为他起到连接农户和市场的桥梁作用。首先，产业化组织更贴近市场，可以为农户提供第一手的资料、为农户提供紧跟市场要求的相关技能的培训。其次，可以为农户提高话语权，当前中国的农户大多都属于文化素质比较

---

① 陈松，钱永忠. 农产品质量安全追溯管理模式研究［M］. 北京：中国标准出版社，2014（第一版）.

低，不了解市场，又由于大部分都是分散经营，所以在农产品的交易过程中几乎没有话语权。最后，通过产业化组织可以更加直接的将市场的需求直接转化为生产，使得农户可以少走好些弯路。第三，农户是农产品追溯体系的细胞，是这个体系得以正常运作的基础，农户在农产品追溯体系中所负责就是平时田间的档案管理。农产品生产过程中每一天的施肥、用药、培植的过程，农户都应该将其整理到自己的田间档案中去，这样在追溯的过程中就会很容易地检测出在生产环节哪个方面出现了问题。

（二）多样化发展

由于农产品品类繁多，不同品类之间的生物属性差异性业比较大，追溯体系实施条件和所依赖的技术要求差异较大，很难找到一种放之四海而皆准规范性的追溯体系模板，需要根据不同农产品的特质性要求找到合适的发展模式。根据开发主体不同，大致可以总结出如表 3 - 2 所示的以下几种农产品的追溯模式。

表 3 - 2 　　　　　　　　　农产品追溯系统应用对比

内容 ＼ 系统	农垦系统	北京系统	南京系统	种植业系统
开发模式	C/S 和 B/S	C/S 和 B/S	C/S 和 B/S	C/S 和 B/S
开发平台	Java	Java	VB	MET
生产模式	企业	企业、基地	企业	企业基地合作社
追溯品类	农产品	蔬菜	蔬菜	蔬菜茶叶水果
覆盖范围	全国	北京	南京	220 个基地县
识别技术	一维条码	一维条码 IC 卡	一维条码 IC 卡	一维条码
编码方式	EAN/UCC	EAN/UCC	EAN/UCC	自有 26 位编码
标准规则	标示管理办法 系统操作规程	编码行业标准	蔬菜身份证制度	全国种植业 可追溯制度
管理模式	标准化农业生产技术			无公害认证 和 GAP 认证

内容 ＼ 系统	农垦系统	北京系统	南京系统	种植业系统
查询手段	网站短信电话触摸屏	网站短信电话触摸屏	网站短信电话触摸屏	网站短信电话触摸屏
追溯环节	生产、包装、深加工、储运、销售	生产、包装、储运、销售	生产、包装、储运、销售	生产、包装、储运、销售

资料来源：根据农业部农产品质量标准研究中心提供的资料整理。

农垦系统：2003 年开始试点、2008 年正式实施的农垦系统农产品质量安全追溯体系，主要适用于全国范围的各类农业企业，采用国际通行的 EAN/UCC 编码技术，借助 Java 开发平台，以生产履历中心为管理平台，以 IC 卡和产品追溯码为信息传递工具，在全国 24 个垦（热）区的 50 家龙头企业建成了农产品质量安全追溯系统。追溯产品覆盖畜禽肉、大米、水果、蔬菜、茶叶等不同品类的农产品，依据标示管理办法和系统操作规程，将生产档案记录细化到每个岗位、每个职工，并通过软件系统把农产品生产、加工、流通各环节的质量安全信息采集到数据库中，实行农产品质量安全信息与身份标识一一对应，全国农垦农产品质量追溯数据中心对农产品质量安全信息进行集中管理，借助短信、语音、网络查询平台，消费者通过追溯码就能够便捷地了解查询到产品的生产过程信息，实现生产可记录、信息可查询、流向可跟踪、质量可追溯。按照分级管理、授权共享的原则，对农产品质量安全情况进行可追溯管理。

北京系统：该系统依据欧盟食品安全追溯管理制度和中国 GB/7718—2004 预包装食品标签通则，采用国际通行的 EAN/UCC 编码技术，要针对蔬菜企业和基地的质量安全追溯，以生产履历中心为管理平台，以 IC 卡和产品追溯码为信息传递工具，以产品追溯标签为表现形式，以查询系统为服务手段，实现蔬菜从生产基地、加工贮运、批发市场及零售市场的全过程质量安全追溯。其工作原理：为每一个生产经营主体配备 IC 卡，记录主体信息及产品信息；产品在交易过程中，须通过 IC 卡读写设备将有关信息向下一环节复制传递；在复制传递的同时，将双方信息相捆绑并上传至履历中心数据库；产品进入零售市场前，产品信息通过 IC 卡传递累加；当产品进入零售时，通过 IC 卡识别及标签打印设备打印追溯标签实现可追溯。该系统由生产履历中心、追溯码生成及标签打印系统、IC 卡授权管理系统、追溯信息识别及传递系统和信息查询平台 5 个部分构成。

南京系统：按照"产地准出、市场准入、标志溯源、实时监控"的思路，借鉴国外农产品质量安全管理中产品实行产地编码的管理模式，通过以 IC 卡监管体系为依托建立并实行了农产品进场销售的"索票索证"制度，设立 IC 卡监管公示牌，用于亮证经营。主要包括农产品质量安全网站、管理平台、用户平台、IC 卡智能管理、检测检验和语音查询系统，以优质安全农产品标志为质量溯源的重要载体，以南京市农产品质量安全网站为监管平台，以 IC 卡号和防伪查询码为查询手段，实现农产品质量安全的相关信息从生产环节到流通环节再到消费者手中的传递。

种植业系统：该系统主要适用于全国企业、基地以及合作社模式的蔬菜、食用菌、茶叶和水果等四大品类为主的种植业产品溯源。覆盖220 个基地县，采用 B/S 架构和自有 26 位编码体系。农户通过 IC 卡填写产品生产档案，通过企业展示对生产基地加以管理，国家数据中心存储各级用户录入的数据，用户不需要安装软件，借助计算机、IC 卡、PDA/PAD 以及手机等多种接入方式，借助应用集成和数据交换平台、多极体系分布式数据库以及网络支撑环境等应用支撑平台在农业部种植业产品质量追溯网站（www. cqap-atrace. org. cn）对产地准出、条码管理与打印进行统计分析、预警和产品召回等追溯信息进行可追溯查询。将全国种植业产品质量追溯网，其他追溯子系统以及省级追溯系统多个应用系统加以集成，适用于大包装或周转箱、单包装及礼品盒、小包装和单产品。既可保证数据填报的规范性和完整性，也解决了各基层生产单元的填报数据通过互联网自动传递到各县、省和国家中心服务器的问题。

另外，追溯对象不同，追溯体系的核心要素存在一些实质性的差异。主要包括蔬菜、水产品以及畜禽类产品质量安全追溯体系：

第一，蔬菜质量安全追溯体系：蔬菜质量安全追溯试点工作是北京市起步最早的，开始的时候也是选取几个试点区，在追溯技术方面，北京市蔬菜质量安全追溯系统是依据欧盟食品安全追溯管理制度和中国 GB7718—2004 预包装食品标签通则，采用国际通行的 EAN/UCC 编码技术，以生产履历中心为管理平台，以 IC 卡和产品追溯码为信息传递工具，以产品追溯标签为表现形式，以查询系统为服务手段，实现蔬菜产品从生产基地、加工贮运、批发市场及零售市场的全过程质量安全追溯。条码编码采用 EAN. UCC128 码编码规范，系统采用了通过国家商业密码管理办公室认证鉴定的密码加密机制，对产品进行追溯码的编制（赵明等，2007）。

第二，水产品质量安全追溯体系：水产品质量安全追溯体系的建设是以蔬菜追溯体系应用的技术为借鉴，与之不同的是，水产品质量安全追溯系统主要由生产履历中心、追溯码生成及标签打印系统和信息查询平台三部分构成，消费者可以通过附着在鱼体标识牌上的追溯码，查询每条鱼从池塘到餐桌的全部过程和经历，其中包括生产者信息、产品信息及养殖履历信息、水产品生产环节监测信息、水产投入品监测信息以及水生动物疾病监测信息等。

第三，畜禽产品质量追溯体系：畜禽产品追溯系统主要是在源头养殖地给猪、牛、羊、鸡、鸭等畜禽佩戴耳标、脚环等能承载畜禽信息的标志物，在屠宰场、流通、销售环节应用 IC 卡、RFID（非接触式微型无线射频识别技术）电子标签，层层加载信息，形成数据库，就相当于每个畜禽产品有了自己的"身份证"。产品上贴条形码标贴或电子标签，消费者可以通过计算机、电话、短信等方式查到饲养、屠宰、流通等环节的全部信息。

（三）多模式选择

当前保障中国农产品追溯体系运行的组织模式主要包括"公司＋农户"、"公司＋中介组织＋农户"、"公司＋合作社＋农户"以及"农民合作社一体化"等不同模式。

1. 公司＋农户

"公司＋农户"组织模式是指农业企业与农户通过签订规范化的农产品远期交易合同，规定双方在农产品生产、销售、服务以及利益分配和风险分担等方面的权利和义务，形成的农业企业和分散农户的产业链纵向合作关系，由农业企业和农户签订远期农产品收购合约，双方承诺以议定的价格、质量和数量买卖农户生产的农产品，一些地区的农业企业除了和农户签订农产品购销合同外，还向农户提供生产资料和产中技术服务，这种组织模式也就是通常所说的"订单农业"。

在该模式下，第一，农业企业和农户是相对独立、自由的经济人，在追求各自利益最大化的驱使下，双方签订远期农产品购销合同，相对于偶然的市场交易而言，该模式实现了农业产业链的一定程度的纵向联结，有利于降低市场交易成本，促进农业产业化发展，但由于该模式仍然保留了农户和农业企业各自独立的经济主体地位，垂直一体化的关系仍然较为松散，是一种典型的准垂直一体化组织。第二，在该模式中，农业企业独立享有企业资源的占有、使用和处置权，农户独立享有生产资料和农产品的占有、使用、分配和交易权，双方在保持相对独立性的基础上进行农产品远期交易合作，除此之外，双方都不能直接干预对方的生产经营活动。第三，农业企业和农户签订的合约是一种不完全合约，主要表现为合约期限短，合约条款调整频繁。由于合约期限较短，农业企业和分散农户的博弈通常为一次性博弈，因此经常出现农户或农业企业的违约行为，根据农业部产业化办公室公布的数据显示，全国"公司＋农户"模式的合同履约率不足20%。第四，该模式中的劳资关系是典型的资本支配劳动，尽管各自保持了生产经营活动的相对独立性，但在具体合作中的利润分割和风险分担方面，企业占据绝对性的支配地位，在利润分割中，农户只能得到固定比例的利润，而企业具有剩余索取权，拥有更多的利润。第五，由于农业企业在市场信息和组织规模方面具有比较优势，往往居于主导地位，小农户由于居住的分散性和小规模经营，市场信息闭塞，在博弈中处于弱势地位，农业企业利用自己的市场势力制定了一些"不公平"的条款或以农产品质量、等级不达标为由，压级压价，侵害农户利益，从而占有了大量的合作剩余①。

上述的种种特质决定了在"公司＋农户"的组织模式下，要真正实现农产品全产业链的可追溯有一定的难度。

2. 公司＋中介组织＋农户

该模式是在"公司＋农户"组织模式基础上形成和发展起来的，往往是在政府部门、农业企业或专业大户牵头下建立的，以各种中介组织（包括各类农村专业合作组织、供销社、农业专业技术协会、农产品销售协会以及农民专业合作社）为桥梁和纽带，根据农业企业对生产产品的数量与标准，为农户提供统一的产前农资供应、产中技术指导和产后销售等各项服务，完成市场规划、产品收购、联系农业企业和贮运销售的产业链组织模式。

第一，该模式存在双重的委托—代理关系。中介组织的介入使得农业企业和农户之间的市场交易关系演变成为双重的委托—代理关系，市场交易成本就转变为委托—代理成本。作为农业企业和农户的共同的代理人，中介组织能规范农户的机会主义行为，督促其按照农业企业的意愿组织农户的生产经营活动，帮助完成农业企业的原材料采购任务；同时中介组织还能发挥其在规范农业企业机会主义行为、价格协调、利益纠纷调解、行业损害调查、农产品质量认定等方面的作用，并尽可能多地争取和维护农户的利益。第二，与"公司＋农户"相比，该组织模式

---

① 郭晓敏等. 龙头企业带动型、中介组织联动型和合作社一体化三种农业产业化模式的比较［J］. 中国农村经济，2007（4）.

更有利于强化农业产业链各经济主体的合作，中介组织能帮助分散农户提高自身的组织化程度，增强农产品交易价格的谈判能力，同时中介组织还能有助于农业企业降低与分散农户高昂的市场交易成本，能大幅度降低农业企业或农户的违约率。第三，尽管有利于提高农业企业和农户之间合作的稳定率和效率，但由于该模式中各经济主体的利益仍相对独立，博弈关系将变得更为复杂，形成了农业企业和中介组织的博弈关系以及中介组织和分散农户的博弈关系，中介组织在统一组织农户从事生产经营活动过程中，容易出现越位行为，尤其是当中介组织是由政府主导或传统集体组织改造而成时，越位行为更为明显，这样就使得中介组织产权关系不够明晰，容易形成部分产权公域。

中介组织并不具有明晰的权限，因此也很难在实践层面推动农产品可追溯行为的实施，提高追溯绩效。

3. 公司＋合作社＋农户

公司＋合作社＋农户：这种模式是企业通过与合作社或者协会合作，带动周围村镇的农户进行生产。这种模式的经营机制以市场为导向，以企业为龙头，以农户为基础，以合作社为平台，通过集成创新，最终形成家庭经营、合作经营、公司经营、产业化经营和行业协调"五位一体"、农户、合作社、企业共赢的局面。

与传统的"公司＋农户"的农业产业化经营模式相比，"公司＋合作社＋农户（基地）"的农业产业化经营新模式具有不少优越性。第一，公司（企业）通过合作社这一主体来管理广大农户（社员），可以大大降低公司（企业）直接与分散农户打交道的成本。第二，通过合作社这一载体，公司（企业）和农户的连接空间很大。例如，公司（企业）和农户可以共同入股合作社，这样既可以使公司（企业）通过购销合同或技术扶持等机制来稳定上下游关系，又可以通过股权这一利益纽带，深化公司（企业）与农户的关系。第三，通过合作社为农户（社员）提供的多种服务，可以形成"生产分散在户、服务统一在社"的新型农业规模经营形态和新型农业双层经营体制。简言之，这一新模式突破了传统的农业产业化经营模式，使产业化经营过程中的公司（企业）与农户的利益关系更为紧密，产业化经营中的农户经营、合作经营和公司经营这三种经营制度实现有机结合，制度优势得到充分的发挥。

尤为重要的是，在该模式中，公司与基地合作社或者协会合作，具体是公司建立田间生产档案并进行统一管理，然后合作社根据公司的订单，通过与农户签订生产协议书的方式，组织和管理生产过程，其中合作社不但起到上传下联的桥梁作用，还可以引导、监督农户的安全生产行为，公司会给合作社或者协会下订单，制订生产计划，建立田间管理档案，统一进行管理，如果出现任何问题，公司可以通过三个途径进行追溯，分别是追溯到农户、追溯到原产地、追溯到供应商。

4. 农民合作社一体化

农民合作社一体化组织模式是指由农民以资金或土地为纽带成立合作社，往往以股份合作为主要实现形式，在合作社发展壮大后成立企业实体来加工、销售合作社内部成员（和外部成员）生产的农产品，从而实现农业生产的产、加、销和贸、工、农一体化经营。这种模式是农业产业化发展到一定阶段的产物，对合作社组织成员的经营管理能力、资金和技术实力要求很高，目前主要存在于农业剩余较多和农业商品市场较为发达的东部和沿海地区。

相比较而言，该模式具有较高的纵向一体化组织程度。第一，与其他集中模式相比较，该组织模式较好地实现了农业企业和农户的完全纵向一体化，合作社内部通过行政命令的科层管理结构，从而实现了对农产品市场交易关系的替代，从农资供应、耕地规划、农产品生产、加工、储运和销售均由合作社统一组织管理，完全克服了市场交易中出现的机会主义行为，但也由此产生了内部管理成本，该组织模式的经济绩效取决于内部管理成本和市场交易成本的比较。第二，该组织模式实行"风险共担、利益共享"的分配制度安排，剩余控制权和剩余索取权由全体社员共同占有，不仅有利于激发组织成员的生产积极性，还有利于促进合作社内部的合作，增强合作社抵抗市场风险和自然风险的能力。

第三，农业合作社是由农民组成的利益共同体，实行"入社自愿、退社自由"的基本原则，在运作过程中，虽然面临着实力较强的大户或基层干部剥削其他社员的风险，但合作社的重大决策仍由股东大会或董事会决定，这在很大程度上制约这种博弈能力的过分悬殊，同时，社员同处一个社区或村镇所形成的价值观和文化背景，将形成强大的非正式规制结构，能有效监督和约束组织成员的机会主义行为。第四，合作社组织成员按照自己所拥有的股份，行使经营决策权和合作剩余的分配权，合作社下属的农业企业具有独立法人资格，合作社通过规范的公司治理结构对下属企业进行管理，这有利于维护农业企业的产权。

从制度设计来看，农民合作社一体化组织模式有利于提高农民的组织化程度，降低交易成本，提高农业产业链纵向关系的稳定性（实际上，农民合作社一体化组织模式已经把农户和农业企业分别承担的部分职能纳入在一起，具有企业内分工的特性）。从制度变迁来看，几种组织模式是与农业产业化经营发展阶段相适应的，组织模式的变迁是一个渐进化过程。从农业产业链组织模式的演进趋势来看，加快农民专业合作社的发展，提高农民的组织化程度，使之成为连接大市场与小农户的载体和平台，有利于农户真正享受到农产品价值链"剩余"，提高农民通过实施追溯体系来保障农产品质量安全的积极性和主动性，对于从根本上保障农产品质量安全具有重要意义。

三、农产品追溯体系存在的问题

作为农产品质量安全的有力保障，追溯体系的实施应该受到欢迎的。但是据调研发现，追溯体系在消费者层面"遇冷"，知晓率、使用率均呈现明显"盲点"。农产品追溯体系在实践层面存在诸多问题：

（一）农户的生产规模小

现阶段中国农产品生产单位数量巨大，生产方式落后，存在小、散、乱现象，农村的种养殖户有 2 亿多，销售企业 430 万多家，餐饮单位 210 多万家，小作坊、小餐饮、小摊点难以计数，在种植、养殖环节，绝大多数是一家一户的分散经营，个体从业者占到肉类蔬菜流通市场经营主体的 95%。而且，在生产加工企业中，10 人以下的企业占到了 80% 左右①，实行可追溯生产以后对一家一户的小农户生产组织控制的成本相当高。日本农户总数不到中国 1/10，法国不到中国 1/20。千万分散农户的存在是中国特有的国情，作为农产品初始端的主体，农户的生产行为、质量意识、技术水平决定了他们所提供的农产品的质量，而农产品质量的高低又进一步决定了农产品的安全。中国现阶段农户的组织模式短期之内不可改变，农产品质量可追溯性所要求的大规模生产基地和农民散户经营现状的二元模式长期存在（胡定寰，2006），导致了可追溯系统在中国实施存在切实的困难。

（二）全程可跟踪供应链尚未形成

要实施农产品供应链全程跟踪与追溯，需要供应链伙伴就农产品供应全过程中的产品及其属性、参与方等信息进行有效的标识，并且形成共识。发达国家养殖农场规模一般都很大，一头猪可能是在德国出生、在意大利生长、在法国屠宰和分割、在比利时储存、在希腊销售，如此多的环节，由于供应链各个环节的参与方都遵守和使用可追溯系统，通过统一的产品标识、统一的物流单元标识、统一的参与方标识来进行管理，并同时对农产品供应链中相关属性信息通过应用标识符进行标识，建立专门的农产品供应链数据库，因此一旦发生质量问题，可以做到全程跟踪与追溯。中国农产品行业特别是未加工或初级加工的农产品行业，大多是小规模经营，标准化程度较低，无包装、无标识或包装、标识混乱，大部分批发市场多采取传统人工结算交易方式，信息化程度低，大型批发市场，每天有大量生产企业运入大量的散装肉菜，而由于

---

① 商务部市场秩序司的数据。

生产企业分散，往往很难做到将所有信息完全录入。这是实现农产品质量可追溯性最大难点。

（三）技术监管手段不力

中国的农产品质量发生问题的关键是管理机构还没有一套行之有效的技术手段。在国外发达国家，GMP 保证了生产加工符合安全卫生农产品应遵循的作业规范，HACCP 建立了行之有效的预防性控制保证体系，如果企业自己发现生产加工的农产品有质量安全问题，可以主动进行召回，否则将会面临极其严重的处罚。企业之所以能够进行主动召回，是因为产品通过可追溯系统可以跟踪和追溯产品的流向。中国的农产品安全监管一直以来是事后监管，注重在供应链的末梢的监控和惩处，而不是从农产品质量的源头进行有效防范。由于受经济体制和生产方式的限制，在中国从事农产品生产和营销的企业都是小型企业，大多数为非正规家庭式作坊，小微企业的主体信息化程度必然较低，从业人员员素质普遍较差，企业的技术不高，也缺乏安全生产的意识。而欧美国家企业大多数是集约化生产，专业分工较强，走规模经营的道路，而且经过充分的资本发展，企业都具有相当的实力，在观念、意识、资金、技术等方面基础较好，自觉地把产品的可追溯系统作为提高自己企业效益的必要手段。

（四）开放的信息平台缺乏

从根源上来说，中国农产品追溯体系难以真正实施到位的原因是由于从生产到销售的链条过长。物流环节是不可或缺的环节，也是其最容易丢失产品信息的环节。从生产到销售，不同环节之间的链接中，信息化的接口并不统一。可追溯信息化技术，事实上是一个一个的"信息孤岛"——互相不沟通，无法实现信息的衔接。由于各流通节点基础设施、管理水平、信息化水平不一样，很容易形成信息孤岛，以致上游录入信息无法下达、下游的读写信息无法上传。正是因于上述种种原因，试点城市的肉类蔬菜流通追溯体系建设，实际只是覆盖了猪肉和少数蔬菜。据课题组调查，北京市农业局的可追溯系统和农业部农垦系统所设立的农产品可追溯系统并不兼容。全国各地实行农产品质量可追溯机制的城市追溯系统各不相同，它们无法加入任何一个系统，只能自己建立一套系统。

（五）成本分担机制缺乏，资金短缺

农产品质量安全可追溯系统是一种先进的管理技术，可以促进农产品质量安全管理水平的提高，但同时也增加相应的成本。一是农产品质量安全可追溯制度建设的管理经费的支出；二是可追溯系统的各个行为主体自觉维护产品安全所增加的费用。农产品质量安全作为一种公共产品，表面看是政府出资构建，而实际来看这些支出最终还是落到消费者和广大公众的身上。商务部主导的肉类蔬菜流通追溯体系只限于流通领域，对于生产领域的企业并未给予补贴。而生产企业若需要给商品编码以便录入信息，实际需要增加投入。目前多数生产企业并没有实施可追溯体系的动力，只有针对高端消费者的生产企业，为提升产品附加值，主动为产品编码。也正因为如此，溯源成了高端蔬菜的代名词。此外，农产品生产追溯制度由于还没有给农户带来明显的经济效益，一定程度上降低了农户参与建立该制度的积极性（杨永亮，2006）。对于一个肉类加工企业来说，从建立安全监控体系、培育"公司＋基地＋农户"的产业化经营模式，到生产出来的肉及其加工产品的每一个环节的详细记录，公司在每一个环节都要有相应的资金投入，仅条码标识一项对于一个大型肉类加工企业每年就要增加几千万元的投入，而短期之内却不能获得相应的收益。从公司的成本收益平衡的方面考虑，企业无疑还要提高自己产品的价格，但产品价格的提高对企业占据市场份额是十分不利的。

（六）多头监管造成资源浪费

中国实施食品质量安全追溯管理，纵向有中央政府和地方各级政府同步推进，横向有农业、质检、工商、市药监、商务、科技、信息等部门从分段监管、行业管理、产业发展的职责角度各自展开。在这种多层次、多部门各自为政实施的过程中，由于中央与地方、部门与部门之间缺乏沟通与协调，导致在追溯技术标准、管理要求等方面缺乏共识，项目建设上出现重复建设甚至相互掣肘的现象。目前，在一些企业特别是全产业链经营企业中，已出现同时使用来自多个政府部门的、互不兼容的追溯管理系统的现象，增加了企业开展追溯系统建设的难度和运行成本。以最典型的"三鹿奶粉"事件为例，提供奶料的奶农及企业是由农业部监管；牛奶生产商的加工过程由卫生部和国家质检总局监管；奶粉市场销售中的安全抽查由工商行政总局和国家食品药品监督局负责。这种分段管理的主要问题在于"片段管理、不能联动协作和立即溯源追查"，进而影响整个监管的效率，最终导致只有经过悲剧性的"人体检验"之后，才开始真正的大规模的溯源式查处。

第四章

中国农产品追溯体系利益主体行为及实施绩效分析

中国农产品质量安全追溯体系存在诸多特殊性的问题，与中国农业生产的特殊产业组织形式和独有的发展历史有关系，与追溯体系的利益相关者的主体行为选择密切相关。通过对相关利益主体的行为选择及影响这些行为选择的诸多因素的分析，可以地更好了解追溯体系的实施绩效，进而能更深层次了解和把握中国农产品追溯体系的有效实施机制。

第一节　相关利益主体行为选择及其影响因素

农产品追溯体系涉及"从农田到餐桌"整个过程的每一个环节，因此它所涉及的相关利益主体也比较多样化，这些利益主体主要包括实施者、受益者和监管者，这些利益相关主体的行为由于受不同因素的影响，会产生差异化的行为选择，从而也在一定程度上影响追溯体系实施的效果。

一、实施者

农产品追溯体系中的实施者，应为农户和农产品"从田间到餐桌"

整个过程中所有的企业和个人，包括加工企业、运输企业、销售企业以及经营农产品的农户等。接下来，我们就分别讨论在农产品追溯体系中农户和企业的行为选择以及影响他们行为的因素。

（一）农户

农户是农产品追溯体系的主要参与者，也是农产品供应链和追溯体系的源头，本研究从农户的成本收益的分析出发，来讨论农户在追溯体系中的行为选择。农户在农产品的生产和销售过程中，作为一个经济个体也适合符合经济学中的"理性人"假设的，也就是说农户的行为也是在追求着个人利益的最大化，他们的选择目的就是不断地使得成本最小化和收益最大化。经调查农户参与追溯体系的动机大致可以分为五个，分别是取得更高蔬菜种植收入、利于产品销售、提高产品声誉、得到政府的支持和补贴、尝试新的生产技术。将这些动机按照成本收益可以分为两部分。一部分包括更高的种植收入、利于产品销售、尝试新的生产技术，这几个方面归根结底都是增加收益；另一部分，提高产品的声誉在无形中就为农户减少了宣传费用，政府的支持和补贴一定程度上也是减少了企业的成本，至于技术的提高一方面可以通过提高产品质量从而增加收益，同时也可以通过技术革新使得成本下降，但是不管是哪一种动机，其最终的目的都是让个人收益最大化。经过对农户参与追溯体系行为动机的分析，不难总结出影响农户参与追溯体系的影响因素包括农户特质、相关行为和认知程度、经济因素和外部影响几个方面。

1. 农户特质

主要包括的还是农户的年龄、受教育程度、收入结构和生产规模等。一般认为，年龄越大的农户，他们的受教育程度越低，因此他们在技术的选择上更倾向于传统的技术，而年轻的受过一定教育的农户更倾向于接受农产品追溯体系以及新的技术；农户的收入结构会对其参与追溯制度的意愿产生一定的影响。如果非农收入占据主体地位，农户参与食品追溯的积极性就不会太高；在分析农户的生产规模问题上，我们可以根据经济学中的规模经济原理去分析。也就是当农产品经营的规模越来越大的时候，不断的投资反而会使得成本下降，投资就越有可能使得收益增加。同时当农户的生产规模比较大的时候，为了提高自己产品的销路，他们会更有可能进行农业生产性投资，提高自己产品的声誉和产量，从而最终获得更多的利益。

2. 相关行为和认知程度

相关行为和认知程度包括农户是否建立了农田档案、农户获得的蔬菜质量安全认证情况、农户对食品质量安全信息关注程度以及农户对食品追溯体系的认知程度（赵荣等，2012）。农田档案要求农户对农业生产的整个过程的农药、化肥、使用的技术等情况做出详细的记录，如果农户的田间档案可以日常都按照要求去详细记录，那么就会对保证农产品质量安全的各项指标和技术逐渐了解的更加详细，从而对于农产品质量追溯体系更加的认可。如果农户所生产的蔬菜或者其他的农产品得到质量安全认证，这在无形中就相当于农户产品的品牌，不仅会降低中间费用使得成本减少，同时得到质量安全认证的产品销量也会增加，从而增加了收益，这样农户也就更有动力参见农产品追溯体系。农户对于农产品质量安全信息的关注程度及农户对食品追溯体系的认知程度，反映了农户对于农产品质量安全的重视程度（赵荣，2012）。农户对于质量安全信息越是关注，他们对于质量安全的重要性就越理解，同时也就更有意愿去参与农产品质量安全追溯体系。

3. 经济因素

在影响农户对于农产品质量安全的追溯体系参与意愿的众多因素中，经济因素扮演着重要的角色。与农产品的经营者相似，农户在生产农产品的过程中也在追求者自身利益的最大化和成本最小化。在此过程中农户对于农产品追溯体系的参与与否来自于对未来农产品价格的预期。农户会以自己的生产经历为基础，在了解以往农产品生产成本和收益的基础上，根据当年的政治和自然环境对农产品的价格进行预期，其对可追溯农产品价格预期的高低与参与农产品追溯体系的意愿成正相关。

4. 外部影响

外部影响主要分为正向的外部影响和负向的外部影响。首先正向的外部影响主要包括周围人对于农产品追溯体系的认可，组织化的程度、政府的政策支持等。周围人对于农产品可追溯体系的认可度是从农户的心理出发的，我们中国人都有"患寡不患均"的思想，如果周围的人都参与到农产品追溯体系中去，那么个别的农户为了使自己"和别人一样"，也会参与进来。组织化程度的高低对于农户的参与意愿是非常重要的因素。农户在经济、信息、技术、市场趋向方面都属于比较劣势的，往往获取这些要素的成本很高，从而使得他们放弃了参与农产品追溯体系的意愿，但是如果组织化的程度比较高，就会将农户和市场之间的整个供应链连接成一个垂直的内部体系，农户就可以克服自己的弱势，得到利益的保障；政府的政策支持。主要包括政府对于农户参与农产品追溯体系的资金补助和技术上的培训。政府支持农产品质量安全追溯体系的发展，会起到很好的宣传和扶持作用，有利于增强农户对食农产品质量安全追溯体系的了解程度，减少农户在参与农产品质量安全追溯体系过程中的投资。所以政府越支持农产品质量安全追溯体系的发展，农户参与农产品质量安全追溯体系的意愿也就越强（赵荣等，2011）。其次，负向的外部影响主要是指农产品追溯体系的披露作用，农户参与到农产品的追溯体系中，其在生产过程中所有的行为都是可以追溯定位的，一旦发生食品质量安全事故，很容易通过追溯体系找到责任人，这样如果政府相关部门对于食品安全事件的惩罚力度越大，农户对于参与到农产品追溯体系后质量安全问题的曝光就越担心，这样就会降低他们参与到农产品追溯体系中的积极性。

（二）企业

企业是农产品追溯体系实施中的核心角色，一般将企业提高食品安全的动机分为内部动机和外部动机，内部动机主要与降低生产成本和增加企业利润相关，而外部动机则与交易成本相关联（Holleran，et al.，

1999）。具体而言，就是降低成本增加利润、降低风险、增强信誉和提高管理。

农产品企业参与到农产品质量追溯体系的影响因素从动机出发可以归纳为两大类。一类是从企业内部出发，也就是成本收益；另外，是从外部出发，也就是政府的扶持与监管惩罚。首先，就成本收益而言，根据经济学中的相关理论，预期对于企业经济行为的影响非常重要。如果企业预期到加入到农产品追溯体系中可以提高自己产品的质量和社会声誉，同时避免产品召回和降低产品召回的成本，那么企业参与到农产品追溯体系中的意愿就会更加的强烈。一般来讲，这部分来自市场的激励主要包括质量提高、信誉上升、技术更新、成本降低以及市场份额扩大等。其次，就外部因素而言可以理解成强制性的因素。强制性既可能是"事前"的，如政府针对产品、生产流程等颁布的管制规范标准；也可能是"事后"的，如通过法律诉讼以惩罚的形式，要求企业对因食用不安全食品而受到健康损害的消费者给予赔偿[①]。

二、受益者

消费者是农产品追溯体系的最终受益者，同时，消费者对于可追溯农产品的认知态度以及购买意愿对于农产品追溯体系的实施有着重要的影响。据调查，当前大多数城市的居民对于中国食用农产品的质量安全问题比较担心，认为存在着较为严重的安全隐患，当问及是否有意愿购买可追溯产品时，百分之九十多的客户是持肯定态度的，但是当提及可追溯产品的售价要比普通农产售价稍高时，很多客户对于可追溯产品却产生了迟疑的态度。从中可以看出消费者对于可追溯产品的购买意愿还是受到一些因素的制约的，这些因素主要包括自身特征、外界影响。其

---

① Caswell, J. Economic approaches to measuring the significance of food safety in internationalta-ade. International Journal of Food Microbiology, 62（2000）：261 –266.

中，影响消费者购买意愿的自身因素是最重要的、也是最多的，包括消费者本身的年龄、收入、受教育程度、性别等。首先年龄反映着一个人的成长环境和生活阅历，如年纪比较大的人普遍认为凡事一定要勤俭，所以对于花费比较高的价格去购买追溯产品是比较不赞成的，与可追溯相匹配的高付出相比，他们会更偏好于价格便宜；其次就是收入，收入是一个人消费的先决条件，收入的高低直接决定了这个人的消费档次和消费偏好。大多数低收入人群的消费更倾向于满足日常的生活，所以更喜欢购买低价格的产品；相反高收入人群比较注重质量和健康，因此更倾向于高质量产品。另外，包括政府对可追溯产品质量信息的披露等这些外生性影响因素也会在一定程度上影响消费者对可追溯农产品认知度和信任度，从而影响消费者的购买行为。

三、监管者

在农产品的质量追溯体系中，企业和农户是有参与追溯体系的内部激励机制，但是要保障整体体系更加良好的运行，行之有效的外部监管才必不可少。在农产品质量安全追溯体系中的监管者除了政府，还包括消费者、行业协会以及媒体。

政府在农产品的质量追溯体系中也是有参与并监管的行为动机的。近些年的农产品质量安全事件频繁发生，使公众对于农产品的质量安全产生了恐慌，并且对于政府相关部门的监管力度产生了质疑，现在农产品质量安全问题已经上升为"民生"问题；另外在国际上，近年来中国的出口农产品也是屡遭国际贸易的绿色保护壁垒，长期以来以出口为导向的中国经济也是受到了一定的损失，在面对这样的内忧外患，政府通过监管保证农产品质量安全追溯体系良好运行，不仅可以解决大众关心的民生问题，重新赢得民众的信赖，也可以为农产品出口提供保障。在农产品质量安全追溯体系建设的初期，市场的自觉性和制度性均相对较差的环境下，需要政府来扮演"掌灯人"的角色；消费者虽然是农产品质量安全的最终的受益者，但是他们同时也是货币的持有者和可追溯产品的购买者，所以消费者对于可追溯体系的监管可以起到一定的正向激励。消费者参与到农产品质量安全追溯体系中的动机非常简单，在现在这个"谈食色变"的年代，任何一个消费者都希望自己所购买、食用的农产品是质量可靠的。因此，消费者的监管对于促使农产品质量安全追溯体系尽快完善起着不可或缺的作用。另外，行业协会和媒体是随着时代的进步而产生的新生力量，它们不受利益驱使，一般都是出于道德责任，它们秉持的是为信息弱势者、缺少话语权的消费者还原问题本质和事情真相，在未来的社会发展中它们将发挥着举足轻重的作用。

在农产品的生产流通过程中，农产品实施者、受益者以及监管者是构成农产品追溯体系的三个核心主体。通过对农产品追溯体系的实施者、受益者和监管者不同利益相关者的行为及其特征的分析，把握影响他们参与农产品追溯体系的意愿和积极性的影响因素，可以更好地了解和把握农产品质量安全追溯体系激励监管体系的实现机制。

第二节　农产品追溯体系实施绩效分析

农产品追溯体系的实施绩效可以通过出口贸易效应和国内的激励及监管效应三个方面加以分析。

一、贸易效应检验

中国农产品追溯体系使在农产品出口对象国对农产品的严格可追溯性要求的倒逼下建立并逐步完善起来的，因而可追溯体系实施的绩效也首先体现在出口效应上。将农产品是否具有可追溯性设定为虚拟变量，运用扩张后的贸易引力模型，可以就追溯体系对中国农产品的出口贸易产生的影响进行检验。

（一）农产品的出口贸易及其追溯性要求

加入世贸组织以来，中国的农产品出口规模不断扩大，出口贸易额从 2001 年的 160.7 亿美元增长到 2014 年的 1 928.2 亿美元，自 2005 年起成为仅次于欧盟、美国的第三大农产品贸易国，尤其是对日、美、韩等国家主要市场的出口，多年来保持稳定增长。目前，发达国家占中国农产品出口市场比重高达 60% 左右。2014 年，对欧盟、美国、日本的农产品出口分别为 84.6 亿、74.2 亿和 111.3 亿美元，与 2013 年相比，同比分别增长 4.6%、1.8% 和 -1%，对东盟（13.9%）、俄罗斯（9.6%）、中东（4%）、中东欧（3.1%）、澳大利亚（1.7%）、非洲（1.6%）等新兴市场出口保持稳定增长。中国农产品在世界市场的稳定增长除了国家层面展开的与东盟自贸区第二轮升级谈判，与韩国签订自贸区协议，"一路一带"政策将加深与沿线各国的经贸联系形成政策利好，部分企业在日韩、东盟积极设立分公司的本地化经营策略相关外，还与商务部在近几年评选国家级农产品外贸转型升级示范基地为主的基地驱动出口政策紧密相关。一些基地具有突出的资源优势，并按照德国、丹麦等发达国家标准建立起比较严格的质量管理体系，对接出口市场的质量安全要求，显示出较好的出口势头和潜力。

同时，出口数据还显示，2014 年，除俄罗斯出口增速提高了1.4%，包括东盟、中东、中东欧、澳大利亚、非洲和南美 6 大市场出口增速都有不同程度的回落：3.8%（东盟）、4.4%（中东）、3.4%（中东欧）、9.5%（澳大利亚）、11.3%（非洲）和 7.5%（南美），均表明了中国农产品的出口面临严峻形势。除了 2014 年人民币贬值、以中小企业为主的农产品出口企业缺乏定价能力和抗风险能力和欧盟取消中国企业的普惠制带来的影响[①]外，更为重要的，发达国家普遍提高对

---

① 根据欧委会第 1421/2013 号法规，自 2015 年 1 月 1 日起，中国内地所有产品不再获得欧盟普惠制优惠。欧盟是我国食品进出口贸易主要伙伴国家之一。

农产品质量安全的追溯性要求，国际市场对进口农产品质量安全问题日益重视，对追溯性的要求也不断提高。20 世纪 90 年代开始，许多国家和地区开始实施农产品的追溯体系建设。欧盟要求自 2005 年起在境内实施广泛的农产品可追溯要求，否则就不允许上市销售；日本已经做到了大部分超市具有产品可追溯终端，2005 年起对通过日本农协上市的所有农产品实施追溯；美国规定自 2003 年起，输美生鲜产品必须提供能在 4 小时之内追溯的产品档案信息，否则美方有权进行就地销毁。出口市场对农产品可追溯性的严格要求已经在实践的层面对中国农产品的出口造成了一些影响。2014 年 8 月 25 日，欧盟正式提高对中国茶叶的农药残留检测标准，其中中国茶农在茶叶种植中广泛使用的啶虫脒再次被严加限量，检测限量由 0.1 毫克/千克提高为 0.05 毫克/千克。美国对中国鮰鱼和鮰鱼产品实施强制性检验。2011 年 3 月 7 日，美国向 WTO 通报了关于鮰鱼和鮰鱼产品实施强制性检验的法规（G/SPS/N/USA/2171）。该法规将鮰鱼产品纳入肉类监管法规体系，用监管动物肉的方式来监管鮰鱼，监管权限由美食品药品管理局（FDA）转移到美国农业部（USDA）的食品安全检验局（FSIS）。2014 年 2 月 8 日，美国总统奥巴马签署 2014 ~ 2018 年《新农场法案》，要求 FDA 和 FSIS 签署备忘录，促进鮰鱼和鮰鱼产品从 FDA 到 FSIS 的监管转移。

近几年，因在可追溯方面达不到要求出现质量安全问题而受影响的中国出口农产品每年高达 90 亿美元。据统计，2010 年日本扣留中国出口的水产品、蔬菜及肉制品三类农产品 192 批次；欧盟共通报中国农产品 295 批，拒绝 187 批入境；美国共扣留中国出口农产品达 779 批次；2011 年，美国 FDA 扣留中国产品共计 60 项，其中 14 项是农产品[①]。在出口受阻的各类蔬菜制品中，接近 40% 的产品是由于厂商没有提供加工等相关追溯信息而被扣留，而标签不正确或销售商没有按照规定提供生产加工追溯信息也是其他类别农产品被扣留的主要原因之一。可见，各

---

① 吴莉婧. 中国农产品出口的贸易壁垒及对策分析 [J]. 农业经济，2012（12）：122 – 123.

国对农产品追溯性要求正在成为中国农产品出口中面临的重要问题。

（二）农产品追溯体系的贸易效应的模型检验

1. 模型构建与变量设置

早在 20 世纪 50 年代初，伊萨德和派克（Isard and Peck，1954）及贝克尔曼（Beckerman，1956）即凭直觉发现地理位置上越相近的国家之间贸易流动规模越大的规律。人们普遍认为，最早将引力模型用于研究国际贸易的是起源于牛顿物理学中的"引力法则"认为两个物体之间的引力与它们各自的质量成正比，且与它们之间的距离成反比。亭伯根（Tinbergen，1962）[①] 和波霍内（Poyhonen，1963）[②] 将引力模型应用到国际贸易领域，分别独立使用引力模型研究分析了双边贸易流量，并得出了相同的结果：两国双边贸易规模与它们的经济总量成正比，与两国之间的距离成反比。由此提出了贸易引力模型。林耐曼（Linnemann，1966）在引力模型里加入了人口变量，认为两国之间的贸易规模还与人口有关，人口多少与贸易规模成正相关关系。伯格斯坦德（Bergstand，1989）用人均收入替代了人口数量指标。经过多位经济学家的共同努力，将引力模型与主流的经济学和国际贸易中的 H – O 理论、不完全竞争理论、规模经济贸易等理论进行了融合，大大丰富了引力模型的内涵，也增强了引力模型对现实问题的解释性。由于引力模型所需要的数据具有可获得性强、可信度高等特点，贸易引力模型的应用越来越广泛，成为国际贸易流量的主要实证研究工具，有人形象地将引力模型称为"双边贸易流量实证研究的役马（Workhorse）"。在后续的贸易引力模型扩展中，研究者主要是依据研究自己的重点，按照影响双边贸易流量的主要因素设置不同的解释变量，来分析这些因素的影响方向和影响

① Poyhonen, P. A Tentative Model for the Flows of Trade Between Countries [J]. Weltwirtschatftliches Archiv, 1963, 90 (1).

② Anderson, M. and Smith, S. Do National Borders Really Matter Canada – U. S Regional Trade Re considered [J]. Review of International Economics, 1999, 7: 219 – 227.

大小，并对贸易潜力进行测算。

本书在此基础上，将农产品是否具有可追溯性设定为虚拟变量，运用扩张后的贸易引力模型，就追溯体系对中国农产品的出口贸易产生的影响进行检验。

模型中选择中国对各国的农产品出口贸易额为被解释变量，目的国的国内 GDP、贸易双方距离和年均汇率、目的国是否对农产品实施质量安全追溯作为解释变量，分析上述变量对于农产品出口贸易的影响。具体的引力模型构建如下：

$$LnEX_{ij} = \beta_0 + \beta_1 LnGDP_j + \beta_2 LnR_i + \beta_3 LnDIS_{ij} + \beta_4 TR_j + \mu_{ij} \quad (4-1)$$

上式中 EX_{ij} 表示某时期中国对 j 国农产品出口额；GDP_j 表示进口国 j 的国内生产总值，预期该变量的系数为正；R_i 表示人民币历年对美元的汇率，预期该变量的系数为正；DIS_{ij} 表示中国到 j 国的距离，本书中采用两国主要港口之间的距离来表示，预计该变量的系数为负。模型中 TR_j 为虚拟变量，若 j 国对进口农产品有质量追溯要求，则变量值为 1，否则为 0。出口农产品的追溯性要求会增加出口国农产品的生产运营成本而使出口能力下降，但同时由于具有追溯性的出口农产品质量水平提高，消费者的支付意愿增加从而使出口额增加，所以该变量的系数符号无法确定。

鉴于 2014 年中国内地的前六大农产品出口市场为日本、东盟、欧盟、美国、中国香港以及韩国，出口额占农产品出口总额的 3/4，其中东盟作为中国新兴市场具有很大的潜力，但是中国与东盟之间的农产品贸易主要集中在少数几个国家，并且东盟市场中对农产品的追溯条件还不够成熟，不适合作为本书研究的对象。而德国作为欧盟中最大的中国农产品进口国，2014 年的进口额占欧盟的 1/5，因此，选择德国具有一定的代表性。同时，日本、美国、德国及韩国四国对于进口农产品的质量标准要求严苛，在实施农产品质量安全追溯体系方面具有相当的代表权威性。因此本书选取 1992～2014 年中国对日本、美国、韩国与德国的农产品出口额为样本进行检验。

2. 数据来源说明

本书中采用的中国对各国的农产品出口额主要来自联合国统计署的贸易数据库和中国商务部网站。各国的 GDP 数据根据联合国统计网站，两地距离采用各国主要港口之间的距离来表示，数据根据 http：//www. hjqing. com/find/jingwei/ 上的估算而得。人民币年均汇价来源于国家统计局数据库。根据本书前面对于各国质量追溯体系现状的分析，认为美、日、韩、德四国对于可追溯性要求的具体实施年份分别为 2003 年、2005 年以及 2006 年。相应年份之前变量值为 0，之后的变量为 1。

3. 实证结果及评析

本书的研究数据为面板数据，对数据进行单位根检验发现各序列都存在单位根，但是其一阶差分则是平稳序列。

从表 4 - 1 的回归结果的 t 检验值表明，除了汇率 R 的 t 检验值不显著外，其他变量的回归系数都具有与预期相符的符号，而且都是显著的。同时，模型的 F 检验值也十分显著，调整后的 R^2 表明模型都具有较好的拟合优度。采用剔除不显著的变量的方法，将汇率变量舍去，直到所有的回归系数的 t 检验值都显著为止，最终得到结果如表 4 - 2 所示。

表 4 - 1   Eviews 初步检验结果

变量	系数	标准误差	T 值	P 值
C	- 11. 89375	1. 947178	- 6. 113334	0. 0000
？LNGDP	1. 205678	0. 158222	7. 634092	0. 0000
？LNR	0. 329167	0. 238943	1. 403963	0. 1646
？LNDIS	- 1. 409297	0. 106472	- 13. 27387	0. 0000
？TR	0. 572433	0. 089708	6. 381066	0. 0000
R - squAred	0. 803434	Adjusted R - squAred		0. 795244
F - stAtistic	98. 09665	Prob（F - stAtistic）		
0. 000000				

表 4 – 2　　　　　　　　　　　Pooled EGLS 回归结果

变量	系数	标准误差	T 值	P 值
C	1.661653	0.279213	5.879906	0.0250
？ LNGDP	0.939678	0.038982	22.99271	0.0000
？ LNDIS	– 1.059752	0.038175	– 27.91080	0.0000
？ TR	0.649023	0.059841	10.19002	0.0027
R – squAred	0.919712	Adjusted R – squAred		0.916898
F – stAtistic	278.6684	Prob（F – stAtistic）		
0.000000				

根据回归分析结果，得到回归方程如下：

$$LnEX_{ij} = 1.661653 + 0.939678LnGDP_j - 1.059752LnDIS_{ij} + 0.649023TR_j$$

$$(4 - 2)$$

从上述回归结果可以看出，TR 的回归系数为 0.649，表明当其他影响因素保持不变时，进口国对农产品的追溯要求会促进中国农产品对该国的出口。可见，进口国是否实施质量追溯体系对中国农产品的出口有显著影响，且为正面影响，实证结论与前面理论分析的结论是一致的。

尽管在初始阶段，发达国家对于农产品质量追溯性的要求一定程度上增加了出口产品的成本，同时部分质量合格产品会由于元法达到追溯要求而被国际市场拒之门外，在短期内可能会使农产品出口量下降。但从中长期来看，追溯体系将成为农产品进入一国市场的有效门槛，将许多不具备可追溯性的竞争者挡在门外，有利于具有追溯性的农产品出口；同时，出于对"经验品"的偏好，进口国对已经试用过的具有可追溯性的农产品会形成一种消费路径依赖，而不再愿意花费大量的搜寻成本去寻找其他国家的农产品；另外，为实现农产品的可追溯，达到进口方的质量标准，出口国需要接轨国际标准，采用科学而统一的质量管理体系和更高的认证标准，提高自身质量检验水平的信誉度，也必然会在一定程度上提高其产品的国际竞争力，促进出口。

当然，相对于进口国 GDP 回归系数和距离变量系数，TR 回归系数略显小些，这主要是由于中国农产品质量追溯体系实施时间不长，经营主体、消费主体以及政府层面的认知意识和支付意愿不强，致使到目前为止，中国的农产品供应链中还没有形成稳定长效的质量安全追溯体系有关。但作为一个长期的农产品出口大国，实施农产品追溯机制，加强质量安全的监管和认证，实行农产品的召回制度，不仅有助于推动中国对于农产品质量监管、认证等方面的制度建设，也在很大程度上保障中国农产品在国际市场的质量声誉和品牌建设，提高在世界市场上的美誉度和认可度，才能从而更进一步推动农产品出口。

（三）结论与启示

从上述实证结果可以看出，追溯体系的实施对中国农产品的出口具有正向的促进作用。因此，迎合国际进口市场需求，必须要加快推进追溯体系的建设。但是目前由于应用质量安全可追溯系统，初期运行成本高，加上中国农产品的生产比较分散，标准化水平低，出现质量问题难以追踪到责任法人，相关法律体系和标准体系不够健全，在没有政府强制要求下，企业缺乏前期投入的动力。同时，消费者对质量安全追溯体系的认同度及支付意愿不够，安全可追溯的农产品的品牌价位优势还得不到显现，在一定程度上影响了经营户的实施积极性。可见，农产品质量安全追溯体系的实施既要依赖于政府的立法支持和资金扶持，也要得到消费者对追溯性农产品的意识认可和需求推动。

政府层面必须要推动法律支持和资金扶持。首先，要推动相关法律法规的体系化。2006 年实施的《中华人民共和国农产品质量安全法》为中国农产品质量安全事业奠定了重要的法律基础，但相关的法律法规体系还不健全，难以构筑现代社会的农产品安全和安全保障体系。其次，保证有足够的经费和人力。在缺少政府资金扶持的情况下，企业很难单独承担实施追溯体系巨大的初期成本，同时在实施过程中，需要监管的对象众多，监管的生产单位数量也十分众多，必须投入大量的人力和财力，而目前投入到追溯体系建设中的人力和财力还比较短缺。

另外，消费者层面需要加强意识认可和需求推动。消费者作为整个农产品供应链的最终端，其对具有追溯性农产品的认可及需求将会在很大程度上形成倒逼机制，迫使企业建立质量安全追溯体系。目前，中国消费者对于追溯体系的认可度不高，对具有追溯性的农产品的购买意愿并不强烈，无法产生需求拉动效应。因此，需要通过多种宣传渠道增强消费者对农产品质量安全的追溯意识，深刻了解追溯体系在减少与缓解农产品质量安全问题上的积极作用，从而增加具有追溯性的农产品的市场需求，使供应链上游其他的利益主体自愿自发地实施质量安全追溯体系。

二、问卷调查分析

经过几年的试点试行，目前农产品追溯体系在中国已经普遍开始实施，初见成效。但与此同时，也出现了一些问题，农产品追溯体系也在一定程度上受到了影响。目前，在中国普遍推广的农产品追溯体系的实施成效如何，通过实地访谈和问卷调查进行实地调研，以期根据第一手的数据资料来反映中国农产品追溯体系的实施情况以及实施绩效。

（一）数据来源

在明确农产品经营户、企业生产函数及消费者需求函数的基础上，得到有关可追溯农产品经营户和企业以及消费者需求函数所包含的一系列因素，这些因素是经营企业和农户生产行为以及消费者购买决策的依据。因此，考察经营企业与农户对农产品的追溯体系的实施动力以及消费者对可追溯农产品认知行为，要将生产函数和需求函数中包含的因素与是否有动力来实施追溯体系以及是否愿意购买安全可追溯农产品结合起来。所以本书选择了消费者和农产品经营企业作为研究对象。需要进一步说明的是，对于企业和消费者的问卷调查设计都有各自的依据。首先，对农产品经营企业的调查问卷。经营企业实施可追溯体系的最终目的是追求利润的最大化，实行质量追溯体系的影响因素既可能来自企业内部的激励，也可能来自外部的监管。动因不同，追溯体系实施的效果也不尽一致。结合问卷调研结果，从激励与监管两个角度对农产品出口企业实施质量安全追溯体系的相关行为及其相应实施机制进行分析。对消费者的问卷。通过对消费者效用函数、信息搜寻模型推断出消费者购买可追溯农产品决策行为的分析，确定自变量（消费者对可追溯农产品需求的影响因素）。依据目前农产品可追溯体系在中国大城市推广与农产品消费者需求函数的基本形式，本书设计了相应的消费者调查问卷。

2011 年 4 月，在对浙江省十余家农产品出口企业和 40 位消费者预调查的基础上最终设计和确定了调查问卷。调查问卷分成消费者问卷和出口企业问卷，前者主要包括消费者对农产品可追溯体系的认知态度、支付意愿以及购后评价三个部分，后者主要包括出口企业实施追溯体系的动因和效应两个部分，在 2011 年对农产品追溯体系的 11 个试点省市的 60 家农产品出口企业和 1 200 位消费者进行问卷调查的基础上，于 2014 年再次发放 60 份针对农产品出口企业的调研问卷以及 1 200 份针对消费者的问卷。根据前期调查以及从网络上了解的情况，在企业的调研环节中选择已经实施质量追溯体系并有农产品出口的企业作为问卷调查的对象。消费者主要选择实施了追溯体系试点城市的主要大型超市和农贸市场。在被调查的农产品中选择了人们日常食用的粮油、果蔬和水产品，肉及肉制品等初级农产品为主加工农产品为辅。实际回收企业问卷 55 份，消费者问卷 1 152 份，问卷有效率分别为 88.3% 和 96%。问卷采用李克特量表设计了 1~5 的分值，分值越高代表选项的描述与企业的情况最为符合。

本书用实证分析方法研究消费者对可追溯农产品需求函数包含的诸因素及其消费者认知过程，并将这一认知过程与消费者是否愿意购买可追溯农产品联系起来，通过对比在不加强信息供给的情况下，自愿实施农产品可追溯体系背景下，消费者对普通农产品和对可追溯农产品的购买行为分析消费者愿意购买可追溯农产品的影响因素，从而进一步判断消费者究竟在何种程度上对农产品的追溯体系起作用。

本书用实证分析方法研究消费者对可追溯农产品需求函数包含的诸因素及其消费者认知过程，并将这一认知过程与消费者是否愿意购买可追溯农产品联系起来，通过对比在不加强信息供给的情况下，自愿实施农产品可追溯体系背景下，消费者对普通农产品和对可追溯农产品的购买行为分析消费者愿意购买可追溯农产品的影响因素，从而进一步判断消费者究竟在何种程度上对农产品的追溯体系起作用。

（二）变量描述性统计

1. 追溯体系内部激励绩效

（1）正向激励

正向激励主要包括农户的激励、消费者的激励以及企业资源禀赋的激励三大部分。

农户的激励。农户的参与意愿反映了农户参与农产品质量安全保护的积极性。在参与农产品质量安全保护调查意愿程度的问题上，表示非常愿意和愿意参与的农户占 87.7%；不愿意参与的农户占 12.8%，其中大部分农户为小学及以下文化水平。由此可见，农产品质量安全保护还是得到广大农户的大力拥护的。进一步调查农户愿意参与农产品质量安全保护的原因，可以发现，农户愿意参与农产品质量安全保护关注点在于农产品收益的程度。17.9% 的农户是属于自主参与农产品质量安全保护行为类型，认为自己比较了解农产品质量安全对自身生活水平得以改善的意义并且主动地参与；59.4% 的农户属于从众自愿参与，一开始持有观望态度，发现自主参与的农户获得收益有所提高，因此也自愿参与。被动参与的农产品质量安全保护的农户占 22.6%，大多是经别人劝说而被动从众参与的。选择自愿进行参与农产品质量安全保护的农户对于土地的依赖性较高，在土地种植上有着较强的洞察力和判断力。而被动参与的农户多为保守型农户，有着从众的心理，往往导致自身在生产生活中得到的收益也较主动的农户少。

消费者的激励。调研结果显示，当前消费者对农产品安全知情权和追溯意识越来越高是企业实施追溯体系的最主要正向激励因素，平均分值高达4.54。结合消费者问卷的调查结果，可以发现，接受问卷调查的消费者中大部分消费者对农产品质量安全问题的比较关注，如图4-1所示，64%的消费者对此表示了极高的关注度，只有10%的消费者不关注该问题。但是，消费者对于质量追溯体系的认知度相对来讲比较低，如图4-2所示，只有9%左右的消费者对此比较熟悉，而有27%的消费者只听说过追溯体系，40%的消费者对质量安全追溯体系比较陌生。在进行问卷调查的过程中，若消费者对追溯体系比较陌生，调研人员会作相关的解释，结果反映消费者对追溯性的农产品具有较高的支付意愿。在接受问卷调查的消费者中，有59%的消费者比较愿意购买具有质量追溯体系的农产品，而25%的消费者则非常愿意购买此类农产品。但消费者对价格较敏感，当普通农产品与具有追溯性农产品的价格相同时，

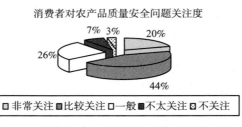

图4-1　消费者对农产品质量安全问题的关注度

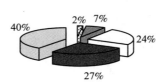

图4-2　消费者对质量追溯体系的认知度

有97%愿意购买具有追溯性的农产品；而当追溯性农产品价格比普通农产品高时，该比例下降到了76%。结果表明消费者认为农产品追溯体系的建立是有价值的，对质量安全也是更有保障的，也愿意为追溯系统的实施支付一定的成本费用，但这种支付意愿是有一定限度的。

其他激励。除了消费者这个最主要的激励因素，影响企业实施追溯体系的其他主要激励因素如表4－3所示，提升企业的社会形象以及打造品牌优势是企业选择实施追溯体系的主要正向激励因素，分值分别为4.57和4.43。而提高企业的财务利润的分值为3.21，被认为是最不明显的激励因素。结合追溯体系的特性，首先，由于追溯体系的初期投入成本非常高，虽然能得到政府的资助，但相当一部分的企业还是会面临利润上的减少，使其财务利润在短期内并不明显；其次，由于中国实施追溯体系起步较晚，多数企业的追溯体系还没有形成标准化、规模化，与国外较成熟的追溯体系相比，势必会抬高农产品出口价格，导致国际竞争力下降，引起短期内市场份额的减少。

表4－3　　　　　　企业实施追溯体系的主要激励因素分析表

正向激励因素	分值	负向激励因素	分值
消费者对农产品安全意识越来越高	4.54	农产品的可追溯体系增加企业综合成本	4.34
追溯系统提升了企业社会形象	4.57	缺乏统一规范的可追溯体系技术标准	3.87
追溯系统有利于生鲜农产品打造品牌	4.43	政府对农产品可追溯体系政策支持不够	3.68

资料来源：问卷调查。

总体而言，企业实施可追溯，既保证了农产品安全，又与同行业其他企业有了明显的区别，能够成功传递产品的过程信息，把农产品追溯性与正面的质量安全相结合作为一种差异化战略成为企业竞争优势的来源。由于欧、美、韩、日等主要进口国都将农产品可追溯作为质量安全控制体系的重要组成部分，农产品追溯已经逐渐成为农产品国际贸易的技术壁垒之一。对于出口型农产品企业而言，为更好地占领国际市场，必须尽快实施可追溯管理。

（2）负向激励

从表4－3显示的结果可知，企业实施追溯体系的负向激励因素主要包括了企业成本增加、缺乏统一规范的追溯体系相关技术标准以及政府支持不够，分值分别为4.34、3.87和3.68。企业在实施追溯体系的初期需要承担大量的投入成本，尽管政府会有一定的资金帮助，但大部分情况下企业必须在追溯体系投入验收之后才能取得全部的补助资金。由于缺少统一标准，信息不能有效加载而导致无法完全共享，而且大部分企业可追溯系统的物流管理能力较差，加上中国目前阶段的农业生产还是处于小规模、从业者素质不高、产品价格偏低、农产品标准化水平低下等实际情况，所以企业之间没有使用固定的标准化交易和追溯的条码，企业内部也不能很好地利用已有的系统资源，导致成本较高，这些不利的因素都在一定程度上削弱了企业实施追溯体系的积极性。

2. 追溯体系外部监管绩效

据调查结果显示，理论上的重要监管者与其实际所起的监管作用之间存在明显差距。大部分被调研企业认为新闻媒介是中国当前农产品质量安全追溯体系最重要也是最可靠的监管者，无论是从重要性还是监管的效果来看，媒体均居于首位。近年来，"瘦肉精"事件和"地沟油"等事件都是通过网络曝光后被查处的，反映出企业诚信缺失、政府监管不到位时，网络媒体因受众面广、传播速度快、影响力大的特点，对于当前食用农产品安全危害事件起到了不可替代的重要监管作用。

"政府部门对可追溯体系的监管、检查比较到位"与追溯体系实施的实际情况存在着较大的差距，如表4－4所示，政府部门监管的重要性以4.45的分值居于第二位，但实际监管效果却以2.53分值居于倒数第三，说明大部分企业认为政府的重要监管职责远远不到位。首先，监管法律体系的不完备造成了监管主体及其权限设置的不合理，影响监管力度。中国现行的分段和多头管理导致"监管主体过多、行政监管权分配不合理以及对监管主体缺乏有力的责任约束机制"，极易出现权力的扭曲和异化，对于应当承担的职责监管缺位或行政不作为，为追求经济政绩，政府倾向于放纵企业。其次，法律政策的不尽完善与非连续性导致了监管难以落实到位。中国的《农产品安全法》"强调政府责任的同时，在对于如何评估、如何确定责令召回、如何保障当事人的权利等方面缺乏具体落实细则"，致使监管主体主观执法，以罚代治，大搞运动式执法，经常在出现安全事故以后进行专项整顿，政府对监管过程遮遮掩掩、对问题查处讳莫如深以及公众问责程序的缺位，造成监管执行的困难，更会因暗箱操作而失去公众的信任，均构成了当前中国政府监管过程中必须面对的现实难题。

表 4 - 4　　　　　　　企业实施追溯体系的主要监管因素分析

排序	监管主体的重要程度	分值	排序	监管效果	分值
1	新闻媒体	4.91	1	新闻媒体	4.98
2	政府部门	4.45	2	消费者	4.50
3	第三方机构	4.01	3	经销商	3.67
4	经销商	3.82	4	政府部门	2.53
5	消费者	3.74	5	行业协会	2.43
6	行业协会	2.61	6	第三方机构	1.01

调查显示，"可追溯体系引入独立的第三方监管"比较符合经营企业的预期，大多数被调企业认为独立的第三方监管机构比较既能客观公正，也能比较经济节约地实施监管，这也是多数市场经济体系比较完善的发达国家的惯例做法。但目前在中国实际的监管效果很不理想，多数企业认为几乎不存在第三方监管机构，认为农产品供应链中的零售商和各级经销商对生产商的可追溯体系具有更显著的约束作用，仅次于媒体和消费者（分值为3.67）。

多数被调研企业认为生产的农产品能否被市场接受是他们最关注的，所以消费者是否认可追溯体系是至关重要的。如果消费者能通过追溯系统将农产品质量安全事件归咎于某一生产企业而停止消费该企业生产的农产品，将会迫使该企业退出市场，所以消费者的监管被认为是卓有成效的（仅次于媒体，位列第二）。但实际情况并非如此。一方面，真正在意自己购买的农产品是否可追溯的消费者还非常有限；另一方面，消费者在购买之前不能判定想要的农产品是否安全，因而也很难对生产者加以区分而分别给予信任或责罚。鉴于这些原因，多数被调研的出口企业认为农产品消费市场不应由消费者承担主要的监管责任。

为多数规范运作的市场经济起到重要监管作用的行业协会在中国也没得到被调研企业的认可。由于中国农产品行业协会的产生大多缘自政府自上而下的制度安排，政府不仅引致农产品行业协会的产生，还以多种方式介入农产品行业协会的内部运作，加上相关立法的缺失，管理体制的纰漏等都制约着农产品行业协会监管作用的发挥。因此，在多数被调企业看来，这样的行业协会并无多大的实际监管意义（2.61 的分值居于末位）。但根据发达国家经验，行业协会如真能做到市场经济国家那样承担起服务会员企业、提高会员企业的经营水平、推动会员企业规范发展和诚信经营以及运用团体的力量维护会员企业合法权益以及惩戒违规企业的职能，那么行业协会的监管效果（2.43 的分值居于倒数第二）将得到显著提升。

（三）研究结论与启示

1. 激励绩效研究结论

企业作为农产品质量安全追溯体系的最主要实施者，其决策行为受到企业内部激励因素以及外部监管因素的共同作用。当源于市场内生性的可追溯需求与政府对农产品质量监管的外部强制性要求同时产生作用，企业就会形成建立追溯体系的需求。激励因素主要包括扩大市场份额、消费者对农产品质量要求越来越高、获取市场竞争优势以及获取政府补贴等正向激励因素，也包括成本增加、市场风险预测等负面激励因素。

追溯系统能否成功实施，不仅仅在于其是否能真正有效地控制农产品质量安全，更重要的是成本与收益的对比。只有当农产品经营企业认为收益高于成本时才会向消费者提供额外的安全信息记录。但如果政策制定者的要求高于企业愿意提供的水平，即政策制定向社会最优状态靠近，两者之间的成本差异可否由消费者来承担则取决于消费者的感知水平和支付意愿。

2. 监管绩效研究结论

政府监管是否能达到预期目标，不仅取决于相关利益集团的行为选择，还取决于政府政策的执行有效性。在监管行为的执行过程中，由于其他因素的影响可能导致政策措施执行无效。

第一，监管者风险偏好。中国的农产品安全监管实行的是分段管理，由农业、工商、质检、卫生部门共同执行。从表面上看，该监管体系存在多重保障机制，但实际上会导致重复检测、管理真空及事后推卸责任等不利行为。多头监管使很大一部分力量在相互依赖、推诿中消耗掉。在农产品可追溯体系建立和实施的问题监管上表现出明显的规避风险偏好，监管者喜欢做表面文章、走过场，即便真的出现了问题，职责交叉的现实可供推脱之辞。多部门分段监管导致政府机会主义行为。

第二，政府能力的局限。事实上，市场存在失灵只是政府实施干预、管制的必要前提，但并不能由此推出政府的干预、管制能解决所有的问题，政府并非是具有完全理性的"超人"，尤其是管制政策的执行者是由具有有限理性的"常人"构成，他们也会面临信息不足的问题，在进行管制决策时，也会面临如何进行最佳选择的问题，如政府管制在目标上要严格追求公共利益，在目的上要讲求效率至上，在方法上要讲求科学性、合理性，这种对公共利益与非公共利益、效率与非效率、科学性与非科学性的选择在实践中是相当复杂而困难的。

第三，监管措施执行的无效性。政府的公共政策能否达到预期目标，不仅取决于政策设计，还取决于政策的执行。在实际中，由于各种因素的存在可能导致政策措施不能达到预期目标，从而导致政策措施执行的无效性。表面上看，似乎存在多重保障机制，但实际上导致事前竞争预算和监管权利，事后推卸责任。重复检测造成资源浪费和企业负担，同时，彼此推诿，又造成管理真空。而农产品可追溯体系的建立正是需要多个环节信息的紧密相连，容易造成各部门政府的机会主义行为。

第四，地方利益的驱动。以经济增长为首要目标的整体发展趋势造成了地方利益和社会整体利益的错位，致使地方政府仅以自身管辖范围内的利益得失作为工作目标。许多冠冕堂皇的"合法厂家"，整个生产过程也是"阳光操作"，而劣质产品都能通过有关部门的检测，成为合格产品。产地监管部门失职，在于地方利益和社会整体利益的错位。

第五，委托代理关系而导致"逆向选择"和"道德风险"。因政府及官员间的委托代理关系导致"逆向选择"。政府以公共利益最大化为目标，而政府官员从根本上是以追求自身效用最大化为目标，当两者利益产生冲突时必然导致激励不相容问题。由于委托人和代理人之间关于代理人行为的信息不对称，代理人在最大限度增加自身效用的同时会做出损害委托人利益的行为。一个最根本的原因在于委托人与代理人之间的目标函数通常并不完全相同，存在利益上的冲突。作为委托人的政府若以公共利益的最大化为取向，而政府官员从根本上说是追求自身效用最大化的经济人，当两者利益向冲突时，必然产生激励不相容问题，出现效率低下、人浮于事、在职闲暇、增加对公共利益无用的支出等。政府监管人员可以通过"隐蔽行动"获取更多的私人利益而不完全承担其行为的全部后果，从而有动机也有可能从事高风险或者损害委托人利益的活动。沉淀成本（sunk cost）在执行过程中，可能会发现政策措施有误，但政府部门因过去计划投入的资源，而不愿终止原有计划。

三、实地案例调研

农产品追溯体系在中国试行的实际成效，通过上述农产品追溯体系的出口贸易效应和国内实施追溯体系的激励与监管绩效的分析可以看出，农产品追溯体系在实际试行的过程中还是存在一些现实问题的。为进一步验证实际情况，课题组还专门对浙江一实施追溯体系多年的农产品经营企业（海通公司）、最早实施追溯体系的一大型超市（B 超市）以及目前在中国国内实施得比较完善和到位的典型麦德龙超市进行了实地调研。

（一）调研案例：海通公司

1. 企业基本情况简介

海通农产品集团股份有限公司是位于浙江慈溪的一家以果蔬加工为主业的农产品加工企业，原来是一家冷冻厂，最早通过补偿贸易形式由供销社与日方株式会社合作创建于 1985 年，1986 年获得国家食品卫生标准企业注册；1992 年慈溪冷冻厂更名为慈溪冷冻总公司；1994 年更名为慈溪海通食品总公司；1998 年更名为浙江海通食品集团有限公司，并成立了以浙江海通食品有限公司为核心的浙江海通食品集团；2000 年被命名为第一批农业产业化国家重点龙头企业。2000 年改组设立了浙江海通农产品集团股份有限公司。2002 年年底，农产品通过中国绿色农产品认证。2002 年科技农产品生产园落成。2003 年 1 月公司在上海证券交易所上市，主要生产速冻蔬菜、脱水蔬菜、果蔬罐头、浓缩果汁、调理果蔬、保鲜蔬菜、腌渍果蔬七大类二百多个品种的"卡侬之"系列农产品，产品主要销往日本、美国等国家，在国际市场上有一定的知名度。2003 年，被中国农产品工业协会评为"全国农产品工业优秀龙头农产品企业"。2004 年德国 DEG 公司购买海通农产品 10% 的股份，从而成该公司第三大股东。2005～2006 年，公司通过推行厂区管理模式，成立了慈溪和余姚两个厂区以及松江基地，实现了资源整合。2010 年成立宜昌海通食品有限公司（宜昌厂区）；2011 年海通食品集团股份有限公司实施重大资产重组。2011 年，成立徐州海通食品有限公司（徐州厂区）；2013 年成立宁波海通日冷食品有限公司（合资企业）。

公司建立健全了有效的农产品安全及质量保证体系。通过了

ISO9001、ISO22000、QS、AIB①、KOSHER②等认证，其自营原料基地通过了 GAP③认证，拥有各类先进的检测设备和严格的质量控制体系，以"致力于人类健康农产品"为理念，把公司建设成国内一流、国际知名的农产品加工和农产品制造企业。公司荣膺农业产业化国家重点龙头企业、全国园艺产品出口示范企业、"十五"第一批国家级科技创新型星火龙头企业、全国优秀农产品加工龙头企业、浙江省高新技术企业、宁波市百家重点企业等称号。"卡依之"商标为中国驰名商标，"卡依之"品牌为中国名牌农产品，并获得农业部绿色农产品发展中心颁发的"绿色农产品"证书。作为主要单位承担了国家强制性标准"脱水蔬菜"的起草工作，成为浙江省首批技术标准化战略试点企业之一。

该集团目前的营销总部设在上海，而集团总部则设在慈溪。集团有两个事业部，每个事业部下设完整的部门，其中也包括品质管理部。按照产品分类 6 个源头工厂，分别为冷冻工厂、大同工厂、果汁工厂、豆制品工厂、FD 干燥工厂以及 AD 调理工厂。其中，冷冻工厂和大同工厂主要生产冷冻蔬菜，其中大部分产品都出口。而果汁工厂则主要生产浓缩果汁，以内销为主。公司的冷冻蔬菜出口主要市场为日本以及欧美等地区，比例分别达到60%、20%左右。

2. 农产品质量安全追溯体系

公司在 2003 年已经开始逐步采取产品可追溯措施，在正式引入可追溯体系之前，企业已在工厂生产过程中国设置了批次号码牌，从初级农产品进厂到加工完成出厂的整个过程都可以通过批次号码牌获得相关

---

① AIB，是美国烘烤技术研究所（American Institute of Baking）的简称。AIB 认证是食品进入北美市场的一个重要条件，其审核标准已经得到消费者及北美零食销售商的认可。

② KOSHER 指符合犹太教规范的清洁可食产品。Kosher 食品是根据犹太教的膳食法令生产，禁止使用猪肉等原料，另外有些原料则必须进过特殊制作后才能使用。Kosher 食品的使用者并不仅仅包括犹太人，也包括大量的素食主义者、穆斯林信徒、饮食过敏者以及寻求高质量食品的消费者。

③ GAP，即良好农业规范（Good Agriculture Practice），它以危害防护（HACCP）、良好卫生规范、可持续发展农业为基础，避免农产品在生产过程中受到严重污染和危害。

信息。企业自 2005 从日本正式引入可追溯体系，对农产品种植、生产加工全过程进行追溯，并在 2007 年 9 月通过正式验收。企业实施可追溯，既保证了农产品安全，又能区别于同行业的其他企业，成功传递产品的过程信息，把农产品追溯性与正面的质量安全相结合作为一种差异化战略成为企业竞争优势的来源①。与正式实施之前相比，企业在实施可追溯体系之后进一步加强了农产品在基地种植过程的信息记录，企业上下游之间的信息交流。图 4 - 3 具体从基地选择、收集管理、运输管理、加工及危害处理、记录档案管理等方面简单介绍海通实施可追溯体系的具体行为。

秉承"致力于人类健康农产品"的企业宗旨，在基地发展的过程中先后建立健全了"集团基地管理体系"、"集团农残控制体系"、"集团 TBS 田间追溯体系"等多个体系和各种种植操作规程。此外，公司专门成立农产品安全办公室，建立农产品安全预警机制，开展农产品安全宣传活动。联合品质管理部、原料输入管理部、中心实验室建立了一套从农田到餐桌的农产品安全生产追踪控制体系，即农产品安全溯源管理体系，对于产品何时生产、何时加工等整个生产过程都进行了追溯，原材料进厂的日期、到厂的车次、地块号以及生产线号等信息会形成一个产品的追溯码，原材料到厂之后会进行相应的数量以及质量的检验，之后该追溯码会跟随该批产品的整个生产过程。从田间栽培、加工管理到产品出运，进行严格的批号管理，确保公司生产的产品有明确的身份证，便以严格追踪管理，做到源头可追溯。公司每年会进行一次模拟追溯，对产品的信息进行回溯。在集团严格的基地管理体系下，公司产品都会有借以保障农产品质量的追溯"身份证"：从冷库内随便拿出一箱产品，就能根据上面的追溯 TBS 代码寻找到这个产品的种植地、农场主、品种、播种期、采收期、农药肥料的施用种类与时间等信息。实现了从基

---

① Jill E. Hobbs and William A. Kerr. Consumer information, labeling and international trade in agri-food products [J]. Food Policy, 2006, 31 (1).

地选择建立到原料进厂一整套严格的管理程序。公司也因此被宁波出入境检验检疫局评为宁波市出口蔬菜风险评估海通类管理企业，通过了美国农业部农产品安全局的检查和日本厚生劳动省的农产品生产安全管理检查。

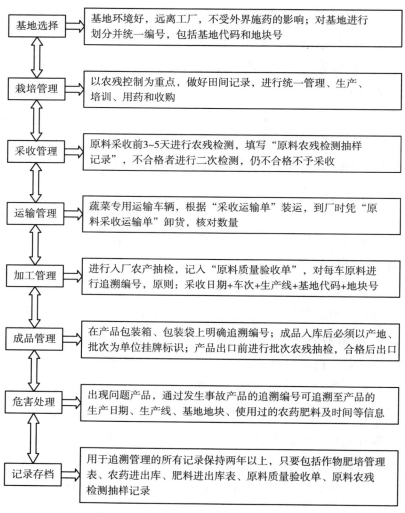

图 4 - 3 海通公司可追溯体系具体流程

3. 追溯体系的源头控制——基地建设

经过二十多年的发展，公司基地从无到有，从小到大，形成了一整套的基地发展与管理体系，实现了与国际市场的接轨；基地形式从原有的"公司＋基地＋农户"小规模生产，逐渐转为"统一管理、统一生产、统一培训、统一用药、统一收购"的"公司＋农场"的标准化生产形式，确保了公司原料生产的安全、安心与优质、稳定。目前，公司基地面积已经发展到10多万亩。种植种类涵括了毛豆、甜玉米、青刀豆、菜心、包心菜、草莓、青花菜、胡萝卜等几十个蔬菜品种。该农产品集团基地主要有以下四种模式：

一是自营农场。自营农场是公司向有关部门承包土地，公司派员亲自进行全程种植与管理的农场。此类农场的种植户为公司的全额雇工。到目前为止，公司已建设自有农场2个，面积共5 576亩。

二是加盟农场。加盟农场指在慈溪市及周边县市境内农业种植大户在其承包或以其他合法方式取得土地使用权和收益权的土地上，根据公司要求和指定进行农业生产种植，公司给予相应报酬，从而在双方之间形成权利与义务关系。到目前为止，公司已建设有加盟农场约1.5万亩；加盟农场为探索农业农场管理模式提供了一个新的成功案例，已逐渐成为公司基地的主力军。

三是订单农场。订单农场指公司采用合同的形式对基地进行紧密控制，公司与农户确定产品价格，农户在公司全程管理之下进行农业生产的一种基地形式。目前，公司各类订单农场面积约5万亩。通过订单农场的辐射，带动周边的农户提高种植意识，从而改善整个基地的种植大环境。

四是合作农场。合作农场是指对在本地区没有优势或目前不能很好种植的低农残风险产品，公司与当地农业部门或合作社合作，对其种植过程进行管理，重点抓好农药管理，产品价格随行就市的农场管理形势。目前，公司拥有合作农场面积约3万亩，主要位于山东、湖北等地。

4. 企业追溯体系绩效

公司通过建立农产品安全追溯管理体系，从田间栽培、加工管理到产品出运，进行严格的批号管理，确保公司生产的产品有明确的身份证，便以严格追踪管理，做到源头可追溯。公司也因此被宁波出入境检验检疫局评为宁波市出口蔬菜风险评估 A 类管理企业，通过了美国农业部食品安全局的检查和日本厚生劳动省的食品生产安全管理检查。从图 4-4 反映的情况也可以看出，2003~2008 年时间段中，公司出口额除 2006 年有小幅下降之外，基本维持着增长的趋势。2006 年出口额的减少主要原因包括：第一，公司从 2005 年开始引入实施可追溯体系，对公司自营和加盟农场种植、企业生产过程等实行全过程的可追溯；第二，日本在 2006 颁布的《肯定列表制度》加强了在果蔬农药残留等方面的限制，增加了生产检测的成本。这种情况的出现也符合理论部分中追溯体系对农产品出口贸易的影响分析，短期内可追溯体系的贸易效应主要表现为负向影响。2009 年受全球金融危机的影响，公司出口额下降了 13.4%，之后 2010 年虽有增长但是幅度很小。而近两年的产品内销额则快速增长，从公司实地调研的资料中也反映出由于近两年受全球经济衰退的影响，公司有计划地加强了果汁类产品的生产，以增加国内产品的销售量，来暂时弥补由于国际市场不景气对公司业绩带来的影响。

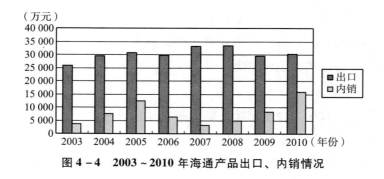

图 4-4 2003~2010 年海通产品出口、内销情况

目前，公司的农产品已经 100% 实施了质量追溯体系，对于相应的生产基地的农户，会要求其进行相应的记录，也会派人对基地进行巡查，抽查农产品的质量状况。考虑到长期的合作关系，农场也会对自身产品的质量进行控制，公司农产品上市之前一般会先进行送检。

公司实施追溯体系的最初动力也是由于日本客户的要求，目前公司的农产品追溯体系在浙江省乃至全国都算是比较领先的。据公司的负责人介绍，虽然公司农产品追溯体系实施比较完善，但是国内消费者对追溯体系的偏好目前还十分明显，大部分消费者还不太了解质量追溯体系，购买意愿也还不是很明显。在这种情况下，公司的发展也会遇到一些瓶颈性制约。农业和农产品的经营本身具有较大的风险，有时订单可能会突然增加，但是原来基地的原材料供应不够，需要从其他生产基地的农户处订购不足的原料，这样质量方面就难以得到完全的保证，也很难对这些分散的小农户实现追溯要求。即便是像海通公司这样的大企业，如果完全就农产品经营而言，企业整体经营利润也不太好，有的年份甚至可能会亏损。由于农产品本身受天气状况的影响太大，原材料供给约束也制约发展。虽然企业在外销量上有一定的上涨，但是在原材料短缺、慈溪土地紧张等制约因素的限制下，企业的发展处在瓶颈状态。目前，公司逐步转移部分重心到果汁生产方面，并且加大了内销的比重。

5. 存在问题

从上述分析可以看出，集团在面对国际市场对农产品的苛刻质量以及追溯要求的压力下，通过可追溯体系的实施取得了一定的成效。但是在对企业进行实地调研及深入访谈的过程中，可以发现也存在与其他许多调研的企业在实施可追溯体系的过程中存在诸多共性的问题。主要表现在以下几个方面：

第一，可追溯体系的激励机制不足。企业建立可追溯体系的激励来自于企业内外两个方面。内部激励指企业在实施了可追溯体系之后，能够有效地提高企业资源的利用率及企业的整体管理效率。外部激励则包括消费者对可追溯农产品的需求刺激以及政府的相关补助及优惠政策。据公司的有关负责人介绍，企业缺乏建立可追溯体系的有效激励。由于日本、美国等国家出口市场对农产品可追溯性的强制性要求，公司在建立可追溯体系的初期处于被动的地位，在追溯体系产生一定的效果之后才变被动为主动。政府在企业建立可追溯体系初期会提供一定的资金和技术帮助，但与企业建立可追溯体系初期的大量资金投入相比，政府的资金帮助效果并不明显。

企业建设可追溯体系的另一重要影响因素是消费者对农产品可追溯性的需求。从国外发达国家建设可追溯体系的动机可以反映出，发达国家消费者对于农产品质量安全的要求很高，而大部分发达国家建立可追溯制度的主要原因是为了维护消费者的利益、加强企业的管理效率。但对发展中国家而言，建立可追溯制度的最初目的是为了满足国际市场对农产品的可追溯要求，而国内消费者对可追溯农产品的认知程度及支付意愿都较低。

第二，基地生产管理成本较高。从集团访谈人员在座谈中反应的问题，生产基地纳入到农产品可追溯体系中将会增加基地的建设管理成本，需要投入额外的人力、财力。在基地生产中，需要人工对所有信息进行初级采集、记录，除生产农户的记录外，还需要专职技术人员的指导及整理。对于所有农资投入品均需统一调配管理，经过备案登记的合格农药化肥才能投入使用，同时对于农作物种植时间、施肥次数、农药种类、农残检测时间结果、采收时间数量等所有信息均需按照要求记录在案。这些要求都将增加基地的生产管理成本，从而直接影响到农产品的价格，最终对其出口造成影响。

公司目前的生产模式主要是"农场＋工厂"，生产种植基地主要有自营农场、加盟农场、订单农场和合作农场四种形式。据负责人介绍，企业的自营农场和加盟农场生产的农产品一般质量水平较高，相对来讲农产品质量的可控性较强，有能力对全过程的相关信息进行记录。而订单农场和合作农场的产品质量可控性较差，较难达到可追溯体系全部信息可追溯的目标。目前，浙江省内已经建立完善追溯体系的企业比较少，大量企业只能做到针对出口部分的产品实施可追溯，而国内销售产品的可追溯性则较差。一般企业选择将自营基地生产的初期农产品作为出口农产品的加工原材料，而订单农产及合作农产的农产品一般用于国内销售。

第三，可追溯体系的效率偏低。公司已经建立起了农产品的可追溯体系，但是其追溯效率并不高，并不能充分发挥其功能。首先，在基地生产中，追溯信息基本采用纸质的文档进行记录，在进行追溯时需要翻阅大量的资料，手续比较烦琐。而计算机等现代化信息设备的利益率不高，基本上产品信息都是在整理后集中录入到电脑中，电子信息无法及时传递。其次，可追溯体系没有与企业其他管理体系形成有效的衔接，与存货管理体系、销售管理体系等相关体系无法形成信息有效共享。最后，由于农产品生产种植具有明显的季节性，处于农忙时节工作量巨大，需要一定的人力资源来进行农产品可追溯信息的收集记录，在农闲或过度时节，企业的种植加工能力大量闲置，形成一定的资源浪费。而对于企业间的追溯网络，由于各流通节点基础设施、管理水平、信息化水平不一样，导致上游录入信息无法下达、下游的读写信息无法上传，易于形成信息孤岛，严重影响可追溯体系的作用发挥。

（二）调研案例：某超市

1. 基本情况介绍

1990 年，该超市开始在法国建立绿色农产品体系，即"品质体系"，随后在有该连锁超市的其他国家逐渐推开，1999 年首次引进到中国。这一体系不仅可以查到直接的供货商，而且还可以查询到产品的产地、施肥和施用农药的记录等有关信息，到 2007 年 8 月止该超市已经在中国建立了水果、蔬菜、肉类和水产类等 12 个产品的品质体系。据查该超市最早将其农产品质量可追溯体系引进中国，因而其独特的"品质体系"便开始被中国人所认识。

2. 农产品追溯体系的实践

以蔬菜为例，首先由第三方检测机构对基地的土壤、水源和空气取样和化验，在证实种植环境达到绿色蔬菜生产标准以后，超市确定采用种子的品种，规定允许使用农药和化肥的品种和使用标准，并建立蔬菜种植记录手册。在蔬菜种植过程中，每个蔬菜大棚的负责人必须记录每天的生产情况，包括施用肥料和农药的品种、数量、时间。蔬菜收获时，每个周转箱必须有记录种植大棚的编号和收获时间的标签。产品到配送中心包装的时候，在每个或者每包蔬菜上都需要挂上记录种植大棚编号和收获时间等信息的标签。消费者可以根据标签上的编码找到蔬菜生产过程中的全部信息。一旦发生农产品安全问题，不仅可以找到责任人，也有助于事后分析原因以找到解决方案。与此同时，超市还聘用第三方机构对品质体系蔬菜的生产过程进行监督。第三方机构派遣人员不定时地对地基进行检查，对产品的样本进行检测，从而确保产品能够达到品质体系的标准。

超市开展农超对接有两个特殊的要求——第一是要求专业合作社写下保证书，不使用国家禁止的农药和肥料。第二是要求每家农户要写"日记"。记录每天的农活操作情况。例如，打了什么牌子的药、施了何种肥料等详细的信息。超市发给农户的农事记录本每一页都有两联。农户在第一联用圆珠笔书写，通过复写纸，内容便复印在了第二联上。农户保存第一联，专业合作社保存第二联。

在坚持实行可追溯体系，监督农户写农事记录时，给每组分配了小组长，由小组长来做这个工作。农户用超市统一定制的带有保鲜膜的塑料袋采摘花椒，每个塑料袋可装 100～120 斤。农户每装满一个塑料袋都要贴上一个标签，上面包含农户姓名、农户代码、产品名称、采收日期、产品等级、重量、收货日期、收货代码等信息。之后交到合作社，合作社对农户所填写的信息有专人监督检查。还要对从农户那里收来的花椒进行初步的分拣包装和加工。分拣包装过程依旧使用超市统一定制的纸箱，每个纸箱可装花椒 12.5 公斤。合作社的工作人员根据不同门店的订单，选择不同的农户来满足这些门店，做到一家农户针对一家门店。而追溯码是整个过程的核心。由于该追溯系统是"一户一店"，每家门店陈列的花椒全部是由一家农户提供的。因此，超市门店的展板上面有该农户的信息和资料，方便消费者在购物的时候参考。

建立农产品可追溯体系需要"农超对接"的平台以及完备的供应链技术。合作社通过电子邮件与超市采购部门对接订单处理。合作社将超市订的农产品组织车运往其他城市物流园超市指定的物流商，而该物流商负责将商品运输到超市各地门店。超市在物流园有指定的人员负责验货。合作社发货6天之后，便可以在超市的供应商信息平台上登录查询到各地门店收货情况，一旦收货确认，一周之内便可收到超市的货款。可追溯体系的建立使得农产品在品质、安全方面有了保障，提高了商品附加值，扣除超市部分成本支出以外，剩下部分将返利给农户。

3. 追溯体系存在的问题

对于超市建立农产品可追溯体系，该超市销售的农产品以及对供应链的管理是现代农产品供应链的代表，其建立的品质体系也是农产品可追溯体系的典型代表，有助于提高农产品的安全程度。但是，中国在引进以及建立可追溯体系时所面临的现实问题是，目前中国经由传统农产品供应链的农产品，即由依靠小规模农户生产，依赖小商贩流通的农产品，还是占大多数。传统农产品供应链无论在理论上和实践中都难以达到"真正"意义上的可追溯性，也无法确保农产品"实质上"的安全性。

根据课题组对宁波、杭州和北京等地的该连锁超市的调查，根据产品上显示的产品追溯码通过电话进行查证，基本都无法得到回复。400的查询电话经常无人接听。用手机发送两家公司蔬菜外包装上的追溯码，获得的短信回复显示是这两家公司的产品。除了能查询到公司名称，对于产品的生产履历等信息，网站上的信息显示，只能前往公司查询。询问"品质体系"产品的追溯问题时，也只能获得营业员关于质量上绝对放心的保证。不同的超市门店可追溯蔬菜的供货商追溯标准也不统一。据说追溯码是由各市的农业局设立的信息中心的计算机系统随机生成，只有掌握终端的公司向信息中心上传信息，才能够获得由该中心计算机系统生成的追溯码。各市农业局的可追溯系统和农业部农垦系统所设立的农产品可追溯系统并不兼容。全国性的公司需要采用一个统一的追溯系统，而全国各地实行农产品质量可追溯机制的城市追溯系统各不相同，他们无法加入任何一个系统，只能自己建立一套系统。农产品可追溯体系在中国遭受到了"技术性"障碍，这也是时下国内发生诸多食品安全事件的症结所在。

除了技术性的障碍，最早引进并实施追溯体系的该超市，还受到了其他信誉危机方面的质疑。该超市及其供货商能否保证信息采集的客观公正，能否保证整个加工和运输过程的可追溯性，追溯系统能不能做到真正的可追溯等问题始终没有得到肯定的答复。欧洲之所以能建成这个体系，得益于农产品企业的大规模化。中国一些农产品生产企业的规模不大，农户、小作坊太多，目前很难管理。从这些情况看来，要实现真正的"可追溯"，还有很长的路要走。

（三）调研案例：麦德龙的麦咨达

1. 公司概况

麦德龙超市，是德国最大、欧洲第二、世界第三的零售批发超市集团，在麦德龙和万客隆（仅限欧洲）品牌旗下拥有多家麦德龙限购自运商场，世界 500 强之一，分店遍布 32 个国家。麦德龙与 1964 年在德国以 1.4 万平方米的仓储式商店开始了企业的历程。麦德龙以"限购自运"（现金交易、自选自运）营销新理念的市场上引人注目。经过近 40 年的发展，现在麦德龙已经成为欧洲最大的商业连锁企业之一，并自 1999 年开始排名世界零售百强第三位。目前，麦德龙在全球 20 多个国家和地区建立了 3 000 多家分店，拥有约 20 万员工，年销售额超过了 1 000 亿德国马克。麦德龙于 1995 年来到中国并于中国著名的锦江集团合作，建立了锦江麦德龙现购自运有限公司，是第一家获得中国中央政府批准在中国多个主要城市建立连锁商场的合资企业。麦德龙提出"我们是顾客的仓库"的概念，意味着每个商店不另设仓库，同时商店本身就是仓库。通常，麦德龙标准店的规格为 140 米长 ×（90 米 + 28 米）

宽，其中 90 米为商店宽度，28 米为商店自身仓储空间的宽度。麦德龙习惯于独立运营的商业空间、单层建筑、独立的停车场，很少将店开在大型购物中心里面。2002 年，麦德龙在中国北部、东部、中部和南部建立了四个销售区域。麦德龙通过其全国性分销系统将当地产品投入国内市场的同时，吸引着各地顾客。同时麦德龙国际分销系统将中国商品推向国际市场。

麦德龙中国的使命和承诺是"我们致力于为客户创造价值，同时满足他们的业务需求和个人需求"。"我们致力于在中国不断提升质量标准，帮助客户保持竞争力、提升生活品质并促进社会和谐健康发展"。为了实现自己的企业使命和承诺，麦德龙也设计了相关的组织机构。在麦德龙的食品质量管理当中，最高的管理阶层是总裁，接下来的质量总经理分管供应商质量经理、物流质量经理和全国质量保证经理三个部门，其中，在全国质量保证经理的管辖之下，还有区域经理和之下的片区经理等，这一全套的管理组织机构，在组织上保证了食品的质量安全。

麦咨达的全称叫麦咨达农业信息咨询有限公司，它是麦德龙集团于 2007 年 12 月在中国投资成立的首家从事农技指导、咨询和培训的公司，由来自瑞士的农业项目专家汉思·彼特先生担任总裁，同时聘请了多名来自欧洲农产品质量与安全专家，旨在中国农副产品加工领域倡导"质量 + 安全 = 快乐生活"的发展理念。麦咨达按照全球良好农业操作规范，与中国农产品加工龙头企业开展咨询公司 + 企业 + 基地的合作，对它们提供生产、加工、包装、物流及市场运作等方面的专业培训和咨询，指导它们建立从田头到餐桌的质量安全可追溯体系，以此提高中国农副产品质量，帮助它们进入海内外市场。

2. 麦德龙食品质量安全要求

麦德龙仓储式超市是将超市和仓储合二为一的零售业态。它省掉了传统零售企业独立的仓库和配送中心，经营中实现了可快补货，保证了超市低成本高效率的运作。麦德龙拥有一个严格的供应商的质量标准，其中包括供应商准入控制、质量风险动态措施以及纠正与预防措施。供应商的准入质量控制是多个环节，相互制衡的。首先是索证所照：所有新供应商和新产品—由采购索取，质量部查验签字—然后再进入麦德龙供货系统；其次是自有品牌供应商质量管理能力问卷评估：供应商的质量体系—获得认证—质量团队—实验室检测能力—质量查验签字—进入下一个环节；最后自有品牌和麦咨达供应商一律由第三方质量审核机构审核，这些审核机构的特点是具有独立性、客观性、专业性。另外，所有品牌的供应商，必须通过第三方认证机构机构按照 GFSI（全球食品安全倡议）相关标准进行的认证，这些第三方的认证机构，例如，BRC 全球食品安全标准、FSSC 22000（食品安全体系认证）、全球 GAP（良好农业规范）、IFS（国际食品标准）、SQF（食品安全与质量认证）等，如果供应商无法通过以上审核，或者审核条款不适用，供应商就必须签署 MAS 条款，MAS 条款是由麦咨达公司审核员根据麦德龙的审核标准进行评估，该条款的目的是帮助供应商尽快达到通过认证的水平；为了实现质量风险的监控，建立了质量风险动态监管机制，每个月至少对100 种商品进行审核，另外还会根据产品的质量表现，对产品的风险状态进行抽检；质量的预警系统是分三部分开展的，首先是通过第三方实验室、政府抽查、社会组织、供应商和媒体等途径收集质量安全信息；其次根据收集来的质量信息进行风险评估；最后进行预警通告。

麦德龙的物流质量标准也是一套严格的把关体系，对食品配送过程中车辆状况、物品温度、认证、农药残留、荧光增白剂残留、包装、保质期、物品的新鲜程度等进行全面的检查。同时，在配送过程中他们采取当前国际先进的 HCAAP 认证方式对显著危害进行识别、评估和控制①。中国是在 2002 年正式启动对 HACCP 体系认证机构的认可试点工

---

① 为制造100%安全的太空食品，由 Pillsbury 公司，陆军 NAtick 实验室以及太空总署（NASA）于 1959 年开始研发食品安全的 HACCP 体系，1971 年美国国家食品保护会议上提出 HACCP 原理，立即被 FDA 接受，联合国粮农组织和世界卫生组织于 20 世纪 80 年代后期开始大力推荐这一食品安全管理体系，最终在 1993 年 FAO/WHO 食品法典委员会批准了《HACCP 体系应用准则》。

作，而目前麦德龙是国内第一家获得认证的批发企业，并且是国内唯一一家所有连锁店都已获得认证的经营单位。

另外，麦德龙的食品加工操作同样是通过严格的质量把关的，一道菜从开始到餐桌要经历采购、贮存、原料加工、烹调加工、冷菜和生食加工以及各餐的配送这些环节的多层检查。首先采购环节有相关的明文规定：不得采购《中华人民共和国食品安全法》第二十八条规定禁止生产经营的食品、采购时应索取发票等购货凭证，并做好采购记录，向食品生产单位，批发市场等批量采购食品的，还应该索取食品卫生许可证，检验合格证明、入库前应验收，出入库时登记，做好记录、餐饮经营者需妥善保管索证的资料和验收记录，不得涂改、伪造，保存期限不得少于食品用完毕后6个月、学生集体用餐必需当餐加工，不得订购隔餐的生育食品，不得订购冷荤凉菜食品、按订餐要求严把验收关；麦德龙内部的储存卫生要求为场所，设备保持干净，不得存放有毒，有害物品以及个人生活用品、做好先进先出、冷藏冷冻贮存的有温度监测、植物性食品，动物性食品，水产品分类摆放、不得将食品堆积挤压存放、冻（藏）库定期除霜，清洁维修，以确保温度卫生符合要求；原料加工经过的步骤分别是挑拣、解冻、清洗、切配、贮存；烹调加工的卫生要求为烹调前进行仔细检查，不适用腐败变质的原料进行烹调加工、不得使用回收后的食品（包括原辅料）进行烹调加工后再次供应、烧熟煮透，加工时产品中心温度不低于70摄氏度，加工后的成品与半成品，原料药分开存放；在冷菜和生食的加工过程中，其设施卫生、凉菜配置卫生、鲜榨果汁和水果拼盘卫生等均有严格的卫生要求。

3. 麦咨达农产品的追溯体系

成立于2007年的麦咨达，目前已为包括麦德龙在内的国内100余家食品制造企业建立了包括从田地到餐桌的整合生产过程和物流销售体系的可追溯系统。首先，通过麦咨达培训部门对企业进行全面的诊断，提出全面的整改方案并督促企业建立质量管理体系，按照审核、培训、再审核、再培训的原则，结合课堂教学和现场指导，使企业不只是建立质量管理系统，同时使企业能真正的合理的运用管理系统，生产出高质量的安全的产品。其次，通过麦咨达质量保证部门为每个企业建立包括检测报告、评估报告、培训报告、可追溯的产业链信息等完整档案，并根据国际标准每半年对企业进行评估。再次，由麦咨达可追溯系统的心脏可追溯部门对食品制造企业的每一个生产环节进行检验，为每一种产品记录完整真实的信息，并及时将信息传输至全球互联网，确保所有顾客能在任何地点任何时间查询到食品信息。然后，通过市场部门提供从产品包装、门店推广到展示展会的整套支持。最后，借由麦咨达可追溯查询系统为顾客提供从商场终端、互联网络、智能手机查询包括种植、养殖、采收、加工、包装、物流全过程的可追溯信息。

在麦德龙的麦咨达追溯体系中，麦咨达的工作人员可以到农场、加工间、包装过程中，参与整个流程，包括他们的饲料添加记录、疫苗、药品、操作，如义务控制或是生产清洁记录等，还有一些关键控制点，又如 HACCP。同时，还需对农产品的供应商进行审核，麦咨达一年有两次对供应商进行监督检查，就相当于检查他们在日常的执行过程中对培训内容的遵照性、复合性。麦德龙不是对供应商培训完了就行了，还会进行监督、检查，组织第三方的公司对加工流程进行审核。

值得一提的是麦德龙并不直接面对散客，而是凭营业执照办会员卡才能进到商场里购物的会员，借助会员卡建立的客户信息系统数据库，麦德龙可以将可追溯性从最源头的生产商、供应商一直到流通商场，直至消费终端的客户整个产业链环节全都贯穿起来。一旦发生质量问题，或是有产品需要召回，通过客户的数据库可以快速查到哪个客户在什么时候买过什么样的产品，同时还可以通过跟客户联系，把对客户的不良影响降到最低，保护麦德龙的商家声誉。

麦德龙在全球质量体系之下，对供应商有监督和审核，同时麦德龙也是本着和供应商双赢、共赢的角度，不光监督、检查他们，同时对他们进行培训，这样可以帮助供应商和麦德龙共同提高。这既是麦德龙的宗旨，也是市场发展大势所趋，更是农超对接的重要组成部分。

4. 麦德龙追溯体系中存在的问题

尽管麦德龙的可追溯体系在中国处于领先，但仍存在由于供应链的水土不服影响追溯体系实施效率的现实问题。目前，麦德龙还没有可能将国际化的采购系统完整的带到中国，所以在商品开发商为了保证给顾客以低价，不得不开发一些小供应商，因为大的供应商要限制商场的价格，而小供应商又跟不上仓储式商场的发展，尤其是在远距离送货、商品数量和质量的保证、服务方面。也就是说作为麦德龙核心竞争力之一的先进的供应链采购系统在中国并没有得到充分的发挥和体现，因此这也会在一定程度上影响了麦咨达的可追溯体系的行之有效地实施到位。这当然不仅仅是麦德龙可以独立解决的问题，必须随着中国整个农业产业的规模化，产业化水平的提高，供应商整体水平的提高，问题才能得到彻底解决。

第三节　农产品追溯体系实施中存在的问题

从上述的出口贸易效应、国内实施的激励与监管绩效的问卷调查以及典型案例的实地调研分析，均表明农产品追溯体系在中国的农产品实践领域已经普遍实施，经过几年的不断完善，已经在保障农产品质量安全方面起到了明显的作用，但同时也可以看出追溯体系实施的实际绩效仍比较低下，在实际推广运用的实践过程中，无论是外部的监管，还是内部的激励，还是产业链的协同治理方面均存在一些不利于追溯体系有效实施的问题。主要表现在以下几个方面：

一、监管机制存在的问题

中国农产品质量安全监管中存在着广泛的信息不对称问题。激励性规制理论认为，消除规制与被规制机构之间的信息不对称问题，关键在于实现规制者与被规制者之间的激励相容，调节两者之间的利益冲突，使双方的目标尽可能保持一致。

在中国农产品安全监管领域中，一方面，监管者由于种种原因所了解的信息大大少于被监管者，由此会产生高度的信息不对称问题；另一方面，监管者与被监管者由于各自所站的立场不同、目标不同，不同的利益诉求会产生彼此之间的利益冲突。监管者作为委托人，被监管者作为代理人，两者之间的关系是一种经济学意义上的委托—代理关系。所谓激励相容的农产品安全监管，是指监管的制度安排，使被监管者在追求个人利益的同时也能够实现监管者制定的监管目标。举例来说，当监管目标为生产者，主动对问题农产品进行召回时，相应的监管制度安排能够使得农产品出现安全问题后生产者选择召回的得益要大于不召回的得益。强调对被监管者的监管不能仅仅从监管目标出发制定监管措施，而应当参照被监管者的利益，更多地考虑所出台的监管措施是否激励相容，以实现监管者与被监管者在农产品安全目标上的充分融合①。

地方监管机构的监管人员具有双重属性，一方面是监管者对生产者进行监管，另一方面是被监管者受中央的监管，当出现农产品安全事故时监管人员会被纠责。要实现农产品安全监管目标，需通过合理的制度安排满足监管中各行为主体的激励相容约束。而目前的监管体制在信息不对称条件下，不可避免地会产生监管者与被监管者之间的目标冲突，进而引发监管目标和监管体系（政策）激励不相容问题。监管目标让生产者遵守规制章程，但相应监管政策下生产者违规收益更大；监管目标让监管者认真负责地努力监管，但监管者不努力往往收益更大。主要体现在以下几个方面：

（一）监管人员在农产品质量安全上激励不相容

保障消费者农产品安全是农产品安全监管机构的责任。监管机构在

---

① 陈思等. 激励相容：我国食品安全监管的现实选择 [J]. 中国农业大学学报（社会科学版），2010（3）：168 – 175.

农产品安全上的监管工作往往应该涵盖三个方面：第一，管理层面的工作内容。以保障消费者农产品安全为目标，制定监督管理的战略、计划等。第二，技术层面的工作内容。在技术上对农产品安全严格把关，依法建立具有针对性的科学的检测项目、检测手段、认真公正的检测。第三，将已发现的危害较大的农产品安全问题信息及时传递给消费者，使其避免于有毒有害物的危害。相较于监管工作职责，中国农产品质量安全监管在实际工作中却存在以下几个方面非常现实的问题：（1）监管成本高。中国分散生产和分散销售的产销结构及小规模大群体的特点决定了质量安全信息量的巨大而复杂，更新快、市场结构分散等特性加大了农产品安全信息获取难度，再加上农产品违规技术不断升级，使得政府监管部门进行农产品安全监管成本过高而显得动力不足。（2）标准与农产品安全问题脱节。中国的农产品标准制定往往偏重于对农产品中可能存在的有害物质进行限制，而无法对不明添加物进行明确的规定，在标准要求的检测指标均合格的情况下，该农产品仍可能为不合格产品。大多数农产品、农产品添加剂的产品标准和检测标准还不适应生产经营和监管工作的实际需要。（3）监管者努力监管的奖励和不努力监管的惩罚不足。公务员薪酬体系决定了监管者实际上因为工作努力而直接得到加薪或晋升以及因为工作不努力受到惩罚的概率均很低，因此造成监管机构和监管人员在农产品安全上往往选择不努力反而收益更大。可见，现阶段中国农产品安全监管的制度安排下，地方监管机构的监管人员选择努力行为的激励不足、激励不相容问题突出。

（二）生产者在农产品安全上激励不相容

在中国监管制度下，监管部门让生产者守规守法，但对其行为的激励不足，甚至有时生产者违规违法收益更大。例如"三聚氰胺"事件，在监管措施下，厂商买到100吨三聚氰胺奶粉，若要全部销毁则无法获得任何补偿，如果不进行销毁，相应的惩罚却不够明确。因此，相对监管部门期望的销毁行为来说，生产者选择一个合适的时期卖出三聚氰胺奶粉行为的期望收益往往更高。另外，在"海南毒豇豆"事件中，在当时的监管措施下，对于农户来说高毒农药效果好成本低并且不难买到，而禁用高毒农药不过是一种口头命令，监管当局没有设立有效的措施调节行为所对应的收益，导致相对于遵守监管章程的行为，违法违规行为往往能够使生产者得到更大的利益。监管机构严令禁止农产品生产经营者在农产品中添加三聚氰胺、吊白块、苏丹红等有毒有害物，但是企业违规添加这些化工原料可以降低成本，使产品在外观上更好看，甚至让消费者更有食欲，吸引不知情的消费者。当监管机构疏于监管时，企业的违法添加行为会获得超额利润并免于处罚，并且占据农产品市场，在竞争中处于优势；而合规的企业由于成本增加导致产品价格提高，并且缺乏与不安全产品的区分，以至于在市场中遇到销售困难而利润变小，处于竞争劣势。在这样的监管制度下，经济理性的生产者会建立起违法违规可以带来更大的利益的预期，更加倾向于采取违规违法添加的行为。

（三）追溯体系激励不相容监管弊端

农产品质量安全追溯体系激励不相容的弊端主要体现在以下三个方面：（1）监管者与生产者之间的博弈。如果不能实现监管者在农产品安全监管上的激励相容，无论将农产品安全监管交付哪一个部门，无论是多部门监管还是单部门监管，无论是分段监管还是品种监管，往往都无法改变当前监管者不努力监管的现状，农产品安全博弈的结果往往是均衡（监管者不努力，生产者违规），农产品安全水平难有提高。（2）生产者之间的博弈。在农产品市场缺乏透明度且监管者缺乏有效监管激励，且对生产者采取不努力的宽容态度时，农产品市场中将会出现生产者同时违规经营的情况。无论监管机构设定了多少规范和标准，规范和标准多么健全和科学，如果不能改变生产者的激励不相容，这些规范往往都不会在生产者身上得到实施，经济理性的生产者仍会同时选择违规，囚徒困境带来的农产品较为普遍的不安全将会发生，三聚氰胺这样系统性农产品安全问题事件将会不断重演。（3）激励不柜容监管的弊端。存在信息不对称和利益冲突的条件下，激励不相容的监管往往相当于向所有的被监管者发出一个明确的预期，即违规、违背监管主体期望的行动可以带来更大的利益，而守法、选择监管主体期望的行动则会处于竞争劣势。这种规制方式弱化了监管人员和生产者选择有利于农产品安全行为和遵守政府政策法规的积极性和主动性。如果生产者产生违法违规可以带来更大的利益的预期，那么先违规的生产者就可以获得先行者优势。随着违规者的增加，不违规者所获收益持续减少，不违规者也可能转入违规操作，加入到违法生产经营的行列中。在信息不对称存在利益冲突的情况下，无论采用什么技术设备，如何加大人力、物力、财力，若不改变激励不相容的监管方式，中国农产品安全水平就难以提高，系统性农产品安全事件仍会不断发生。

二、激励机制存在的问题

农产品追溯体系要行之有效的实施，供应链上各个相关利益人的行为意愿取向是非常关键的因素。如果农产品供应链上各个节点的企业和农户都受到足够的激励，那么对他们而言，实施追溯体系就可以变成是自愿的行为。从前面的分析可以看出，对于中国农产品供应链上各个节点的农户和企业而言，显然受到的激励不够，或者存在激励不相容的问题，致使实施追溯体系的动力也明显不够。

（一）追溯体系的激励机制

对于农产品供应链而言，追溯系统可以为企业创造租金，提高企业使用系统的积极性。供应链中占支配地位的经营者是直接面对质量检测的主体，所以它也是使用可追溯系统的积极推动者。对于生产者来说，可追溯系统可用于控制意外事故，方便企业进行物流管理，同时也减少了由于重复检测产生的成本。在市场或是政府对质量要求的压力下，供应链内部出现可追溯系统的概率增大，所以企业出现对可追溯系统的需求是对外部市场或者政府监管压力的反映。

可追溯系统是一套有效的控制质量安全和提高效率的管理工具，它提升了信息的依赖度、供应链各个环节的效率并加强了农产品安全性的控制，相对来说纵向协作紧密的供应链形式中，追溯系统的使用可以形成最优的处罚机制，企业与农户以至于企业与消费者之间的关系变成了重复博弈，一旦出现质量问题，可以追溯到出现问题的责任主体。整合自身的人力资源、物流管理和财务管理，同时结合自身独特的经营模式建立起来的追溯体系是通过创造租金来实现激励的，主要包括四个方面：第一，使用可追溯系统有效地对企业的物流、财务、人力资源进行管理整合，甚至在某一方面代替企业其他管理系统的开发与使用，节约企业生产经营成本。第二，通过可追溯技术的使用给予消费者质量的保证，传递出高质量的品牌信号价值，提高企业市场竞争力。第三，可追溯功能的实现虽然在短期内可能提高企业的成本，但是长期来说产生了专用性投资，企业不可能随时进入或退出市场，所以必须为农户提供专业技术支持，监督农药化肥等的使用操作，保证蔬菜质量，以保证自己的投资。同时固定关系可以简化标识，减少执行成本更高效地编码管理和包装物的重复利用，降低了对农户的监督费用（协调成本）。第四，通过可追溯系统，利用农产品的身份标识审核有效性，即使交易双方完成了商品的买卖，仍有一部分产权也就是质量安全属性并没有完全转让出去，也就是在某种意义上交易并没有完成。只有当商品在通过政府质检部门检测的前提下，消费者在使用的一段时间里也没有出现可认定的质量问题时，商品的交易才算完成。通过可追溯系统体现了商品交易效率的改进，它保证了交易完成后惩罚机制的有效性和消费者的延迟权利，将质量安全产权界定给适当的责任人，从而改变了生产者的预期，保证了产品的质量也免去了供应链中各个环节检测带来的检测成本和等待时间①。企业通过先交货后付款的形式（延迟权利），可以有效减少测量，将食品安全产权归结给农户，发生食品安全问题可有效地找到责任人。第五，可追溯系统是一个创造租金的制度，可以充分与企业的其他系统整合起来用于管理企业的各个方面。他们从自身的信誉以及利益出发，通过某种方式来约束上层供应商或直接生产者的产品质量。出于自身利益的市场激励，企业产生不断改进农产品质量安全的意愿，有动力投资于可追溯系统。从某方面来说，追溯系统越精确，生产者就应该能越有效地识别和解决食品安全问题。

（二）追溯体系的激励不相容

在中国农产品市场上，农产品现有的种养殖户、加工和运销企业普遍是一种相对松散的、临时性的上下游供应链关系，它们之间农产品质量安全信息不全面和不对称，政府对农产品企业或农产品产业链下游企业对上游企业的农产品质量安全性的检查、监控和信息收集成本过高，时间过长，农产品质量安全档案不完善，安全责任的可追溯性差，虽然有食品质量安全的强制性规制，但这种强制效力对产业链下游企业的压力不能有效沿着产业链向上传递给上游的企业或种养殖户，从而使得上游企业或种养殖户在农产品质量安全性问题上产生机会主义。中国农产品基本上是由分散的小农户进行农产品的生产和初级加工，而由资本实力雄厚的大型涉农企业从事农产品的深加工和流通。在一个不够完善的市场机制下，如果单纯地依靠"看不见的手"进行社会分工与合作的协调，必然会出现大资本对小农户的利益挤占现象，如果小农户的利益受到大资本的过度侵占，农产品供应链上的不同利益人之间就会出现激励不相容，那么，在农产品的最基本环节——生产环节的质量安全将难有保障。而这种利益侵占还会进一步加剧小农户在资本市场中的弱势地

---

① 李春艳，周德翼. 可追溯系统在农产品供应链中的运作机制分析［J］. 湖北农业科学，2010（4）：1004－1007.

位。从整个社会发展来看，如果强势过强，弱势过弱，必然会引发更为严重的信誉危机，进一步影响农产品的供给质量安全。

农产品供应链实质上也是一条增值链，对于不同的经营主体，增值的方式和幅度也不同。如图 4 - 5 所示，在农产品的供应链中，如果没有通过某种制度设计或者其他力量的介入来加以规制的话，那么处于生产源头和弱势地位的农户只能获得生产价格 V，其中包含生产成本和生产利润；而批发商、收购商和零售商在生产价格 V 的基础上还要分别加上流通成本、加工成本和自己的风险溢价；供应链的增加值也只包括供应链主体各自的成本和自己在价格上的加成 A_1、A_2，从整个农产品供应链的视角看，其价值并没有提高。农产品供应链整体增值幅度是（P - V），即消费者愿意支付的价格和农产品生产者生产成本之差。

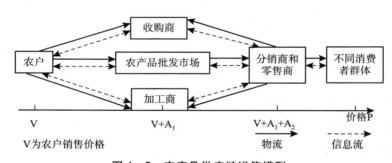

图 4 - 5　农产品供应链增值模型

资料来源：引自邓俊森. 农产品供应链价值增值制约因素分析——基于农户信息共享视角的探讨［J］. 农村经济，2009（5）：42 - 45.

消费者支付价格的高低与农产品的质量密切相关，即 P 随着农产品质量的提高而增加（P 为农产品质量的增函数），而有关农产品的质量信息对于消费者来说，是其从零售商那里获得信息的唯一渠道，因此，质量信息的不对称制约了消费者对产品价格的提高，从而制约了农产品供应链的增值幅度；此外，消费者需求也是制约消费者支付价格的重要因素。消费者需求信息包括品种、特色、安全程度等，这些信息对于农户来说并不充分，从农产品供应链整体来说，消费者对农产品质量安全的需求与实施追溯体系的优质农产品的高价支付意愿的信息都不能及时反馈到生产者，生产者无法得到来自供应链消费终端的价格激励①。供应链内的所有利益相关者都会以自己的利益最大化来指导自己的行为，当农产品供应链生产源头的农户或小企业与流通环节和销售终端环节的经营者的利益不一致，甚至是严重冲突的时候，就会出现农产品供应链的激励不相容，则农产品质量安全的终极目标难以得到保证。

中国农产品市场交易主体大都是分散的小规模收购商，其与农户的交易是分散和不确定的，交易的随机性和分散性使收购商没有向农户提供市场信息的激励因素，也在一定程度上制约了农户信息的共享。在中国农户与分散的交易主体进行信息交换的过程中，由于缺乏契约和制度性约束，信息的交换双方都容易发生"道德风险"和"逆向选择"行为。在此情况下，共享信息的准确性会受到影响，信息的正效应产生扭曲，农户和供应链其他主体利益就会受损，农产品的整体成本就会上升而农产品供应链的增值幅度就会降低；而农户通过一定的契约或制度结构组织起来，形成农业合作组织或农产品行业协会，农户的个体声誉就转变为集体声誉机制。对于农户来说，由于契约和制度的作用，其有激励提供准确的信息；对于农户外部的信息提供者和需求者，由于组织的集体惩罚所在和其区域垄断性，也使其有激励向农户提供准确的信息。另外，通过信息反馈机制，使农业合作组织对信息需求内容和信息量有更深刻的了解，且通过组织内专业人士的设计和规划，一方面，按照客户对农户信息的需求进行信息设计，并反馈给农户以激励其按照客户信息需求来提供相关信息，使得农户能因为提供优质的农产品而得到高价的激励；另一方面，根据农户对外部信息的需求，农业合作组织或农产品行业协会应通过与外部供给方的协调，来满足农户的信息需求，激励消费者愿意为合意的产品提供高价。这样，为减少机会主义的发生和降

---

① 雷娜，赵邦宏等．农户对农业信息的支付意愿及影响因素分析［J］农业技术经济，2007（3）．

低交易成本，建立激励相容的供应链一体化组织结构，通过下游和上游企业或种养殖户之间建立目标一致、利益一致的更为紧密的协作关系以使农产品质量安全信息在产业链上的传递更为容易，从而保障农产品追溯体系的有效实施。

（三）追溯体系激励运作的动力机制

农产品追溯体系有效保障农产品质量安全的微观主体是生产者，微观主体是否愿意通过自我控制来保障追溯体系的实施从而保证农产品的质量就成为问题的根本。高质量的农产品必然伴随着较高的成本投入，由于信息不对称，消费者的"逆向选择"行为可能导致"囚徒困境"问题，使得市场中高品质的生产者受到惩罚，解决这一问题必须有一种信号显示机制。一方面，能通过供应链追溯体系的信息平台让消费者能以较低的信息成本识别农产品的质量；另一方面，又能借助追溯体系信息平台的信号机制产生足够的"准租金"，激励农产品生产者愿意为"准租金"而进行自我监控和自我约束。农产品追溯体系中的各农户（合作组织）、加工企业、物流中心、零售商等各利益主体都不可能经营农产品从生产、加工、检验、运输、销售等的所有业务，只有各个节点协同运作，才能共同增强追溯体系各利益主体的实力。一方面需要相互适应并努力调整各自的行为，通过增进了解、信任、目标和利益融合，直至达成默契，减少内部摩擦和共生阻力，并采取一致的安全农产品生产行为；另一方面需要双方积极主动适应市场对安全农产品的需求、追溯体系对农产品质量安全问题的严格治理、农产品供应链竞争日趋激烈等共生环境的变化，相互配合，共同确保农产品供应链质量安全。

这种内生型的激励机制具有"一损俱损，一荣俱荣"的连带效应，围绕质量安全进行的全员参与、全过程、全方位的合作，它的运作动因主要来自于以下几个方面：（1）降低追溯体系总成本。农产品追溯体系各利益主体的协同运作，可以节省寻找成本、谈判成本等交易成本，且追溯体系各利益主体内成员的互动较为容易，可形成信息传达迅速的经济性。（2）获取更高的追溯利润。农产品追溯体系各利益主体的每一个层次都试图使自身的利益最大化，但这是以损害其他层次为代价的，这并不能给追溯体系各利益主体带来利益最大化。只有当追溯体系各利益主体协同运作并制定合理的利益分享计划时，追溯体系各利益主体的剩余才有可能增加。（3）形成规模效应。中国家庭联产承包责任制的土地制度决定了农产品生产者的基本单位是农户，规模较小，目前甚至还存在农户—消费者的供应模式，相互之间的合作关系非常不稳定，直接影响生产者的规模。若有加工企业、批发商等介入形成农产品追溯体系各利益主体，以契约的形式解决农产品的销路问题，则可以形成稳定的追溯体系各利益主体，形成规模效应。（4）产生更大的竞争优势。农产品追溯体系各利益主体协同运作，生产环节统一生产标准，加工环节规范加工标准以及配送和销售过程符合现代物流要求的技术标准，都有助于更好地控制农产品的质量安全。追溯体系使得经营者对农产品各环节的质量安全信息的知情转化为市场上企业对消费者的某种形式的承诺，从而把质量安全变成一种竞争优势的来源。

作为农产品种养殖户或企业，需要取得竞争优势，实现利润最大化，这是产生需要的内在激励。国家或交易对方国有关农产品质量安全方面的强制性追溯规制就成为这种外部刺激，它们将对农产品种养殖户或企业实行农产品质量安全行为产生强制性压力。如果检查科学，监控严格，质量安全信息全面完整，传递迅速，农产品种养殖户或企业的质量安全行为就会容易地为监管部门或消费者知情而成为一种竞争优势的来源（引力），反之，他们的非质量安全性行为也会很快被监管部门或消费者知晓而丧失竞争优势，阻碍利润最大化的实现（压力）。农产品追溯体系所要求的质量安全行为可以成为竞争优势的一种来源或者反之就使其遭受惩罚式损失。如果做到了这一点，压力或引力就有了，这种压力或引力的外部刺激就使得农产品种养殖户或企业将获得竞争优势、实现利润最大化的意向定向在农产品质量安全上，消除它们不进行质量安全行为的机会主义倾向。

三、产业链机制存在的问题

产业链是产业经济学中的一个概念，是各个产业部门之间基于一定的技术经济关联。它是一个包含价值链、供需链和空间链四个维度的概念。当前，在农产品追溯体系的实施建设之中，在农业产业链内部缺乏协同机制以及有效的内部治理机制等问题。

（一）农产品追溯体系的产业链内缺乏协同机制

中国农产品追溯体系所依赖的产业链缺乏足够的协同，具体体现在：一是在农产品追溯体系中的单一产业链内部缺乏上下游之间的纵向协同。也就是说在农产品追溯体系中的企业未能通过产权渗透或者管理渗透集成产业链内的上下游各个环节的自愿，特别是忽略了对于种养源头自愿的整合，以及在源头建立生产种养基地；二是多个产业链之间缺乏相互的协同效应，即企业未能将农产品追溯体系全产业链中的各种有形和无形的资源充分利用，从而通过范围经济获得经营多种产品和服务的权利，最终使得企业的总的经营成本无法下降，也就降低了企业参与农产品追溯体系的积极性；三是缺乏产业链的环向协同效应。在全产业链形成的纵向和横向交叉的网络内，各个交叉的节点通过复杂的技术经济联系往往又会形成不同的"环"，不同产业链中不同环节之间可以实现环向协同效应①，因此缺乏各个节点之间的技术经济联系，无法形成环向的协同也是农产品产业链的协同机制存在的比较重要的问题；四是缺乏综合协同效应。目前的农产品产业链追溯体系还无法在企业文化、服务、品牌、信息系统、物流运作、风险管理、财务资源等方面取得整体性的综合协同效应。

---

① 许益亮. 农产品全产业链运行模式研究［J］. 经济论丛，2013（1）：88-94.

（二）农产品追溯体系产业链缺乏内部治理机制

当前中国的农产品追溯体系的产业链内部由于缺乏具体的内部治理机制，存在一系列的问题。产业组织零散化、低度协调性加剧了产业组织之间的信息不对称和市场失灵现象，引致农产品企业对主动实施可追溯体系的"偷懒"、"公地悲剧"等机会主义行为：第一，追溯体系作为一种特殊的技术和制度化的专用性资产投入对成员企业而言是存在差异的，当产业链治理缺乏合理的租金分享和价值补偿机制，必然导致成员企业对实施农产品追溯体系缺乏组织内生的激励和约束。第二，追溯体系技术上要求供应链全覆盖，需要农产品生产流与信息流叠加和一体化流动，但是，数量多、规模小的小农产业组织模式，由于组织形态的随机和离散性，导致委托—代理费用高、边界成本高、规模不经济等，增加了追溯体系运行成本，降低了实施收益，个别企业则由于实施追溯体系可能带来的收益与投入不匹配而"缺位"。第三，零散的、小规模的产业组织之间主要以市场交易或者弱社会联系为联结纽带，而成员企业对未来的预期不稳定和对短期利益的偏好，增大了农产品可追溯行为选择的随意性和短期性。

基于上述农产品追溯体系与产业组织协同关系的内生逻辑，对于农产品追溯体系中存在的问题，其关键的内生变量是产业链协同的特征，而非外生的政府和消费者监督，只有通过产业组织整合、优化和创新形成的农产品产业链协同机制，才能促进中国农产品追溯体系高效率运行，并反过来推动农产品产业组织现代化。当前，优化和创新农产品可追溯体系运行机制面临着迫切的实践需要。

| 第五章 |

国外案例分析及经验借鉴

　　国外对于追溯体系的建设开始较早，发达国家实施的 HACCP、GMP 及 ISO 9000 等质量监管体系都注重于控制产品加工过程中的安全问题，而对于流通领域中可能发生的安全风险却无法进行有效的控制。质量安全可追溯体系的实施弥补了这一不足，实现了从农场到餐桌的全程质量控制。从 20 世纪 90 年代开始，许多国家和地区已经开始应用可追溯体系进行农产品的质量管理，并逐渐从单一的牛肉制品向蔬菜粮食领域渗透、从仅针对出口领域向整个农产品市场扩展。

第一节　国外案例分析

　　通过对日本、美国、欧盟以及荷兰这些农产品质量安全追溯体系发展比较完善的发达国家从各个方面进行详细的分析，可以为中国农产品领域的质量安全追溯体系的高效实施提供较好的案例经验。

一、日本农产品质量安全追溯监管体系

（一）相关法律日臻完善

根据不同社会时期出现的新问题，日本不断修改和完善相应的法律

法规。《食品卫生法》和《食品安全基本法》是日本保障农产品质量安全的两大基本法律。1947 年颁布的《食品卫生法》经过多次修订，在2003 年制定并开始实施《食品安全基本法》，表明日本政府要建立一套保证农产品"从田间到餐桌"全过程的农产品质量安全控制系统。从2003 年起，日本将可安全追溯体系通过分销途径延伸到消费者环节。除此之外，日本农产品质量安全管理的主要法律依据还有《农产品卫生法》、《农药管理法》、《植物防疫法》、《家畜传染病预防法》、《转基因农产品标识法》、《屠宰场法》等①。此外，日本还制定了大量的相关配套规章，为制定和实施标准、检验检测等活动奠定法律依据。

（二） 农产品质量安全追溯实施的范围逐渐扩大

2001 年，日本农林水产省决定建设牛的追溯体系，要求肉牛业实施强制性的可追溯制度。2002 年，推广到全国的猪肉、鸡肉等肉食产业，牡蛎等水产养殖产业和蔬菜产业②。2004 年年底，牛肉来源的追溯成为可能。2005 年年底，对进入日本市场的所有农产品要进行"身份"认证。

（三） 多方协同制衡的农产品品质

2003 年，日本出台《食品安全基本法》，并成立隶属内阁府的农产品质量安全委员会，开始新的农产品质量安全行政，形成农林水产省、厚生劳动省和农产品安全委员会三方协同制衡的农产品质量安全监管体系，分别负责农产品的安全性和质量、农产品的流通安全以及对农产品质量安全进行独立风险评估，审议和监督相关政策的执行情况。另外，在全国各地还设有为数不少的派出机构③。

---

① 孙抗生. 日本的食品安全监管体系与制度 [J]. 农业经济，2006（6）：50 - 51.
② 于维军. 建立质量安全追溯制度提升我国农畜产品国际竞争力 [J]. 动物科学与动物医学，2004（9）：47.
③ 高峰. 发达国家如何保证食品安全 [J]. 科学生活，2008（8）：36 - 37.

在日本，中央和地方政府都有责任对进口农产品进行质量安全检查，中央政府主要负责在口岸对进口产品实施检查，地方政府则负责对国内市场上销售的进口农产品进行检查。在进口农产品把关方面，可视情况采取 3 个不同级别的进口管理措施，即例行监测、指令性检验、全面禁令①。

二、欧盟农产品质量安全追溯监管体系

（一）严格完善的立法保障机制

欧盟是最早开展农产品质量安全追溯体系的地区。1997 年为应对疯牛病事件，欧盟开始建立农产品质量安全追溯体系。欧盟为统一并协调内部农产品质量安全监管体系，20 世纪 80 年代以来先后制定 20 多部农产品质量安全方面的法律、法规，形成比较完整的法律、法规体系。特别是从 2000 年颁布的《食品安全白皮书》到 2002 年生效的《食品基本法》，《食品安全白皮书》首次把"从田间到餐桌"的全过程管理原则纳入卫生政策，强调农产品生产者对农产品质量安全所负的责任，并引进危害分析及关键控制点（HACCP）体系，要求所有的农产品和农产品成分具有可追溯性。《食品基本法》规定了食品安全法规的基本原则和要求及与食品质量安全有关的事项和程序。要求从 2005 年 1 月 1 日起，凡是在欧盟国家销售的农产品必须具备可追溯功能，否则不允许上市销售，不具备可追溯性的农产品禁止进口。2006 年，欧盟实施新的《欧盟食品及饲料安全管理法规》，该法规涵盖了"从田间到餐桌"的整个食物链，实现了从初级原料、生产加工环节、终端上市产品到售后质量安全反馈的无缝隙衔接，对食品添加剂、动物饲料、植物卫生、食品链

---

① 林雪玲，叶科泰. 日本食品安全法规及食品标签标准浅析 [J]. 世界标准化与质量管理，2006（2）：58 - 61.

污染和动物卫生等易发生质量安全问题的薄弱环节都进行了重点规定。

（二）统一的农产品安全危机应急机制

为对农产品质量安全进行统一监管，欧盟于 2002 年成立了独立行使职能的欧洲农产品安全管理局，欧洲农产品安全管理局是欧盟的直属机构，下设管理委员会、9 个风险评估小组、6 个专门的科学小组以及信息发布机关等，经费完全由欧盟预算提供，从而在源头上保证了农产品质量安全监督的公正与透明。

欧洲农产品安全管理局只监督整条食物链，负责对"从田间到餐桌"全过程的农产品质量安全监控，是一个连接欧盟委员会、欧洲农产品安全管理局以及各成员国农产品与饲料安全主管机构的网络系统。在欧洲农产品安全管理局的督导下，一些欧盟成员国也对原有的监管体系进行了调整，将各自国家的农产品安全监管集中到一个主要部门。欧盟每一个成员国需提出本国详细的农产品质量安全控制计划，实施自查，同时制定紧急预案。当欧盟的任何一个部分出现问题时，信息可通过快速预警系统在几分钟内通报到欧盟的各成员国。成员国得到信息后，就会迅速销毁或强制召回问题产品。在实施可追溯原则的情况下，一旦发生问题，可迅速找出问题所在，确定原因，制定解决办法。强制性召回是欧盟农产品法中关键的部分，如果没有可追溯机制，强制召回就无从谈起。

（三）可全程监控的农产品追溯体系

欧盟农产品质量安全追溯体系的最大特点在于要求所有的农产品生产经营者都必须建立可追溯体系，并将该项规定纳入到法律框架下，强制执行。简而言之，就是"从田间到餐桌"进行全程监控。监管机关如发现存在农产品质量安全问题，可以通过电脑记录很快查到农产品的来源。在可追溯体系的标识上，欧盟可追溯性法规虽未强制要求第三国出口商配合执行，但输入欧盟的进口产品须落实相关规定，为避免重新加贴标识的困扰，欧盟进口商将要求出口商配合实施欧盟统一标识，追溯的产品与流程标准依据欧盟规定的农产品质量安全标准。

三、美国农产品质量安全追溯监管体系

美国农产品质量安全追溯体系的建设主要是出于企业自愿，而政府在其中主要起到引导和促进作用。2002 年，美国国会通过了《公共健康安全与生物恐怖应对法》，提出实施"从农田到餐桌"的风险管理，要求企业建立产品可追溯体系。并规定自 2003 年起，输美生鲜产品必须提供能在 4 小时之内回溯的产品档案信息，否则美方有权进行就地销毁。2003 年 5 月美国 FDA 公布了《农产品安全跟踪条例》，要求所有涉及农产品运输、配送和进口的企业要建立并且保全农产品流通过程中的全部信息记录，并对企业实施追溯体系的具体期限做了规定，大企业须在 1 年内建立可追溯体系，中小型企业在 18 个月内完成，而小微型企业则最迟在 2 年内完成追溯体系的建设①。

（一）集中、高效、针对性强的农产品质量安全监管体系

美国农产品质量安全监管体系主要由多个政府部门和其他民间机构组成，这些部门和机构在制定农产品质量安全标准、实施农产品质量安全监管、进行农产品质量安全教育等方面各司其职，形成了一个对农产品质量安全实行"从田间到餐桌"的全程监管体系。联邦机构对管辖范围内的事务实行从上到下的"一揽子"垂直管理，这种管理方式避免了各环节间的脱漏或重复，防止管理缺位导致一个环节出现问题就影响到整个农产品行业。美国政府还充分利用网络优势为消费者提供食品质量安全信息，帮助公众预防食品质量安全事故。通过联邦政府设立的政府食品质量安全信息网站，消费者可以链接到与农产品质量安全相关的各

---

① 邢文音. 美国农产品质量安全可追溯制度. 世界农业，2006（4）：39 - 41.

个站点，查找到准确、权威并及时更新的信息。

（二）科学、灵活、强有力的农产品质量安全法律保障体系

美国有多部规范企业、团体和个人行为的农产品质量卫生联邦法律法规，这些法律法规提供了农产品质量安全的指导原则和具体操作标准与程序，使农产品质量安全的各环节监管、疾病预防和事故应急反应都有法可依。

在管理法律体系上，美国有关农产品质量安全的法律法规繁多，既有《联邦食品、药物和化妆品法》、《食品质量保护法》和《公共卫生服务法》等综合性法规，也有《联邦肉类检查法》等非常具体的法律。这些法律法规覆盖了所有农产品，为农产品质量安全制定了非常具体的标准以及监管程序。

（三）严厉的处罚和有效的农产品来源追溯体系保障

上有严格监管，下有激烈竞争，若被查出农产品质量安全有问题，生产商或销售商都会受到处罚，且要花巨额费用召回相关农产品①。《2009 年食品安全加强法案》修正加强了食品监管全过程，法案规定，农产品和药物管理局将以更高的频率对企业进行检查，企业面临因检查不合格而失去输美登记资格的风险；首次检查不通过的企业将承担农产品和药物管理局进行复查时的所有费用。企业违反法案受到的处罚更加严厉，规定任何人如果故意违反《食品、药品和化妆品法案》有关"掺杂"和"错误标签"食品的规定，将处 10 年以下监禁，或并处罚款。而民事处罚方面，罚金最多则可达到 750 万美元。此外，法案还包含了原产地标注规定、信息通报制度、农产品追溯制度、食用农产品标准制定等。

---

① 赵荣. 中国食用农产品质量安全追溯体系激励机制研究 [M]. 北京：中国农业出版社，2012. 190 – 191.

四、荷兰农产品质量安全追溯监管体系

荷兰虽然也是欧盟的一个成员国，但荷兰的农业的精细化程度及其农产品质量安全品质不仅在欧盟，甚至在全世界都是数一数二的，荷兰农产品质量安全追溯体系的实施经验值得借鉴。2002 年，荷兰成立了独立的农产品安全权力机构——荷兰食物和非食物权力机构，它负责食物和非食物动物卫生的检测和监测。荷兰的农产品质量安全体系主要由政策制定、政策监督执行和风险分析与管理三部分组成，它的基础是风险分析，包括风险评估（科学建议和信息分析）、风险管理（管理与控制）和风险交流。

（一）统一、协调与相对独立的管理架构提高了农产品追溯体系监管效率

由农业、自然管理和渔业部（简称农业部），健康、卫生、体育部和一些专业协会共同组成的农产品和食品质量安全监管体系涵盖政策制定、政策监督执行和风险分析与管理三个部分，各自独立开展工作。除此之外，独立机构和专业协会在保障农产品质量安全方面也发挥了重大作用。

（二）有效的风险分析降低了农产品追溯体系监管的成本

农产品与食品监管部门需要独立进行风险研究和分析，并将食品安全检测数据在网上公布，提高信息的透明度，及早进行预报和预防。同时还要高度重视对控制者的控制，掌握监控密度，对记录良好的监管对象，减少抽检密度，针对问题进行重点核查，从而降低管理成本，提高工作效率。

（三）　食物链整体控制为追溯体系提供了全程监控和可追溯的基础

荷兰在农产品安全监管中，特别重视和强调食物链监控，通过各种质量控制体系，建立起动物饲料生产者、农产品和食品生产者、食品加工者、销售者和消费者本人的食品质量安全责任的可追溯制度。除国际上通用的 HACCP、GMP、ISO 9000 系列标准、ISO 14000 系列标准和有机农业规程外，荷兰形成了包括饲料质量控制体系（IKBR）、猪肉质量控制体系（IKB）以及奶产品质量控制体系在内的 3 种最具特色而行之有效的食物链整体控制体系。

（四）　生产者的高度组织化促进了农产品质量安全水平与农户经济利益的提高

荷兰农业以家庭式经营为主，生产规模较小，市场竞争力弱，但农户间生产的产品相同或相似。基于这些共同特点，农户自发地组织起来，建立各类互助互惠的经济合作组织，形成荷兰极为著名的农业合作社。农业合作社具有很强的独立性和自主性，不受政府的干预。农民（农户）入社完全出于自愿，一般情况下，农民可以同时参加 3~4 个合作社，以缴纳会费的形式确定与合作社的联盟关系，农民借助群体的力量，获取信息，获得贷款，推销产品，有效保护自己的利益。在荷兰农民收入中，至少 60% 是通过合作社取得的。

第二节　案例总结与经验启示

综上所述，可以看出，日本、美国、欧盟尤其是荷兰这些发达国家的农产品领域均实施了比较到位的追溯体系，既有共性的一面，也存在各自的差异性。通过与中国现行的追溯体系的比较，可以总结出值得中国借鉴的经验。

一、国外追溯体系经验总结

（一）相同点

在农产品质量追溯体系建设方面，发达国家依然走在世界的前面，通过对上面几个代表型国家的分析，可以发现存在以下几个方面的共性：

1. 健全的安全管理体系

在质量安全管理体系方面，发达国家的共性就是以政府为主导或者引导，试行分层管理，农产品的质量安全管理一般都有较为明确的管理主体和分工。

美国当前的农产品质量追溯体系可以比较完善的发展，可以说这与美国政府对于农产品质量安全的高度重视密不可分。因为早在1997年美国总统克林顿亲自拨巨款启动了一项安全计划，1998年成立了总统食品安全委员会，同时把农产品中兽药的残留量列入了判定农产品质量安全性的关键指标之一。具体来讲，美国负责农产品质量安全管理的机构主要有三个：农业部（USDA）、食品和药品管理局（FDA）和国家环境保护署（EPA）。在这三个部门之下又有各自的分管部门。其中，农业部主要是负责肉类和家禽食品的安全，并被授权监督执行联邦食用动物产品安全法规。在农业部之下承担农产品质量安全管理的主要机构有食品安全检验局（FSIS）负责制定并执行国家残留监测计划，肉类及家禽产品质量安全检验和管理，并被授权监督执行联邦食用动物产品安全法规、动植物健康检验局（APHIS）负责对动植物及其产品实施检疫，植物产品出口认证，审批转基因植物和微生物有机体的移动，履行濒危野生动植物国际贸易公约（CITES）、农业市场局（AMS），其中农业市场局的新鲜产品部（FPB）主要负责向全国的承运、商、进口商、加工商、销售商、采购商（包括政府采购机构）以及其他相关的经济利益团体提供检验和分级服务，并收取服务费；颁布指导性材料及美国的分级标准，以确保分级的统一性；食品药品管理局主要负责肉类和家禽产品以外的国内和进口的食品安全，制定畜产品中兽药残留最高限量法规和标准；国家环境保护署的主要职责是负责饮用水、新的杀虫剂及毒物、垃圾等方面的安全管理，制定农药、环境化学物的残留限量和有关法规。在美国，联邦、州以及地方当局在食品安全管理方面，发挥着相互补充、相互依靠的作用。我们可以看到美国这种树状式的分层管理，将质量安全监管的各个方面已经囊括在内。

日本农产品质量的安全管理也采用者这种类似的管理模式。日本的使用农产品质量安全管理主要是由农林水产省（MAFF）、厚生劳动省（MHLW）和食品安全委员会（FSC）来负责的。农林水产省主要负责国内生鲜农产品生产环节的质量安全管理，农业投入品（农药、化肥、饲料、兽药等）产、销、用的监督管理以及进口农产品检疫；厚生劳动省主要负责加工和流通环节农产品质量安全的监督管理，制定农用化学药品和农产品中的残留限量标准，并且对进口的产品进行安全检查；食品安全委员会主要负责的是风险评估。

欧盟设置一个独立的部门负责食品质量的监管，其中的层级关系主要是是欧盟与其成员国的管理体系的分层。在欧盟及各个成员国的食品链中，各项主体（饲料生产者、农民和农产品加工者、各成员国和其他国家的主管当局、委员会、消费者）的任务和责任非常明确：饲料生产者、农民和农产品加工者拥有对食用农产品质量安全最基本的责任；政府通过对国家监督和控制系统来检查和执行其职责；委员会对政府的能力进行评估，运用可利用的先进的科学来发展食品安全措施，通过审查和检验促使国家监督和控制系统达到更高的水平；消费者对食品的妥善保管、处理与烹饪负责。通过这种方式使涵盖了食品链（包括饲料生产、初级生产、农产品加工、贮藏、运输、零售）所有部分的"从田间到餐桌"的政策，能够系统和连贯的履行。

2. 完善的法律法规体系

纵观以上所有的发达国家的质量安全法律法规体系，可以发现这些国家的法律体系相当的完善，它们不仅有宏观性的主法，而且最重要的是每个国家都有针对具体情况的法律，考虑到了与农产品质量安全相关的每一个细节，可以说它们在致力于打造细节法，使得农产品质量安全问题无缝可插。

美国的农产品质量安全法规包括两部分，一部分是必须强制遵守的农产品质量安全方面的技术法规；另外一部分是规定产品或者相关食品加工方法的规则、指南或者特征文件，这一部分是非强制性的农产品质量安全标准。其中，质量安全方面主要的法律有《食品、药品、化妆品法》、《食品质量保护法》、《公共卫生服务法》等，条例层面的法律有《联邦肉类检验法》、《禽产品检验法》、《蛋类产品检验法》、《公平包装和标签法》等，甚至早在 2004 年美国出版的《美国联邦法规法典》中，第 7 篇农业当中有关食用农产品质量安全技术法规 102 项技术法规、第 9 篇动物及动物产品有 47 项、第 21 篇食品与药品有 80 项、第 27 篇酒精、烟草产品和轻武器有 14 项、第 40 篇环境保护有 21 项，截止到 2004 年 1 月，《美国联邦法规法典》共收录食品安全技术法规有 264 个，基本形成一个从大到小、事无巨细的美国法律体系。

日本的法律体系分为法律、法令、政令、省令（公告）、条例和规则 6 个层次。为了加强本国的农产品质量的监管以及食品安全问题，日本制定了十几部和农产品技术以及质量安全有关的法律，其中包括《食品卫生法》、《食品安全基本法》、《农林产品的标准及质量标识法》，还有以这些法为基础的各个部门制定的相关的省令、通告等。截止到 2005 年 3 月，日本总共制定了 327 项食品安全技术法规。

欧盟在农产品质量安全方面的法律法规数量庞大、体系复杂，近年来已经连续制定了 20 多部关于农产品质量安全方面的法规，这些法规的制定可以说是面面俱到，其中有以《欧盟食品安全白皮书》为代表的综合性的法律法规，还有畜产品安全法律法规、饲料安全法律法规、兽药安全法律法规、植物保护法律法规、转基因产品有关法律法规、食品包装环节的法律法规等。

3. 庞大的安全标准体系

美国的农产品标准有三个层次：一是国家标准，由联邦农业部、卫生部和环境保护署等政府机构，以及经联邦政府授权制定。二是行业标准，有民间团体制定。民间组织的标准具有很轻的权威性，不仅在国内享有良好的声誉，而且在国际上被广为采用。三是农场主和贸易商制定的企业操作规范，相当于中国的企业标准。截至 2005 年 5 月，美国在食用农产品质量安全方面的标准多达 660 余项，这些标准主要是检验检测方法标准和肉类、水果、乳制品等产品的质量分等级分标准 2 大类。这些标准分别有行业协会制定的标准、标准化技术委员会制定的标准、农业部农业技术服务局制定的农产品分等分级标准，不同的标准对于农产品安全等级的划分不同，单单是农业部农业技术服务局制定的农产品分等分级标准中农产品质量分级标准就有 360 个，其中新鲜果蔬分级标准 158 个，涉及新鲜果蔬、加工用果蔬和其他产品等 85 种农产品；加工的果蔬及其产品分级标准 154 个，分为罐装果蔬、冷冻果蔬、干制和脱水产品、糖类产品和其他产品五大类；乳制品分级标准 17 个；蛋类产品分级标准 3 个；畜产品分级标准 10 个，18 个粮食和豆类分级。

日本的农业标准体系也分为国家标准、行业标准和企业标准 3 个层次。国家标准即 JAS 标准，以农产品、林产品、畜产品、水产品及其加工制品和油脂为主要对象。行业标准多有行业团体、专业协会和社团组织制定，主要是作为国家标准的补充或者技术储备。企业标准是由各株式会社制定的操作规程或技术标准。日本农林水产省制定的强制性技术法规有 15 部，农产品品质规格标准有 500 多个。

欧盟的标准体系分为两个层次：一是欧盟指令。二是包含具体技术内容的可自愿选择的技术标准。凡涉及产品安全、职业安全、人体健康、消费者权益保护的标准，通常以指令的形式发布。技术性强的规定或规范多以标准形式发布。目前，欧盟拥有技术标准 10 万多个，其中涉及农产品的约占 1/4。在农产品农药残留限量控制方面，欧盟已制定农药残留限量标准 17 000 多项。

4. 先进的安全检测体系

美国根据农产品市场准入和市场监管的需要，建有分农产品品种的全国性专业机构和分区域的农产品质量监测机构；同时，各州也根据需要，建有州级农产品质量监测机构，主要负责农产品生产过程中的质量安全和产地质量安全。美国的检测检验体系还负责对食品的风险评估、风险管理和风险通报。

欧盟各个国家根据欧盟及本国的法律法规，对农产品实行严格的市场准入和监管。其中主要措施之一，就是依靠农业行政主管部门，按行政区划和农产品中类型设立的全国性、综合性和专业性检测机构来实施执法监督检验。在丹麦仅农业部授权的农产品质检机构就有 38 个。法国建有完善的质量检测管理和定期预报体系，每年定时、定点取样分析，对农产品进行定点监测和评价。如小麦的取样点达到 36 500 个，分析检测基本样品达 1 150 个。

日本农林水产省建有一个完善的农产品质量安全检测体系，以农林水产消费技术服务标准为依托，负责农产品的监测、鉴定和评估，以及各级政府委托的市场准入和市场监督检验工作。

（二）差异性

虽然日本、美国以及欧盟等发达国家在实施农产品质量安全追溯体系方面存在一些共性，但由于各国及地区之间存在一些产业规模、产业结构以及法律规章等方面的实际情况不同，因而也表现出了一些差异性：

1. 管理体系

在管理模式方面，美国的独特性在于它是分产品类别多部门管理，也就是由食品药品管理局、食用农产品质量安全与检验局和动植物卫生检验局，以及环境保护局来共同负责美国的食品质量安全问题。其中，食用农产品质量安全与检验局所属的农业部主要负责肉类、家禽和蛋类加工产品的监管，包括含有肉、家禽和蛋成分超过 3% 的食品；食品药品管理局主要负责除肉、家禽和蛋类外的食品、瓶装水、酒精含量低于7％的葡萄酒饮料的生产、加工、销售乃至进口环节的监管；而国家环保局在主要监管的是日常的饮用水。在美国联邦当局和各个地方政府的相互协同，以及这些部门的负责下，美国的农产品质量安全管理体系高效的持续运行着。美国的这种模式的好处在于，它可以将具体的责任落实到相关的部门，充分发挥各个部门的作用。

与美国的多部门协同管理不同，欧盟成立一个独立的食用农产品的质量安全管理机构：欧盟食品安全管理局（FSA）。欧盟食品安全管理局在食用农产品质量安全方面具有最高权力，对欧盟内部的所有与食用农产品质量安全相关的事宜进行统一的管理。在欧盟的激励和监督之下，一些欧盟成员国也相继将各自国家食用农产品质量安全管理集中到一个部门，如德国于2001将所有的农产品质量安全管理方面的职能整合到了消费者保护、食品和农业部；丹麦通过合并改革整合成立食品和农业渔业部；法国设立了食用农产品质量安全评价中心；荷兰成立了国家食品局；英国在1999年11月的议会上通过了《1999年食品标准法》，设立了食品标准局作为独立的食品安全监管机构。总之，欧盟这些成员国为了控制、规避风险都选择了设立一个独立的食用农产品质量安全监督机构，这种模式的好处就在于，它可以对农产品生产、加工、流通、贸易和消费的整个环节进行统一的监管，彻底解决部门之间分割与不协调的问题，同时也有助于统一食品标准，在食物链的所有环节统一采用监控措施。

日本的特点在于它是分环节的多部门管理，也就是说日本是按照分段式的模式来对农产品的质量安全进行管理的，即按照食品的生产、加工、销售等环节来划分和界定相关的政府部门的职责。具体而言，日本的农林水产省来负责国内生鲜农产品生产环节的质量安全管理；厚生劳动省主要负责加工和流通环节农产品质量安全的监督管理。日本在2003年7月对该体系进行了完善，增加了食用农产品质量安全委员会，其主要指责是对风险评估的结果进行分析，为农林水产省和厚生劳动省提供合理的建议和意见，以使这些不同部门之间能更好地协调工作。

2. 法律法规

美国在农产品质量安全方面的法律法规的最大的特点就是以技术法规为主，以标准法为辅。例如，农药、兽药、饲料评价与登记等农业投入品标准、农药与兽药残留限量等安全类标准列入技术法规，由美国政府部门进行制定和管理，而一些产品、生产技术规程等则属于自愿性标准或者行业自律标准，由民间团体或行业协会组织制定。而这种形式使得美国的技术法规标准体系形成了一下一些特点，技术法规的内容重点突出、技术法规与标准紧密结合，相互配合、标准和技术法规分工明确、不同层次不同部门协同合作，构建完善的食用农产品安全技术法规体系；欧盟法规体系的最大的特点在于它的预防性，始终以风险分析为基础，对农产品"从田间到餐桌"的过程进行全程的控制，这种模式是他的法律法规表现出来的特点为技术法规与标准分工明确，而且相互协调配合、技术法规和标准体系严密，具体技术法规详细；而日本的法规体系的特点在于它的合二为一，即日本的法规是将技术法规与标准合二为一，这种做法的好处就在于，它可以保证有关食用农产品质量安全的相关政策可以有效地实施，并且也便于法规及时的修订。

3. 标准体系

在质量安全标准体系方面美国的两大特点是自愿性和分散性。目前，美国全国大约有 93 000 个标准，大约有 700 个机构在制定各自的标准。这些机构包括美国官方分析化学师协会、美国试验与材料协会、美国国家标准学会、美国卫生工程协会等；日本的农林产品质量标准，包括农林产品质量标准和农林产品质量标识标准，而农林产品质量标准除了有质量标准之外，还包括相应的生产加工方法标准。日本的食品安全标准全部包括在农林产品质量标准体系中，这是其最大的特点；在质量标准方面，欧盟制定的食用农产品质量安全标准目前主要以个整有毒有害物质的测定方法标准为主，这一点是与欧盟在食用农产品质量安全法规中对于风险的预防特点相对应的。

4. 检测体系

在检测体系方面，虽然美国、欧盟、日本采用的都是多部门或者多系统的检测模式，但是应用到每个具体的国家，它们各自还是有一定的区别的。其中，美国是按照部门的管辖的产品范围由多部门进行检测；日本的食用农产品的质量安全检测体系和管理体系相同，都是由农林水产省和厚生劳动省来负责的，其中农林水产省负责国内农产品的质量安全检测，厚生劳动省负责进口农产品检验检测；欧盟内部由于所属的成员国比较多，所以每个成员国根据自身的情况不同，所采取的检测体系也有所不同。例如，德国的多机构检测模式是由不同分级别的不同机构组成，而在荷兰，国家肉类及家畜检疫局承担了大量食用农产品质量安全检验工作。

二、国内外追溯体系比较

（一）中国追溯体系的特征

随着中国主要农产品贸易伙伴国对本国农产品生产实施可追溯体系，并对进口农产品提出可追溯要求，农产品质量安全可追溯体系也逐渐被引入到中国的农产品行业。通过对中国可追溯体系制度层面和实践层面的分析，可以发现存在着以下几个明显的特征：（1）可追溯体系从仅在出口领域实施向国内销售领域发展。国际市场对进口农产品的可追溯要求通过市场倒逼机制，迫使农产品出口国必须建设可追溯体系并强化农产品源头质量控制。中国可追溯体系建设的最初目的就是为了突破国际市场的准入限制；（2）覆盖产品范围从蔬菜牛肉产品向所有农产品扩大。牛肉猪肉等禽肉类产品、水产品是最早具备可追溯性的农产品。因为禽肉类及水产品相对于其他农产品而言，生产加工环节较少，易于实现生产流通过程的全程可追溯；（3）政府的强制可追溯体系建设重点在流通领域，生产领域的企业以自愿实施为主。由商务部主导的肉类蔬菜追溯体系的建设主要集中于流通领域，而对生产领域的企业补贴相对较少。因此，针对高端消费者的大型生产企业为提升产品的附加值会自愿实施农产品质量安全可追溯体系，而多数农产品生产企业则缺乏实施追溯体系的动力。

（二）国外追溯体系的特征

对国外发达国家的追溯体系建设进行分析，可以发现存在诸多的相同点：（1）政府在可追溯体系的建立中都起到了重要的作用。不论是强制性追溯体系下政府的强制作用还是自愿追溯体系下政府的引导促进作用；（2）可追溯体系最早涉及的农产品主要是家畜产品。大部分发达国家首先从牛肉产品开始，再逐渐渗透到蔬菜水果等其他农产品领域中，因为畜产品和蔬菜大部分都为原始农产品或者初级加工品，产业链较短，相对较容易进行追溯；（3）可追溯体系一般从大型生产经营者开始实施。先选择一部分条件比较成熟的企业进行试点，再进行推广。中国的可追溯体系建设参照了国外的部分经验，选择已经发展比较成熟的禽肉及蔬菜作为试点行业，以行业龙头企业为切入点进行可追溯体系的建设；（4）开展可追溯体系的形式各不相同。规模较大的农产品养殖、加工、分销等公司设计并开展各自的可追溯体系；很多较小的公司则采用联合的方式，形成更具有实力的团体，通过在团体内部实施相同的质量安全体系和可追溯体系以弥补小型企业资金不足等缺点；（5）追溯的目标很实际。可追溯体系有效实施的主要动力之一来源于食品法律的强制要求，追溯的主要目标通常是明确企业部署的任务或商业定位，企业中具有不同类别特征的部门对企业应用可追溯性的主动或被动性都有直接影响。例如：把消费者需求作为主要导向的 A 级品牌生产商，他们侧重于增加产品的附加值；而以产业链参与者的要求为导向的供应商，则侧重于降低成本；（6）可追溯体系涉及内容很全面。可追溯系统具体实施步骤、与之对应的产品召回程序、实施可追溯性的利益、费用分析以及可追溯信息可靠性的验证方法等都属于国外可追溯体系的研究内容；（7）消费者支付意愿具有共性。在实施可追溯体系的过程中，国外消费者都表现出一定的可支付意愿。国外研究显示，如果附加关于食品安全和动物福利保证的产品信息，那么对产品的支付意愿更高。

（三）国内外追溯体系差异

由于中国基本国情及分散小农经营的农业生产模式影响，可追溯的建设与国外发达国家之间存在着一定的差异。

第一，建立可追溯体系的激励动机有所不同。欧盟发达国家最初建立农产品质量安全追溯体系的目的是为了应对食源性疾病的传染，追溯疾病根源。美国、日本和加拿大也是在本国发生疯牛病后才引入肉牛的追溯系统。而随着全球农产品贸易规模的扩大，农产品的可追溯逐渐发展为发达国家的市场准入要求，以此来限制农产品的进口，保护本国农业产业的发展。对部分国家而言，尤其是发展中国家，建设追溯体系的最主要动机是为了打破由于可追溯要求造成的贸易壁垒，以促进本国农产品的出口。例如，巴西的农产品可追溯体系仅在出口领域实施；澳大利亚的 NLIS（国家牲畜标识计划）系统实现了畜产品从牧场到屠宰场的全程追踪，使其出口欧盟的畜产品远超过任何其他国家。

中国的农产品可追溯体系建设则源于内外压力的共同作用。欧盟、美国、日本作为中国农产品出口的主要市场，中国的出口农产品是否具有追溯性决定了农产品是否能够顺利进入目标国市场。同时近些年国内频发的农产品质量安全事件更体现了建设可追溯体系的迫切性。可见，中国的农产品可追溯体系建设最初是为了应对农产品出口过程中出现的市场壁垒，而后才逐渐扩展到国内市场中的农产品质量安全控制中。因此，中国的农业企业与国外农业企业相比，建立可追溯体系的内在激励因素并不相同。

第二，可追溯体系监管模式不同。首先，与发达国家相比，中国的农产品安全管理机构繁多，纵向有中央政府和地方各级政府同步推进，横向有农业、质检、工商、药监、商务、科技、信息等部门从分段监管、行业管理、产业发展的职责角度各自展开。基于供应链的农产品质量安全追溯体系基本涉及了所有的监管部门，各部门以分段管理的模式对追溯体系中的部分环节进行管理，如农业部主要职责范围是对农业生产资料、动物流行性疾病进行管理；卫生部主要针对农产品卫生、农产品添加剂等方面进行监管。在这种多层次、多部门各自为政实施的过程中，由于中央与地方、部门与部门之间缺乏沟通与协调，导致在追溯技术标准、管理要求等方面缺乏共识，项目建设上出现重复建设甚至相互掣肘的现象。

而国外发达国家中，农产品质量安全监管通常是由某个主管部门为主，以独立的行业组织或是农产品安全机构为辅来进行监管。国外政府实施可追溯体系的方式主要有两种，一种是以现有的管理机构为基础，通过增加原来部门的职能来负责对农产品可追溯信息进行管理，如美国FDA、欧盟农产品安局等；另一种则是成立单独的新机构或只能用部门来负责专门负责可追溯体系的建设，如加拿大专门设置的产业—政府咨询委员会。国内外在农产品质量安全管理相关法规、质量标准体系等方面都存在着一定的差异。具体如表5－1所示。

表5－1　　　　　中外农产品质量安全管理总体情况比较

	中国	国外
机构与职能	管理机构多，职能分工复杂，交叉性强	以农业主管部门为主体，独立农产品安全机构作用大，分工明确，机构较精简
相关法规	较缺乏，宏观法规规定较多，具体实施规定少	健全，一般对可追溯性有具体的规定
质量标准体系	国际化程度较低，更新速度慢	国际化程度高，更新速度快
支持体系	服务体系较缺乏且利用率不高	技术支持等服务体系健全

第三，消费者认知程度及支付意愿存在较大差异。虽然消费者并不直接参与农产品质量安全可追溯体系的建设，但其行为选择会在很大程度上通过市场机制传递给生产者和政府监管者，对可追溯体系的建设产

生间接的影响。中国消费者与发达国家的消费者相比，消费水平、健康环保意识等方面都还存在着较大的差距。一方面，发达国家的生活水平较高、农产品物资丰富，消费者存在着较大的选择空间，相应地其对于农产品的质量、产地、生产技术等个性化消费需求就会增加；另一方面，发达国家消费者的环保安全意识较强，而农产品的质量安全直接威胁到消费者的健康，因此外国消费者对具有可追溯农产品提供的质量信息具有较强的支付意愿。中国消费者目前的购买力水平相对较低，2011年中国人均 GDP 只及美国的 1/11、日本的 1/10，远低于大部分欧盟国家。国内的农产品消费以初级或低端农产品为主，大部分消费者对可追溯信息的支付意愿较低，因此很难形成"优质优价"的市场机制，在很大程度上影响了企业在追溯体系建设上的积极性。

第四，生产规模及检测设备差异。据悉，目前中国个体从业者占到肉类蔬菜流通市场经营主体的 95%，冷鲜肉、分割包装肉占比不到10%，包装蔬菜份额不足 13%，大部分批发市场没有基本的检测检验和贮藏保鲜设施，多采取传统人工结算交易方式，信息化程度低，从业人员自律意识不强，这些不利因素加大了政府监管的难度，同时也制约着体系的建设发展。大型批发市场，每天有大量生产企业运入大量的散装肉菜，而由于生产企业分散，往往很难做到将所有信息完全录入。据业内人士介绍，目前试点城市中，由于生猪养殖和屠宰的规模化，基本能够做到大量信息录入，而其他蔬菜实际很难实现源头信息录入，而一旦源头信息录入不成功，追溯体统整个建设将无法实现。

三、经验借鉴及启示

（一）经验借鉴

1. 美国

美国是中国农产品出口的第二大市场，又是世界上农产品安全保障体系最完善、监管措施最严厉的国家之一。因此，研究美国农产品质量安全追溯体系监管机制方面的经验对完善中国农产品质量安全追溯体系的监管机制有着非常重要的借鉴意义，并对出口型农产品加工企业开展对美国农产品出口业务有着非常重要的参考价值。美国在保障农产品安全方面有一个十分强大的体系，有遍及全国的农产品安全监管体系、完备的法律法规、应对特殊领域的特殊做法等。

（1）集中、高效、针对性强的农产品安全监管体系是保障农产品安全的关键。美国农产品安全监管体系主要由多个政府部门和其他民间机构组成，这些部门和机构在农产品安全法规和标准规定、农产品安全监管、农产品安全教育等方面各司其职，形成一个对农产品安全实行"从农产到餐桌"的全程监管体系。联邦、州和地方行政部门在邦正农产品安全方面起到互相补充和互相依赖的作用；强有力的、灵活的、以科学为依据的农产品安全法律体系为保障农产品安全提供了法律依据。美国有多部门规范企业、团体和个人行为的农产品卫生联邦法律法规，这些法律提供了农产品安全指导原则和具体操作标准与程序，使农产品质量各环节监督、疾病预防和事故应急反应都有法可依。制定美国农产品安全法规、跳累了和政策的重要原则是以危险性分析为基础，采取切实可行的预防措施；严厉的处罚规定和有效的农产品来源追溯机制，对农产品企业形成有力的威慑。上有严格监管，下有激烈竞争，若被查处农产品安全问题，生产商或销售商都会受到处罚，而且要花巨额费用召回相关农产品。因此，美国近年来发生的农产品安全事故大都是疏忽导致的意外，奸商故意造假、掺毒的行为在美国没有容身之地。

（2）建立适合本国的监管模式。一般而言，美国在农产品安全监管方面采取的按照品种划分的分散型监管模式，是美国结合其自身特点在历史变迁中选择的模式。美国实行以品种监管为主的监管模式，确保对某种具体农产品"从农场到餐桌"全程监管的责任主体得以明确，即由特定的部门负责与该农产品相关的种植、养殖、生产加工、销售、流通、进出口等所有活动的监管，在避免出现监管盲区的同时，又可以减少监管机构的交叉重叠，强化监管的有效性。从 20 世纪 30 年代制定的《联邦登记法》，到 60 年代以后陆续制定的《信息自由法》、《阳光下的政府法》、《联邦咨询委员会法》、《隐私权法》等法律，美国建立了完善的行政公开制度，农产品安全监管机构在法律的约束和公众的监督下行使其监管职权。再加上在美国依法行政过程中，司法审查逐步加强。因此，为了更好地协调美国联邦政府、联邦农产品安全监管机构以及各州之间的农产品安全监管，1998 年，克林顿总统成立了总统农产品安全委员会，承担统一协调之职能。因此，受其政治、文化和经济等背景的影响，美国没有采取集中农产品安全监管的模式①。所以，正如前文所述，近年来，美国统一农产品安全监管的呼声正日益高涨，尽管反对统一农产品安全监管模式的现实考量也非常显著②。

（3）完善农产品安全监管机构的职权配置并确保其独立运行。1906 年美国国会通过《纯净食品和药品法案》，标志着美国食品药品管理局的建立和运行，但是，由于当时的法律主要在于禁止添加任何危及健康的成分③，所以，食品药品管理局并不需要配置多大的权力。1938 年的《食品药品和化妆品法案》则强化了食品药品管理局的权威性。2011 年的《食品安全现代化法案》作为"具有里程碑意义的立法"，"将有助于食品药品管理局获得更多的资源和权力"，授予美国负责大部分农产品与药品安全监管的农产品药品管理局以更大的监管权力，加强其对美国本土农产品以及进口农产品的安全监管，如农产品药品管理局在农产品供应方面拥有广泛的、预防性控制措施，有权立法，对所有不安全农产品有权进行强制召回，扩大农产品药品管理局在农产品产销及使用记

---

① 参见 Joseph A. Levitt. FDA's Foods Program. Food and Drug Law Journal, Vol. 56 (2001): 255.

② 参见 Timothy M. Hammonds. It is Time to Designate a Single Food Safety Agency. Food and Drug Law Journal, Vol. 59 (2004): 427.

③ 参见袁曙宏，张敬礼. 百年 FDA：美国药品监管法律框架. 中国医药科技出版社，2008：345.

录方面的权力等①，从而美国农产品安全监管机构的职权配置进一步合理化，为美国安全农产品的市场供给提供了坚实保障。

（4）完善的法律保障农产品安全监管机构的运行。从 1906 年美国出台的《肉类检验法案》和《纯净食品和药品法案》开始，历经 1938 年的《联邦食品药品和化妆品法案》，美国高度重视农产品安全立法，尤其强调农产品生产加工的过程监管，尽可能地控制农产品安全风险或降低农产品安全风险的发生。而 1947 年的《联邦杀虫剂、杀真菌剂和灭鼠剂法》、1958 年的《食品添加剂修正案》和 1960 年的《色素添加剂修正案》高度关注农产品安全可能受到的危害。1997 年的《食品药品管理现代化法案》推动了美国农产品安全及其监管法律的现代化转变，而 2011 年的《食品安全现代化法案》几乎成就美国七十多年以来农产品安全监管领域最大力度的改革。因此，总体而言，"美国政府已经制定和修订的法律法规涵盖了所有农产品，为农产品安全制订了非常具体的标准以及监管程序"②。

2. 欧盟

欧盟的农产品安全追溯比较成功，一个重要的原因是相关主体的合理分工与密切合作。政府农产品主管部门负责检验检测工作，并管理国家数据库；相关科研机构承担质量追溯相关技术的研究和标准定义以及人员培训等工作；农产品供应链上的个主体负责完成追溯信息的记录和传递工作。

欧盟在农产品安全领域开展了大量的工作，建立了比较完善的农产品安全体系。欧盟农产品质量安全追溯体系的最大特点在于要求所有的农产品生产经营者都必须建立可追溯系统，并将该项规定纳入到法律框架下，强制执行。欧盟农产品质量安全追溯体系对各个环节涉及的各单位和个人都规定了具体的责任制，从而保证了"从田间到餐桌"的农产

---

① 参见涂永前. 美国食品安全法的制度创新. 法制日报，2011 - 3 - 2.
② 腾月. 食品安全规制研究. 吉林大学 2009 年博士学位论文，110.

品安全。另外，欧盟农产品质量安全追溯体系比较成功的一个重要原因是制定了一套完整的农产品安全法规体系、建立了统一的农产品安全管理事务机构、行成了统一农产品安全危机应急处理与预警分析的行动机制、搭建了统一和公开的农产品安全信息发布平台和交流渠道。一些欧洲国家，特别是德国、法国、意大利、奥地利、荷兰、比利时等国家的农产品加工企业大多属于中小型企业，规模不大，却都有自己的一套传统做法。因此，欧盟的一些措施在这类企业中落实起来比较困难。由此制定一套切实可行的管理条例，建立一套完善的卫生监管管理体制，既能维护各国传统饮食文化的多样性，又能保障这些企业加工生产农产品的卫生安全。

（1）欧盟采取了典型的统一型农产品安全监管模式，这与欧盟成立的宗旨是相符的，即建立统一的市场，消除内部的贸易壁垒，而农产品安全则是重要的贸易商品。同时，欧盟的高度统一型农产品安全监管模式在很大程度上与欧盟成员国内部农产品安全监管变革相互促进，即欧盟成员国曾经遭受农产品安全分散监管弊端所带来的农产品安全危机，成员国统一农产品安全监管的努力加速了欧盟通体农产品安全监管的步伐，而欧盟统一农产品安全监管又促进了成员国统一农产品安全监管的进程。比如英国，由于 1996 年英国"疯牛病危机"暴露出英国农产品安全监管的缺陷，疯牛病导致英国国内农产品安全政策的信任危机，英国政府的调查指出危机中的主要因素包括政府缺乏透明性、多个部门之间的农产品安全义务碎片化①。英国政府于 1999 年制定《农产品标准法》，并于 2000 年 4 月 1 日成立独立的农产品标准局（UK Food StAnd-Ards Agency，简称 FSA），接管农业水产和食品部（MAFF）与卫生部（DOH）所承担的农产品安全监管职责，承担从农场到餐桌的农产品安全监管义务，其职权在于保护公众健康所产生的风险的影响，换言之，

---

① 参见 The BSE Inquiry. The Inquiry into BSE and Variant CJD in the United Kingdonm（2000）. Vol. 1，pp. 226 - 248，http：//www. bseinquiry. gov. uk/pdf/index. htm（last visited Dec 20，2012）.

即保护与农产品相关的消费者利益。农产品标准局依据风险分析制定规则、设定战略性方案以及涉及监管体制，该机构承担了管理义务，安排顾问委员会进行风险评估的完整性。

（2）完善农产品安全监管机构的职权配置并确保其独立运行。欧盟农产品安全局对欧盟农产品进行统一的农产品安全风险评估，与消费者和农产品生产企业进行直接对话，推进欧盟的农产品安全风险交流，促进各成员国的农产品安全的协作等。同时，在欧盟农产品安全局的监督、指导和推动下，欧盟成员国日渐采取集中的模式进行监管。

（3）完善的法律保障农产品安全监管机构的运行。欧盟的农产品安全法规也非常全面系统，典型的如《食品法通则》（GFL）、《食品卫生法》、《动物饲料法规》、《添加剂、调料、包装和放射线照射法的食物保存法》等，几乎覆盖农产品从生产、加工到销售的所有环节，欧盟同时还颁布了一系列指令、条例来确立欧盟农产品安全标准，包括审查程序、动植物卫生检验检疫标准、健康标准和使用产品标签的要求等。此外，除了欧盟各成员国都必须遵守的欧盟法律、指令等外，各国往往还根据本国特点，制定了具有本土特色的农产品安全法律。换言之，欧盟成员国农产品安全监管受到欧盟及成员国法律的双重约束。

3. 日本

相关法律至臻完善。根据不同时期出现的新问题，日本不断修改和完善相应的法律法规。日本现行的《农产品安全法》前身是1947年的《食品卫生法》，该法一共经过11次修订，其中2003年的变化最大。当时，日本的农产品安全事故频发，如2000年日本出现雪印乳品公司食物中毒和消费欺诈事件，打破了日本农产品安全的神话，这些构成了日本修改法律的客观原因。而作为世贸组织的成员，日本必须履行农产品协议，单证费意欲通过绿色壁垒等来限制外国农产品的进口，这就必须有相关的农产品贸易技术，这是修改法律的内在原因。另外，日本在修改法律时改变了立法目的，将《食品卫生法》更名为《食品安全法》，就是新世纪农产品安全理念发展的大势所趋，这其实是修改法律的基础动因。

农产品质量安全追溯体系实施的范围逐渐扩大。2001 年，日本农林水产省决定建设牛的追溯体系，要求肉牛业实施强制性的追溯制度。2002 年 6 月，日本农林水产省决定将农产品追溯系统推广到牡蛎等水产养殖产业。2004 年年底，日本出售的每一块牛肉均有标记相应动物来源号码的标签，牛肉来源的追溯成为可能。同时，日本开始实施牛肉以外农产品的追溯制度。2005 年年底，建立了农产品"身份"认证制度，对进入日本市场的农产品进行"身份"认证。2008 年 12 月 22 日，日本农林水产省宣布建立大米的可追溯体系，多方协同制衡的农产品质量安全监管体系。2003 年出台《食品安全基本法》，形成隶属于内阁府的农产品安全委员会，开始新的农产品安全行政，形成农林水产省、劳动厚生省和农产品安全委员会三方协同制衡的农产品安全监管体系。

（二）对中国的启示

为应对美国、欧盟等国家和地区对进口农产品设置的质量安全可追溯壁垒，中国积极引进农产品质量安全追溯体系，组建国家农产品药品监督管理局，出台农产品质量安全法，这一系列举措都标志着中国农产品质量安全管理的加强。在农产品质量安全追溯体系上，由于实施农产品追溯体系较晚，农产品标准化生产落后，在相关的监管机构体系设置、协调机制、法律规范、执行力度等多方面还有待规范和完善。通过分析美国、欧盟、日本等国家和地区的较成熟的农产品追溯监管体系，结合前面的分析结论，针对中国农产品质量安全追溯体系的试行情况，得到以下启示：

1. 追溯体系越严格，市场检测要求越高，供应链的一体化程度越高，进而农产品质量安全水平越高

质量安全具有信用品属性，检测成本较高① （界定产权的交易费用

---

① 检测技术的进步（交易成本下降）可以降低一体化的程度。

高），在市场交易中，拥有信息的一方就会有机会主义行为。因此，如果没有追溯体系，市场没有检测，企业就不会关心质量安全，一旦市场有了严格追溯体系要求的检测，企业为保证其产品符合目标市场的要求，就必须增加对其上游供应商（农户）的监督（交易）费用。由于企业和农户之间存在信息不对称，这种交易费用是十分巨大的。为降低交易费用，企业最有效的做法是与农户建立紧密的供应关系（倾向于纵向一体化的组织形式）①。可以预测的是，追溯体系越严格，市场检测越严格，企业和农户之间的纵向一体化程度越高。由于一体化程度越高，质量安全的风险越小，农产品追溯体系的实施也越能得到保障。纵向一体化之所以能够促使追溯体系的实施，控制质量安全，有多重机制，包括重复博弈与信誉机制、直接的干预、效率工资、习惯与惯例等。（1）重复博弈与信誉机制。纵向一体化中，企业和农户之间的关系变成了重复博弈，一旦有问题，还可以追溯回来，因此，农户有讲信誉的积极性，从而会减少企业的检测成本。因此，组织起来的社会可能会增强其成员的声誉和履约动机。（2）企业对生产过程的直接干预。纵向一体化中，企业可以为上游的农户提供技术支持或指导，并能够控制生产资料投入、监督农事的操作等，进而可以提高的产品的质量安全水平。（3）受益激励。纵向一体化中，企业一般以保护价的形式收购、包销农户的产品，企业从市场中获取的租金中的一部分分配给了农户，具有某种效率工资的效果，激励农户生产更安全的产品。（4）稳定的合作。纵向一体化形成了供应链中上下游企业间的长期稳定的合作与互动，在此期间交易双方形成的偏好、社会关系网约束、习惯和惯例等非正式规范能够降低企业的监督费用。

2. 农业产业组织规模的扩大有助于保障追溯体系的有效实施

中国农产品经营主体的既小又散的特点决定了契约意识的淡薄，农产品追溯体系事实上就是一种严格的契约，这就决定了追溯体系在中国

---

① 但应该注意的是，纵向一体化并不一定就是为了质量安全。

实践层面的难以有效实施。"小"意味着农户缺乏可抵押的资产（专用性资产），如果农户违约，即使运销（加工）企业将众多小农户"告倒"，但对缺乏可抵押资产的种植农户逐一强制执行法庭裁决的成本也是非常昂贵的。"散"，意味着众多小农户很难拧成一股绳，如果运销（加工）企业违约，每个农户都可能因为自己的交易量少、损失不大，单独出面得不偿失。由此可见，农产品追溯体系作为契约的法律效力在农产品交换域中并不能对经济人自利的违约行为进行有效惩罚。然而，如果农户的生产规模越大，则专用性投资越多，农产品安全风险的损失就越大（机会主义的成本增加），农会则更有积极性控制安全，讲求信誉①。

3. 可追溯系统作为企业和供应链内部的一个产权界定工具可以提高管理效率

一旦有了可追溯系统，当农产品在交易双方之间完成了实物交割时，实际上有一部分产权（质量安全属性），并没有完全转移出去，交易并没有完成。只有当产品通过消费者或海关检验没有问题时，产品的交易才算完成。如果发现问题，那么通过可追溯系统，就可以找到并惩处相关的责任人。这样做的效率改进在于，它提出了一个延迟权利和一个事后的惩罚机制，从而改变了生产者的预期，减少了事先的检测成本和相应的等待时间（减少了重复检测，因为整个供应链只需一次检测就可以了，甚至可以利用消费者的消费完成检测，检测成本大大降低）。同时，通过可追溯系统能够把相关的农产品安全产权界定给供应链中不同的责任人。加工企业通过实施可追踪系统将农产品质量安全属性界定给了种植户，企业只需承担市场（销售）风险，这样产权就被界定给了最有知识和能力控制相关属性变化的人，因而可以提高效率。

4. 对于小规模农户，通过农产品供应链追溯体系的利益一体化，降低企业监管费用，提高农产品的质量安全水平

本地知识的运用（信息来源多、监督方便、历史知识）可降低监督

---

① 吕志轩. 农产品供应链与农户一体化组织引导：浙江个案. 改革，2008（3）：53 - 57.

费用，或者增加了农户机会主义行为的成本。供应链内的农户在长期共同生活中，形成了内部的社会关系网络，人们相互信任，构成了农户的社会资本。这种社会资本，具有广泛的价值，用于社会生活的各个方面，是农户的通用性资产。任何机会主义将使其损失这种社会资本，进而增加了农户机会主义行为的成本。而捆绑式监督（追溯体系的利益一体化）更是激发了农户之间相互监督，共同维护其社会资本的积极性。可见，通过追溯体系受约束、有组织的农户比无组织的散户会更注重信誉。

5. 做到事前、事中和事后监管并重

（1）事前监管：完善的食品安全风险预防。不管是美国把风险预知看作"方式"，还是欧盟把风险预支看作"原则"，食品安全风险预防已经成为美国和欧盟的重要举措。在美国，"尽管美国食品安全体系有诸般优点，但如果从农场到餐桌的供应链上的任何一环出现故障的话，都将对消费者健康造成灾难性危害，并将给食品行业带来严重干扰和经济损失"，因此，美国食品安全体系的根本性变革是强调防患于未然[①]。农产品质量安全监管机构以农产品质量安全风险分析来保障和推动农产品质量安全风险管理，而农产品质量安全监管机构、农产品生产经营企业和消费者之间充分的农产品质量安全风险交流则最大程度降低农产品质量安全风险的发生。尤其需要强调的是，农产品质量安全风险管理不是局限于管理过程中的某一环节，而是对整个管理过程风险的监控与管理，主要程序包括风险评估、监控和评价，风险管理措施的评估以及管理，管理决策的实施等内容。风险管理是一个系统性工程。风险因素的确定与社会政治、经济等情况紧密相连。对风险评估相关的不确定因素的理解和认识是农产品质量安全监管职能部门的管理者自身的一门工作，应在风险管理决策过程中予以考虑。风险评估包括有害物质确定、

---

① 玛格丽特·汉伯格. 食品安全现代化法：重在预防. 江西食品工业，2011（2）.

有害物定性，评价其影响以及定性其风险①。美国《总统食品安全计划》号召所有有风险管理责任的联邦政府机构对食品安全负责，并成立"机构间风险评估协会"进一步研发预测性模型和其他的测算方法，从而保障农产品质量风险评估工作。美国实施的危害分析和关键控制点对于提高确认和鉴别食品安全隐患的准确度和增强食品安全监管的有效性，也发挥了巨大的作用。欧洲则有学者将风险预防在欧盟食品安全法律中的作用归纳为两个方面：一方面，最为决策规则，为风险评估和风险管理提供了制度性的衔接，确保欧盟机构做出正确的风险管理决策；另一方面，作为指导原则，贯穿于欧盟及成员国农产品质量安全法律制度设计的各个方面，有利于从制度层面系统保障公共健康和消费者安全②。

（2）事中监管：发达的农产品质量追溯。实施农产品质量安全追溯制度是农产品质量安全监管的重要方式，美国、欧盟早已建立较为发达的农产品质量安全追溯体系，即使已经进入流通领域的农产品质量安全存在风险，也可以便捷地减少农产品质量安全风险可能造成的损害。"欧盟及其主要成员国在农产品质量安全追溯制度方面建立了统一的数据库，包括识别系统、代码系统，详细记载生产链中被监控对象移动的轨迹，监测农产品的生产和销售状况"③。农产品质量安全追溯制度有助于"确定已经发生的农产品质量安全事件的根源，从而有效地将不安全农产品从市场驱逐"④并保障不安全农产品的有效召回。

（3）事后监管：完善的信息公开制度和生产经营者法律责任。美国、欧盟特别注重保障公众的知情权。在农产品质量安全监管领域，美国、欧盟既强调保持农产品质量安全法律政策制定过程的透明性，也要

---

① 参见张涛．食品安全法律规制研究．厦门大学出版社，2006：227.
② 张华．论欧盟食品安全法中的风险预防原则：问题与前瞻：欧洲研究，2011（4）.
③ 赵学刚，周游．欧盟食品安全风险分析体系及其借鉴：管理现代化，2010（4）.
④ 赵学刚，周游．论食品消费者信任的重构：以食品生产经营者规制为视角．食品工业科技，2012（4）.

求建立农产品质量安全信息通报、监测、发布的网络运行体系，并在保障公民知情权的同时，也确保农产品质量安全监管的透明性。美国农产品质量安全监管机构通过互联网等方式，及时发布不安全产品的召回、食源性疾病或者农产品污染、农产品质量安全监管机构有关农产品成分、包装与标识、膳食添加剂等的监管①，充分实现农产品质量安全监管的公开与透明，消费者可以及时获取相关信息并提高自我保护的意识，农产品生产经营者也能够及时掌握农产品质量安全监管的动向，并对自身的行为进行矫正。美国食品安全法律的制定或者修改，都会及时公布于民众。欧盟也定期公布食品安全局对农产品生产和销售的风险评估数据，公众可以参加食品安全局视频管理委员会的各种会议，可以便捷地获取与农产品质量相关的信息与文件，在实现农产品质量安全的透明度的同时，也使农产品质量安全置于公众的监督之下。

美国、欧盟在农产品质量安全监管领域对食品生产经营者违法违规行为的惩罚也相当严厉，因此在很大程度上遏制了农产品质量安全违法行为的蔓延。例如，1996 年，美国奥的瓦拉公司生产的鲜榨果汁中的大肠杆菌导致大规模食源性疾病，导致 1 名儿童死亡、14 名儿童严重患病、70 人住院的后果。该公司为平息十多起民事诉讼花费巨大，其中为 5 个病情最为严重的孩子的家庭就花费 1 200 万美元；公司管理人员被判处罚款 150 万美元和监禁缓刑 5 年的刑事处罚②。而在欧盟的成员国英国，其《食品安全法》规定，食品安全违法情节和后果十分严重的，法律不限制对违法者罚款的上限。

总结上面的几个案例，无论是美国的分产品类别的多部门管理模式、日本的分环节的多部门管理模式还是欧盟一个专门的独立的部门的

① 比如，美国食品药品监督管理局（FDA）网站提供有关"Recalls, Outbreaks & Emergencies"、"Foodborne Illness & Contaminants"、"Ingredients, Packaging & Labeling"、"Dietary Supplements"等内容。

② 参加范春光. 国外食品安全监管制度及借鉴——建立"从农田到餐桌"的全过程质量信息披露制度. 国家行政学院学报，2008（3）.

监管模式，都能就是使农产品从生产、加工、流通、消费的整个环节能够实现协同高效的运作，使得产业链可以协同的发展。这也是中国要主要学习的方面，只有产业链协同发展，我们才可能把控风险、降低成本、提高效率，是中国的农产品质量安全追溯体系跟上国际发展的步伐，使广大民众可以吃上放心的安全农产品。

| 第六章 |

中国农产品追溯体系实现机制创新

本章在前面研究的基础上，结合中国农产品质量安全追溯体系方面存在的问题，根据这些问题设计追溯体系实现的创新机制，并进一步提出追溯体系创新机制得以实现的要素保障。

第一节　农产品追溯体系实现机制的制约因素

外部监管环节的薄弱、内部激励机制的缺乏以及产业链的不相协同是当前制约追溯体系实现的三个主要因素。

一、外部监管不到位

农产品质量安全追溯制度实施过程中涉及的主要利益主体包括：政府（制度供给者）、农产品生产经营者（具体实施者）和消费者（主要受益者）等。在农产品质量安全追溯制度的实施中，不同利益主体的动机各不相同：政府以实现社会福利最大化，保障整个社会的农产品质量安全为目标，农产品生产经营者以谋取利润最大化为目标，而消费者则以自身福利最大化为目标，从而会影响到农产品质量安全追溯制度的实施，并可能成为实施农产品质量安全追溯制度的主要限制因素。

政府代表国家来执行法规和监督管理，既是农产品质量安全追溯制度的供给者，又肩负着监督的职能，在农产品质量安全追溯制度的实施中具有重要位置和关键作用。但是，目前中国政府在农产品质量安全中所承担的责任以及所采取的管理手段与措施，与全面实施农产品质量安全追溯制度的要求相比还有很大差距。突出表现在农产品产地环境、投入品、农产品生产过程、包装标识、农产品质量安全标准界定和市场准入制度等方面管理力度薄弱；各地区、各行业经济发展不均衡，使得农产品从生产、加工、销售到消费各环节之间的关系脆弱；农产品质量安全相关的法律法规和标准制度相对滞后、相关的信用制度尚不健全，尤其是农产品追溯编码不统一。现行许多行业、部门和技术公司都建立了各自的追溯系统，大部分采用的是内部编码进行农产品安全管理和查询，在行业之间、部门之间、企业之间，由于缺乏统一的标准和统一的标识体系，导致了可追溯信息格式不规范、不统一，信息无法共享和交换等问题，给农产品可追溯管理带来了一定的混乱，同时还造成了社会资源的浪费、政府和企业的重复投入等问题。各流通节点基础设施、管理水平、信息化水平不一样，很容易形成信息孤岛，以致上游录入信息无法下达、下游的读写信息无法上传。正是由于上述种种原因，试点城市的肉类蔬菜流通追溯体系建设，实际只是覆盖了猪肉和少数蔬菜。另外，各职能部门监管缺乏有效的协调机制。中国实施食品质量安全追溯管理，纵向有中央政府和地方各级政府同步推进，横向有农业、质检、工商、市药监、商务、科技、信息等部门从分段监管、行业管理、产业发展的职责角度各自展开。在这种多层次、多部门各自为政实施的过程中，由于中央与地方、部门与部门之间缺乏沟通与协调，导致在追溯技术标准、管理要求等方面缺乏共识，项目建设上出现重复建设甚至相互掣肘的现象。目前，在一些企业特别是全产业链经营企业中，已出现同时使用来自多个政府部门的、互不兼容的追溯管理系统的现象，增加了企业开展追溯系统建设的难度和运行成本。

中国多部门分段管理的质量安全监管体系存在着诸多的缺陷，各部门职能交叉条块分割现象严重。一方面造成资源的大量浪费；另一方面也给农产品生产销售各环节的主体造成困扰。多部门对同一环节进行监管，一旦出现问题，各部门难以快速明确自身责任；同时，由于各部门分段管理，相互缺乏有效的沟通，致使大量有效信息无法实现共享，降低了监管部门的办事效率。可追溯体系的建立需要先进科学技术的支撑，同时也需要相应配套的标准及管理制度来充分发挥其作用。目前，中国可追溯体系建设在技术上已经具备了世界水平，技术制约对于可追溯体系的影响程度正在逐渐减弱，但是管理制度方面制约的影响程度却在不断增加。中国的农产品质量安全监管以事后监管为主，同样在可追溯体系的建设中，更注重于其在农产品质量安全事件发生后的追溯功效，而不够重视农产品整个生产过程的有效监管及防范。

农产品追溯体系公共信息平台的建设需要要由政府来牵头和投资，需要落实牵头单位，信息平台的建设涉及不同管理部门的责任和部门利益。一套完整的信息追溯系统，要从农业部开始，经过质监部门、商务部门、工商部门、工信部门等多个管理机构。而一个部门的触角不可能延伸到另一个部门的管理领域，这就需要实现有效的沟通，实现统一标准。通过统筹管理，搭建公共的信息平台，保障不同追溯技术模式信息的互联互通，跨区域无缝对接，实现全国范围内信息的追溯查询。

二、内部激励不足

（一）从企业的角度分析

一方面，企业作为农产品的供给者，应该承担农产品质量安全追溯的责任，但需要为实施农产品质量安全追溯制度付出相应的成本；由于实施农产品质量安全追溯制度属于政府保障农产品质量安全的一个保障制度，这是一项复杂而又长期的工程，短期内可见利益较小，尽管从企业长远发展来看实施农产品质量安全追溯制度与企业追求利润最大化的目标是一致的，但大部分企业仍不愿意承担或付出这样的成本。另一方面，每个企业的利润依赖于其他企业和消费者的行为，使得企业之间的行为具有策略性的特征；如果企业可以从特定信息中获利，则不会将其公开化，因为农产品质量安全追溯制度暗含着某种或某些特定信息要在整个产品供应链条中流动。因此，企业可能会在某种程度上隐匿某些信息，而不愿意参与农产品质量安全追溯制度。商务部主导的肉类蔬菜流通追溯体系只限于流通领域，对于生产领域的企业并未给予补贴。而生产企业若需要给商品编码以方便录入信息，实际需要增加投入，这部分投入由谁来出是关键。目前多数生产企业并没有动力，只有针对高端消费者的生产企业，为提升产品附加值，主动为产品编码。也正因为如此，溯源成了高端农产品的代名词。根据以上对企业的分析，可以看出在农产品质量追溯体系建设的初期，要使企业积极地参与进来，并不能寄希望于企业自身，因为短期的利益机制、信息的低透明度以及高成本并不会促使他们参与进来，在初期对于企业我们应该以激励为主，这也正是目前我们所缺乏的。

（二）从农户的角度分析

中国农业生产尚缺乏规模化、标准化，农业生产分散，流通环节复杂。没有自营农产品生产供应基地的农产品生产企业向分散的农户收购原材料非常普遍，从农田到餐桌经历的环节较多。收集这些信息不仅需要不菲的成本，还需要先进的技术投入，大量分散的小农户是实施农产品质量安全追溯体系这一复杂的系统工程中一个极为重要的参与者，农户的认知度、文化知识和参与意愿非常关键。很难实现对供应链内每一个节点的完全监控，这些都限制了农产品追溯系统的建立。另外，分散的小农户生产的农产品标准化程度低也加大了全程可追溯的难度。发达国家的农产规模一般都较大，标准化程度很高，且上下游的生产经营者都参与了可追溯体系，因此可以通过统一的产品标识、物流单元标识及参与方标识来实现供应链的管理。与发达国家的大农场生产经营方式不同，中国的农产品生产行业，尤其是农产品种植及初级加工的行业，大多是散户或是小规模经营者。在生产过程中标准化程度低，无法提供农产品的相关信息，甚至可能存在无包装、无标识或标识混乱的情况。这也是中国建设可追溯体系的主要困难所在。

（三）从消费者的角度分析

消费者是实施农产品质量安全追溯制度的主要受益者，也将是最终推动者。按照需求决定供给的经济法则，农产品质量安全信息的缺失一定有其需求层面上的诱因。一方面，消费者的某些观念和消费习惯在某种程度上造成了农产品质量安全信息的缺失，如中国消费者长期以来主要以能量和营养为主的需求偏好，导致了长期以来增产技术备受关注，而对农产品质量安全生产技术和安全信息的需求相对不足。另一方面，中国居民的收入差距明显，大量的低收入消费者对不安全农产品的消费倾向较强；中等收入者是否购买安全农产品，需要在购买力和偏好之间权衡，一旦农产品安全信息不明确时就有可能发生替代转移，尤其是收入差距的不断扩大，就不利于增强全社会对安全农产品的支付意愿。此外，消费者对安全农产品缺乏认知与基础知识，也导致其农产品质量安全防范意识较差。根据对北京（乔娟，2011）、浙江（周洁红，2007）、江苏（徐玲玲，2011）、四川（杨倍贝，2009）等最早开始实施追溯体系的地区的问卷调查都反映了消费者对可追溯农产品的认知度较低，而支付意愿则更弱。大量消费者即使发现购买的农产品存在问题，也会自认倒霉，自我防范和维权意识都十分薄弱，在实际生活中，消费者缺乏主动选购可追溯产品、索取追溯小票的意识，也没有形成从消费终端对经营者使用追溯体系。在一定程度上打击到企业实施可追溯体系的积极性，也增加了全国可追溯制度建立的难度。

农产品追溯体系的顺利实施仅仅靠政府的监管远远不够，必须要确立从消费者终端对农产品追溯体系的认可和激励机制，不是从上到下的监管企业，而是要从消费环节促进企业建立可追溯体系的积极性，其根源在于消费者消费观念的转变。只有消费者有了相应的需求，企业才会有发展的根本动力。

三、产业链不协同

现代农业产业链是一种规模巨大、结构复杂的新型产业组织方式，贯通农业产前、产中和产后三大领域，包括各种农产品的物流链、信息链、价值链、组织链四大链条，链接产前、生产、加工、流通、消费五大环节。其中，由五大环节构成产业链主链，每个环节又包含若干次级链。同时，组成链条的每个环节都对应农业生产领域不同的功能，实施这些功能的主体包括企业、合作社或农协、专业的社会化服务机构以及农户等。实施全产业链经营，有助于克服有些产业链松散和脆弱的转台，促使产业链稳定和规范，确保产业链各个环节主体的价值得以实现，并能拉长和拓展产业链，提高产业链质量、功能得以增强。

伴随着农业产业化经营的发展，农业分工不断深化，中国农业产业链不断拓展和延伸，形成了从农业原料、生产资料供应、农产品田间管理一直到农产品的深加工、营销和品牌等多个经营环节，每个经营环节都有不同的经济主体来承担，形成了农产品产业链各环节经营主体的纵向分工与协作关系，这种分工和协作关系的本质是围绕最终农产品的市场供应而形成的产业链上下游"供—需"关系①。但是由于农产品产业链各环节经济主体的利益目标不相一致，产业链内部个主体之间的交易成本不断上升，从而阻碍了产业链的协同发展。而农业产业链和产业化均以农业生产和农产品为核心，同时涉及农产品的加工和销售，因而两

---

① 王亚飞. 农业产业链纵向关系的治理研究——以专业化分工为研究视角 [D]. 2011.

者之间是密切联系和相互作用的①。产业链的不协同对追溯体系的影响主要表现在以下几个方面：

（一）产业规模问题

当前中国农业的规模经营的程度相对比较低，一方面当前中国农户的生产经营模式仍为分散的、小规模的经营方式；另一方面是龙头企业的规模较小，辐射和带动作用不够。

1. 农户生产规模小

通过对中国与不同收入组国家的人均 CNI（美元）、人均可耕地面积（公顷）、农业劳动力人均耕地（公顷）、每公顷谷物产量（公斤）、农业人均赠价值（美元）、制造业人均赠价值（美元）以及农业对制造业增加值的比重（％）的对比可以看出，农业劳动力人均耕地面积与人均收入存在密切联系，劳动力人均耕地面积与人均收入之间存在正相关关系，即劳动力人均收入随着耕地面积的增加而增加，农业生产经营规模和劳动生产率也都与人均收入存在着同样的正向关系。根据农业劳动生产率对制造业相对劳动生产率的差别可知所有国家的农业劳动生产率比制造业劳动生产率都要低；土地规模经营的大小（即农业生产规模经营的大小）对农业劳动生产率的决定起着关键因素；劳动生产率也决定着收入水平，发展中国家的城乡差距比发达国家要大得多。与已经实现工业化的国家相比，中国农业劳动力过少的人均耕地和太小的农业生产经营规模共同造成了我国目前农业劳动生产率，即农业劳均增加值成为所有国家中最低的之一，但人均 GDP 却高于这些中低收入组的国家。虽然中国的农业劳动生产率很低与经济发展水平不相称，但中国制造业的劳动生产率很高，制造业劳均增加值是中高收入组平均值的 1.85 倍，但农业对制造业增加值的比重是所有国家中最低的。以上事实说明造成

---

① 赵绪福，王雅鹏. 农业产业链、产业化、产业体系的区别与联系［J］. 农村经济，2004（6）：44－45.

如此大的反差的原因是农业劳动生产率相对低下，而导致其低下的原因并不是由低下的土地生产率造成的，而是由每个农业劳动者人均耕地面积太小引起的。中国农业生产经营规模太小，在世界范围内处于生产经营规模低水平国家的行列。

表1　　　　　　　　　不同国家农业规模化经营指标①

国家	人均CNI（美元）	人均可耕地面积（公顷）	农业劳动力人均耕地（公顷）	每公顷谷物产量（公斤）	农业劳均赠价值（美元）	制造业劳均赠价值（美元）	农业对制造业增加值的比重（%）
高收入组	36 293	0.52	42.5	5 604	38 347	79 635	48.2
中高收入组	13 727	0.29	5.8	3 734	3 607	23 254	15.5
中低收入组	5 620	0.14	0.57	3 968	622	21 654	2.9
中国	7 600	0.09	0.4	5 521	545	42 933	1.3

几千年以来的小农思想一直束缚着中国的农业生产方式，农户一直以小农生产的模式从事农业生产，其中大多也都是自种自销。随着当前中国人口数量增加、和人民生活水平的提高以及中国加入WTO之后国际化需求的增长，这种生产模式已经远不能满足当前的国内和国际需要；另外，在分散小规模生产方式的束缚下，农户在各个方面都属于信息不对称中的劣势方，这也成为农产品市场化经营的羁绊。因此，如果小规模经营企业想要改善产品的质量，除了承担改善产品质量所需的高成本之外还要面临传递产品质量信息所付出的成本，这对于原本就在资金和财力等方面都非常有限的，对小规模企业来说无疑是雪上加霜。即使小规模企业经过改善产品质量并在市场上成功地使消费者获得了产品的质量信息，从而获得较高的价格，也会由于销售量有限而使总利润不

---

① 郭熙保．"三化"同步与家庭农场为主体的农业规模化经营［J］．社会科学研究，2012. 3. 14：14－19。其中，高收入组包括美国、德国、加拿大、英国、澳大利亚、法国、日本、意大利和韩国；中高收入组包括波兰、墨西哥、巴西和南非；中低收入组包括中国、泰国、印度尼西亚和印度。

高，因此也无法在信息传递上进行投入。因此，若小规模企业选择生产高质量产品，则必须有与之配套的、有效的信息传递机制，否则高质量产品即使生产出来也会被市场淘汰，最终使得生产毫无意义。因此，如果选择生产高质量产品则就意味着选择了改善质量与信息传递的双重成本，这对本来生产成本就较高的小规模企业来说，很难承担。因此，小规模企业不会主动去选择改善自身产品的质量，由此而产生的质量绩效也就不尽如人意。另外，经营规模小的单位，如个体农户，往往市场力量单薄，他们不仅要应对小规模经营单位互相之间的竞争，还要与其产业链上游和下游的相关主体进行竞争、谈判。而这些小规模的经营企业往往会由于自身市场力量和议价能力的薄弱而只能被动接受来自竞争的低价和其他市场力量压迫下的低价。从而导致仅够维持生存的生产经营低利润，因此也使得小规模企业失去了对改善产品质量的行为的动力，由此决定了最终的质量绩效不佳。与之相比，规模适中的企业更能承担起改善产品质量以及由其引起的信息传递成本，而规模较大的企业更愿意去打造品牌，以进一步提升竞争力。因此，这些企业会在提高产品质量上采取相关行为，并使得最终的质量绩效更令人满意。

2. 龙头企业规模小，辐射和带动作用不够

总体而言，中国的龙头企业在农业产业化中所占比重及整体实力大大低于西方发达国家的水平。虽然全国各地的农业产业化龙头企业数量不少，但由于缺乏相对统一的管理而未充分发挥其在市场中领导作用。各地的龙头企业往往都是从地方利益出发，各自为战，不仅没有形成有效的合作体系，而且有的甚至还搞地区封锁，以至于出现各地区间龙头企业的重复设立，致使其规模和发展程度长时期处于较低的水平，很难有大幅度提高。同时，各地农业企业的规模和相互间的竞争力有限，无法形成重组兼并的浪潮，难免会出现众多企业对有限农业资源的争夺，这不仅在一定程度上加剧了龙头企业间的矛盾，引起了相互间的争夺，还会给中国农业产业化龙头企业的发展带来一系列不利影响。中国各地农业产业化龙头企业的发展程度与西方发达国家相比，还处于较低的水

平，公司与农户间的协作还不密切，成本支出大，利润不高。据测算价值1元的初级农产品，经加工处理后，在美国可增值3.7元，日本为2.2元，中国只有0.3元。低下的利润水平及对资源利用的低效率反过来也对农业产业化龙头企业的发展和合作机制的形成造成了一定程度的阻碍。因此，推动传统农业向现代农业转移的步伐较慢，所起的作用也不大。同时，一些地区龙头企业在当地所占的比重并不高，对所在地区其他企业的控制力较弱，使其发展受到影响，这种情况在中西部地区表现得更明显。

（二）产业结构问题

首先，在产业组织结构方面，经营规模小、纵向合作程度松散、高进高出的行业壁垒和低产品差异程度是长期以来中国农产品产业组织结构所具备的特点，这些特点不仅使得农产品产业组织中的企业与生产者采取了不诚信、污染环境与非法添加等行为，还导致了政府与企业存在有漏洞的监管行为。农产品产业组织的低产品质量绩效往往是这些因素交织在一起所形成的，他们有时甚至决定了中国农产品质量安全追溯体系难以得到行之有效地实施，从而也影响了农产品质量安全得不到根本保障，最终具体表现成了中国目前的农产品质量安全问题。

其次，在农业产业结构的内部，纵观世界各国农业生产结构的发展，总体上呈现以下几个方面的特征：第一，畜牧业的发展速度不仅快于种植业，而且在农业生产结构中的比重越来越大。在发达国家，畜牧业产值一般超过农牧业总产值的50%，有的国家甚至达到90%。第二，低脂肪、高蛋白畜牧产品在畜牧业中的比重不断加大，种植业为畜牧业服务的趋势日渐明显，种植业中经济作为的比重增大。第三，粮食结构调整的趋势以发展饲料业为主。一些发达国家的食物结构中动物蛋白比重不断提高，同时也加大了对畜产品的需求量。目前，在世界粮食总产量中，居民消费的口粮占59%，饲料粮占41%，甚至有些发达国家的饲料粮占到了70%以上。第四，在产品结构中，优质品的比重日趋增大。

现代社会市场对优质、营养、享用方便的农产品有较高的需求，这一趋势也决定的农产品应包含着更多的服务，小包装、半成品、速冻食品、方便食品，使消费者购买商品同时购买了劳务，适应现代快节奏生活；针对环境污染，对纯天然"绿色食品"的需求将会增加。这都使一般生活必需食品的需求弹性提高，并增加农产品附加值，同时，也驱使农产品加工业控制农产品原料质量，实行一体化经营。

对比世界农业表现的特征，中国农业产业结构方面存在一些不足之处：第一，2014年中国农业产业产值在国民生产总值占比为9.2%，比2013年下降0.2个百分点，第一产业增加值实际增长4.1%，连续第六年保持4%~4.5%的实际增长区间。第二，由于农产品进口结构的变化以及价格下降带来农产品进口额增速低于出口额，贸易利差缩小。2014年，农产品净出口总额达到1 945亿美元，比上年增长4.2%，增速进一步回落。农产品进出口贸易利差505.8亿美元，减少了0.9%。其中，水产品、蔬菜和水果直接贸易顺差分别为125、120和10.6亿美元，不同品类差异较大。第三，食用植物油、肉类、蛋及制品、瓜果和奶制品的人均消费水平上升空间很大，最高达101%的提升空间，最低也有17%的提升空间。第四，随着收入水平的继续提高，消费者在追求消费品质的提高，而不仅要吃得饱，而且要吃得好。中国传统的粮食对肉食对菜的比例从8∶1∶1转变为4∶3∶3，农产品产业结构的调整已经迫在眉睫。

无论是农业产业组织结构，还是农业内部的产业结构，甚至是产品结构，均会在不同程度上对农产品质量安全追溯体系产生影响。因此，为了有效保障农产品追溯体系的实施，需要致力于以下几个方面对农业产业结构加以调整：第一，将更多的农业资源用于生产更多高价值的农产品生产，大力推进农业由低值的、过密的以粮食为主的生产向资本和劳动双密集化的高值、具有适度规模的菜果和鱼肉生产转化，大幅扩增食用植物油、肉类、蛋、奶制品及瓜果的人均消费水平；第二，针对低质农产品供过于求，优质农产品却供给不足以及种植业开发过度，部分地区生态环境恶化，结构趋同现象严重的现实，以改进品种和提高品质为目标，借助养殖、加工和出口农产品三大增值法宝，建立高产、优质、高效农业，走优质优化的道路，促使农产品结构不断优化，通过产前、产中和产后关联部门的发展拓展农村非农就业空间；第三，在保证粮食安全的前提下，调整直接消费部分与间接消费部分的比例关系，提高间接部分比重，提高优质粮食相对比重；传统优势作物向质量高的产地集中，大力发展蔬菜水果产品的生产；提高畜牧业在农业中的比重，大力发展耗粮少、转化率高的畜禽产品生产，建立不同类型的畜牧业专业化生产区，大力发展畜牧业的后向及前向产业；优化畜禽品种，加快水产养殖业，保护和合理开发滩涂、水面等宜渔资源，加速品种更新换代，发展名特优品种养殖，发展远洋渔业，稳定近海捕捞，减少捕捞量；发展精深加工，提高水产品的质量和附加值。

（三）产业内部治理问题

1. 农产品加工流通产业链短

中国的农产品加工转化和增值率低。发达国家的农产品率一般在90%以上，农产品加工业产值与农业产值的比重为 3 ~ 4 : 1，而中国农产加工转化率只有 40% ~ 50%，其中二次以上的深加工只占到 20%，农产品加工业产值与农业产值的比重为 0.8 : 1。研发能力低，产品更新慢，附加值不高。发达国家的农产品加工企业，面对不断变化的农产品市场，具有极强的创新和开发能力。美国每年向市场推出新的食品种类大约在 12 000 ~ 15 000 种，如美国已开发的大豆加工产品 1 万多个，中国不过几百个。中国企业由于创新能力差，新产品开发能力不强，失去了很多商机和效益。此外，中国农产品的专业程度和品质也不高，突出表现在品种单一、专业农产品少，直接影响力农产品加工品的质量和加工品种的开发，不能满足加工的需求。

2. 利益机制分配不合理，农民利益难得到有效保障

由于利益连接机制不完善，部分企业与农户未实现风险共担和利益

共享，他们之间的交易方式仍然是一买一卖，没有二次返利，农民没有得到加工和流通环节的利益。一些龙头企业只是表面上建立了专业合作社，在生产经营上仍然没有与专业合作社形成连接，具体表现在生产所需原料不依赖专业合作社，仍然单独向农民收购，这种做法既不能保护农民的利益，又增加了企业的生产成本，原材料质量也得不到保障。

3. 上下游间机制不协调，追溯体系绩效受到影响

消费者对可追溯生鲜农产品需求增加的程度是决定供应链利润的根本因素[①]。因此，在农产品供应链中上下游企业之间的合作、共享、协调对于追溯体系的构建尤为重要。首先，如果上下游企业之间缺乏利益共享机制，假设在消费者需求不足导致滞销的情况下，如若供应商不愿意将农产品降价批发给零售商，会导致农产品进一步积压，双方都无法获利，最终增加了追溯体系中农产品的价值损耗和实体损耗。其次，如果上下游企业之间缺乏成本共担机制，会降低整个供应链的整体利润。因为零售商直接面对销售市场，其促销、技术、广告等的投入都会决定供应链各成员的收益，但是这部分投入属于额外成本，若上游供应商不愿意成本共担，则将意味着整体利润的损失。最后，供应链的上下游企业如果缺乏信息共享机制，会导致道德风险和逆向选择问题，从而影响农产品供应链的运作效率。

第二节　农产品追溯体系的创新机制构建

借鉴国外发达国家进行可追溯体系建设的经验，进一步结合中国的特殊情况，可以发现中国在建设可追溯体系过程中存在着诸多制约因素。只有解决农业生产产业化标准化程度低、政府监管职能交叉缺乏有

---

① 朱长宁. 基于可追溯系统的生鲜农产品供应链协调机制研究 [J]. 农村经济, 2015: 106 - 109.

效的协调机制、消费者对可追溯产品的低认知度等亟待解决的问题，才能建立起长期有效的可追溯机制，提高中国农产品的质量安全水平。

市场的激励和政府的监管对农产品追溯体系的实施是有效的，但市场会失灵，政府的监管也不是万能的。为保证农产品质量安全，必须突破市场单一激励和政府单一监管模式，作为对政府"权力监管"的弥补，需要引入经营企业"利益激励"、行业协会和媒体的"专业监管"以及消费者主导的"权利激励与监管"，考虑架构公共机构（包括各级政府及农产品安全监管机构）、市场、社会（行业协会及新闻媒体）、公民（主要是消费者）"四位于一体"的安全利益相关者的监管一体、激励相容、产业链协同的农产品追溯体系。具体如图 6-1 所示。

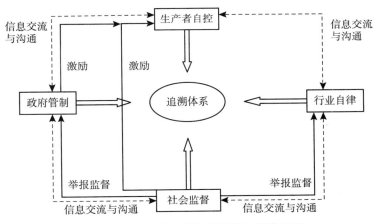

图 6-1　完善的追溯体系激励与监管机制

一、监管一体

农产品追溯体系的顺利实施，离不开政府的长效监管。政府不仅具有垄断性的强制力，可以强制性地赋予农产品生产经营者作为市场主体对于农产品质量的说明义务，还可以利用其自身的组织优势，更有效降低信息成本，另外政府权威的存在使其提供的信息更具有公信力，民众也较乐意接受政府提供的信息①。由于制度变迁中的正式制度安排是由国家借助垄断性权力对经济主体行为的干预，为建立交易秩序并减少交易中的不确定性，降低交易成本并相应减少信息不对称，一定程度上遏制机会主义，使社会逐渐实现帕累托改进而有意识地进行一些制度安排。通过制度设计寻求最长效最稳定的机制才是保障农产品追溯体系的监管机制充分发挥作用的重要保障②。政府要借助垄断性权力为农产品市场实现帕累托改进而进行一些制度安排：如建立与完善相关法律法规，通过法律制度形式明确各级农产品安全机构的监管责任，采取罚款或关闭工厂等措施加大对违规出口企业的惩罚力度，注重引导优质市场形成，开拓追溯产品的国际国内市场，强化追溯体系实施过程中的技术培训力度等，为出口企业开发和使用自己的可追溯系统提供具有激励效力的制度环境。主要包括：

（一）发挥主要部门的统领作用，形成有效的协调机制

美国采用扩大原有机构（FDA）的职能范围来统领整个国家的可追溯制度建设，在美国食品药物管理局具有绝对的领导地位；加拿大则特别成立产业—政府咨询委员会（IGAG）来领导全国追溯制度的制定与实施。类似以上机构可以将可追溯体系中所涉及的相关职能进行纵向分布，以形成最有效的协调机制从而推动可追溯体系的建设。发挥主要部门统领作用的前提是确定一个具有绝对领导地位或者成立独立的职能部门专门负责可追溯制度工作的实施，而其他相关相应的部门则只负责协助工作。将各级农产品安全机构的责任以法律的形式进行明确，对于违反法律法规和失责行为予以严厉的惩罚。例如，为了加强农产品安全的监管，2003 年国家成立了与美国食品药物管理局具有相似职能的农产品

---

① 应飞虎. 信息失灵的制度克服研究 [D]. 西南政法大学，2002.
② 刘鹏. 公共健康、产业发展与国家战略——美国进步时代农产品药品监管体制及其对中国的启示 [J]. 中国软科学，2009，08：61~68.

药品监督管理局（SFDA）。虽然农产品药品监督管理局（SFDA）具有领导可追溯体系实施的基础，但其目前却没有在农产品质量监管中充分发挥作用。在建立起以政府监管为主导、生产企业为主体、社会公众监管为基础的长效监管机制的同时，规范的绩效考核机制在可追溯体系的建设中也是必不可少的。依据科学合理的考核理念，实行各监管主体"宏观上统分结合、中观上以统为主、微观上以分为主"的监管人员管理制度，使其工作内容等信息可全面细致展现，对规范监管人员的日常执法行为、提升专业素质水平起到显著效果。

同时，政府作为可追溯体系的监管部门应该借鉴发达国家的做法，将农产品质量安全追溯体系作为一种准公共物品，政府在可追溯体系建设的初期拿出专项建设资金资助其构建，同时为农产品企业或其他产业化组织提供硬件设备支持和技术培训支持，发挥农业产业化组织带动农户的作用。

（二）加强农产品源头管理，提高产业化标准化水平

欧洲之所以能建成该体系，得益于农产品企业的大规模化。在实现农产品全产业链各个环节的监管中，农产品生产源头的质量控制是最难的环节。中国应该加强培育产业化组织，提高农产品生产和经营的组织化程度，建立生产者和经营者的利益联结机制和约束机制，推动农产品质量的标准化生产、产业化经营和规范化管理，为质量追溯培育载体。源头环节能否提供农产品生产准确及时的信息直接影响着后续环节信息的可信度，因此必须加强农产品质量的源头管理，将松散的农户组织起来，实现农业生产的产业化和标准化。具体实施途径为以土地股份合作为载体推进标准化基地建设、破解农产品生产小、散、乱难题，然后由政府牵头以村（社区）土地股份合作社为载体不断扩大种植面积，最终形成相对集中连片的规模放心农产品基地，全面建立农业投入品登记台账和质量安全检测制度，实行严格的产地准出制度。推行全市农药统一配送，破解农业投入品监管难题，对农药配送实现"四个统一"：即统

一配送、统一标识、统一价格以及统一差率。对农药销售差率实行财政补贴，保证了农药经销企业的正常运转。

（三）加快农产品质量安全的立法跟进，健全安全管理体系

虽然在农产品质量安全可追溯体系的研究与技术操作方面中国已经达到了世界水平，但中国在法律、市场环境等软环境方面的基础仍然十分薄弱。农产品可追溯体系作为质量安全管理发展到高阶段的产物，必须以相关立法的制定、产地认证、产品认证、体系认证等管理体系、信息化建设等工作的有效实施为基础。一方面，要建立统一的监管组织和统一标准，避免重复监管，保证信息有效畅通的传递。另一方面，要实行"上一步、下一步"控制的责任倒逼机制，当事经营者对采购商品的来源及售出商品的安全负责。市场开办者对进入商户的身份和所进商品与证明文件进行验证、对进入商品进行抽检。

（四）统一农产品编码，实现全产业链监管

要实现全产业链监管必须首先给每个农产品赋予一个全球唯一的"物品编码"，并将这一"物品编码"贯穿农产品的整个生命周期，把农产品生产的上下游做到真正的统一。"物品编码"包括了整个产业链的所有相关信息，包括从农产品种植基地用药、施肥等情况的管理环节、到农药、化肥、饲料、农用薄膜等投入品经营主体的监管环节，再到加工企业的产品加工包装、成品储存运输等。并且每一环节的监管都采用国际领先的 GIS 定位技术。农产品的种植、养殖、生产、加工、包装、物流、销售到餐桌的每一个环节都通过权限等级划分实现逐级监管的电子地图管理协同起来，最终形成一个开放的可追溯体系，实现农产品全产业链的监管，真正打造从农田到餐桌的可追溯系统。

（五）搭建信息平台，建立风险评估和预警机制

一方面，通过搭建信息交流平台可以打破信息孤岛的状态，有助于

实现政企之间信息的及时畅通传递。信息平台的使用更可以将最新的政策法规、最有价值的农业生产科学知识、各种法律知识及通知通告，禁用、限用及推荐的农业投入品种类和目录以及农产品质量安全管理先进经验等权威有效的信息在第一时间里传送给农业生产相关从业者，并且有利于生产者技术水平和专业知识的提高。另一方面，借助风险评估机制和预警机制，可以将本地、国内和国外的相关信息传达给各级主管部门，通过汇总追踪传达给市级预警综合协调机构，接着协调结构对农产品市场本身的供求关系进行分析，对国家及本地出台的产业政策、贸易环境变化等信息综合分析，并对近期的疫情信息进行分析。建立起从实际风险预警协调机构→区县主管部门→村组或专业协会→农业生产者这样一个完整的信息渠道，使生产者可以根据预警信息调整生产规模和时机，将"经济调节、市场监管、社会管理、公共服务"变为政府履行职能的应有之义，从而对问题农产品的处理由事后的"亡羊补牢"转变为事前的"未雨绸缪"与事中的"实时监管"。

当预测到食品安全风险时，预警机制的建立要求部门间能快速有效的沟通。而中国目前的现实状况是监管执法部门众多、各职能部门自行公布与其相关的食品信息，以至于经常出现不同部门对同一内容公布的信息不一样和同一部门对同一内容的信息公布不一致的情况。与之相反，欧盟成员国预测到有食品风险或潜在的食品风险时会立即通报欧盟委员会，欧盟委员会根据有关资料做出评估后，由其统一向各成员国发布通知并协助各成员国采取适当的措施。这种做法，保证了沟通的快速有效。中国可以借鉴这一做法，建立起较为完善的预警系统。当然，预警系统的建立还应具备完善的食品安全信息交流系统。

（六）加大对可追溯体系的宣传力度，提高消费者的支付意愿

追溯体系的宣传工作需要政府与农产品生产企业应共同承担，这样更有助于提高消费者对可追溯农产品的认知度，通过促进消费需求和保证有序流通促进生产组织化程度提高的逆向反弹琵琶机制的形成。同时，政府可通过电视、网络等媒体及时准确发布农产品质量安全方面的信息。另外，对实施可追溯体系的企业进行适当的激励，促使这些企业积极主动地对自身产品进行宣传，让消费者树立正确的农产品质量安全观，生产环节的企业自然而然就会趋利迎合。

（七）充分发挥行业协会的监管作用

行业协会作为社团组织，其宗旨是维护市场经济的规范运作以及企业利益，其本质特征是非营利性。服务会员企业、提高会员企业的经营水平、推动会员企业规范发展和诚信经营以及运用团体的力量维护会员企业合法权益等都是中国行业协会相关法规和国际惯例对行业协会的职能要求。在市场经济国家，市场结构均呈现三元化结构，即政府、企业以及介于政府与企业之间的行业协会。行业协会通过制定行规行约、行为规范，进行行业内部质量评级和惩罚处置，不仅可以进行行业准入认定、资质认定等，还可以对业内出口企业的行为和产品质量进行约束和监管、从行业的角度规范准入门槛、发挥行业自律作用、推进行业内出口企业信用建设，同时，作为行业代表可以为政府制定行业改革方案、发展规划、产业政策、法律法规以及涉及行业利益的决策论证等提供预案和建议，发挥行业监管作用。

要按照"企业创办、市场运作、政府扶持"原则，大力培育行业协会，整合现有行业协会资源，实行"政会分开"，建立竞争机制，向民办民营、自我服务方向发展。除了构建公共农产品安全规则体系，还要把重点放在扶持农产品行业协会的发展上来，因为对该行业的技术、流程、品质、成本、管理等行业协会均能够充分的了解，并且拥有其他机构所无法掌握的内部信息资源优势，充分发挥其农产品行业自律的监督者作用，对于农产品安全监管的社会监督来说具有重要的现实意义；大力推广第三方监管模式，培育具有一定专业水准、资质、独立并且致力于农产品安全评估机构，参与农产品生产供应企业的质量评估和全程监控，逐步推进农产品行业生产、操作流程安全标准的统一。

二、激励相容

（一）追溯体系实施绩效低下的原因

就实践层面来说，在中国现阶段供应链的模式下所产生的农产品追溯体系已经基本建立起来，然而，实施的效果却并不如意。除政府的监管机制建设不完善外，农产品追溯体系内部制度设计缺乏激励相容的机制，农业生产过于分散是阻碍农产品追溯体系有效实施的主要因素。课题组的调研结果显示，以经济组织进的形式进行农产品追溯，往往能够达到更高的追溯效率，如农户与农业出口经营企业间的合同关系以及对合同农户的治理机制所形成的重复博弈关系，可以减少短期交易中的机会主义行为，使交易主体产生对未来交易继续进行的预期，增强农产品供应链中参与各方之间的协作，抵制投机行为。农户与出口企业之间更高的供应链一体化程度，可以使得纵向协作变得更固定更紧密，从而实现更高的追溯效率。对于出口企业而言，可以通过追溯体系的实施增强消费者对本企业产品的信任，消除由于市场信息不对称而引起的逆向选择，同时，由于追溯体系实施带来的信息的完全化和透明化，消费者能够购买到符合质量安全标准的产品，出于自身利益的考虑，出口企业有动力投资于可追溯系统（李春艳，2010）。但对于众多分散的小农户，只有采取包括为农户提供专业技术支持，监督农药化肥的使用等具体措施，才能使众多小农户在产业链中的利益得到合理配，才能发挥小农户通过追溯体系保障农产品质量安全的积极性和主动性，并使这种积极性和主动性保持下去。

研究表明，农业组织的合约不完善是导致农产品供给质量安全问题的一个内在诱因，其中，农业组织内部不健全的激励约束机制是农产品供给质量安全问题无法解决的一个重要原因①。

仅仅依靠政府对2亿多的市场主体进行监管，不仅成本高昂，有效性也难以保证。同理，政府监管不了，行业协会也难以发挥作用。诸多研究者认为"公司＋农户"的模式是当下实施农产品追溯体系保障农产品安全最有效的方式之一。但这一模式也存在严重的缺陷：一是"公司＋农户"模式不能覆盖到所有农户；二是"公司＋农户"模式会使农民处于弱势地位，农民只能从种植和养殖环节获得微利，不能全面获得农业和农村经济增长带来的收益，长此以往，农民的负面情绪与日俱增，最终使得"公司＋农户"这一模式破产；三是"公司＋农户"模式发展到一定水平，容易出现公司对农产品垄断的情况，价格不由市场调节，如方便面、食用油的"集体涨价"；四是"公司＋农户"模式埋藏着小农破产的危机，如在奶业中，"公司＋农户"模式水平最高，可现实的情况是奶农的收入在不断下降。为了维持农产品价格稳定以及保护农产品质量安全，提高市场主体组织化程度固然重要，但若出现非均衡的组织化，其破坏性是难以预料的。因此，对于市场主体的组织化，应该始终把握一条准则，即供给和需求双方的阵营应是趋向于均衡，政府需要采取的措施就是去帮助弱势一方，平衡供需双方的市场势力。然而，实际情况是一些地方政府因考虑到自身的利益往往倾向于扶持龙头企业，使得这些龙头企业的市场地位得到进一步加强，其导致的后果是这些龙头企业一方面在农产品收购市场上凭借其强势地位压低农产品收购价格。另一方面在城市农产品供给市场上高价出售给消费者。这对于农产品的价格稳定和质量安全都会产生不利影响。例如，生猪定点屠宰制度，由于定点屠宰厂主要依附猪贩子、猪肉批发商，从而导致养猪小农和猪肉消费者被任意盘剥，这一制度既没有起到维持生猪价格稳定的作用，也没有保障猪肉的质量安全。

① 吴晨，王厚俊. 关系合约与农产品供给质量安全：数理模型及其推论 [J]. 农业技术经济，2010（6）：30－37.

（二）激励相容机制构建

中国目前以家庭为单位分散的农业生产方式使得个体信息的"准租金"不足，为了实现自身目标最大化，分散的小农和企业可能会寻找其他供应链中最佳的节点进行嵌入，也可能经过对比之后在上下游节点之间进行多方博弈，随时都会经过纵向和横向构建新的供应关系，因此在这样的农产品供应体系中，各节点之间的合作是波动的，具有不稳定性。因此，要想从根本上保障农产品质量安全，必须要基于农产品的供应链，建立起一种行之有效的追溯体系的相容性的激励机制。

鉴于中国农产品供应链的实际以及追溯体系面临的一系列问题，需要基于全产业链视角，需要着力于以下三个方面来构建农产品供应链追溯体系的激励机制：政府（政）、产业（产或企）、消费者（用）主体之间及其内部的协同、利益一体化与相容的激励性规制；技术（含信息技术）、管理（含追溯体系模式）、体制（含机制）客体之间及其内部的一体化与激励规制；产权（产业组织结构）、要素（人、财、物、信息平台）、产品三大市场平台之间及其内部的合作与激励性约束。按照激励相容的原理，这种产业链内外的一体化，都不是偏利共生，即一方得利另一方失利的"0、1博弈"，而是互利共生或者是一体化共生，即都得利的"正和博弈"。

农产品供应链追溯体系的激励机制就是农产品供应链中各实体要素之间利用追溯体系这个契约方式结成一种网络式联合体，在农产品从生产者到加工商、批发商、流通企业、到销售商销售到消费者终端的过程中，通过由田间到餐桌所涵盖的种植与采购、贸易与物流、农产品原料或饲料原料及生化、养殖与屠宰、农产品加工、分销/物流、品牌推广、农产品销售等多个环节构成的完整的产业链系统，将内部的所有节点纵向打通、横向协同，控制"从田间到餐桌"的各关键环节和终端出口，以消费者为导向，通过对原料获取、物流加工、产品营销等关键环节的有效管控，实现"从田间到餐桌"的全产业链贯通，使得上下游形成一个利益共同体，从而把最末端的消费者的需求，通过市场机制和企业计划反馈到处于最前端的种植与养殖环节，以市场和消费者为导向，把品牌、创新、渠道结合在一起，形成一个大出口，通过建立"物料源头到销售终端"全过程控制体系，提高源头掌控能力，规范对生产过程中风险的控制，加强销售流通环节管理，深化农产品产业链全程追溯体系建设，实现原料端、生产端、运输端、流动端、监管端等环节无缝衔接，通过实现农产品追溯体系，对产品质量进行全程控制，打造"安全、放心、健康"农产品产业链。通过终端的品牌信誉，形成一批广大消费者欢迎和信任的产品品牌，最大限度地提升整个产业链的价值。各节点实体为了保证农产品质量安全，提升共同的声誉价值，提高供应链的整体竞争力而进行彼此协调和相互努力，共享信息紧密协作，通过共享信息、相互合作、整体优化降低供应链的成本，提高供应链运行效率和经济收益。使各主体在共同提供安全优质农产品、共同提高彼此核心专长、共同分享增值收益的愿景中相互激励、相互促进，协同双方能够进行更加充分的物质、信息和能量交流，这种源于主体能动性发挥而激发出的力量能促进供应链向更具竞争优势的方向演化，并形成一种良性循环机制，激励并约束协同双方建立持久的共生伙伴关系。

（三）追溯体系激励机制的协同运作

第一，信息共享：供应链激励机制的基础。基于"小集成，大协同"思想把农产品供应链打造成整个流通体系的信息共享平台，规避对手交易机制使得以竞争者身份出现的市场参与各方无法合作与协调，造成信息链发生断裂①，将农产品的生产、加工、流通、消费等环节有机结合起来，农产品生产者、供应商、经销商通过信息平台形成产、供、销一体化运作，各环节之间实现无缝衔接，为农产品追溯体系激励机制

---

① 倪天远，常林朝. 批发市场对农产品供应链的信息阻滞及其克服 [J]. 物流科技，2008，08：107 – 109.

的实现提供供应链主体协同运作的基础。

第二，纵向集成，横向整合：激励机制的实现模式。纵句集成是指农产品供应链上各个不同节点与其他服务层的协同，使信息在供应链中得以汇集、筛选，然后在不同服务层之间传递使用，从而实现整个供应链的纵向一体化的过程。在这个过程中，将生产服务层、流通服务层和消费服务层的信息汇集到农产品供应链的信息平台，构建各层之间相互衔接的信息交换网络，实现信息在供应链节点间的纵向互通，用以指导生产和消费。

第三，供应链优化：激励机制的保障条件。要提高各种现有模式下的农产品追溯体系运行绩效，需要从各方面对农产品供应链进行优化。首先，提高生产端的组织化程度和销售端组织化程度。组织化的生产端和销售端有实力对质量安全信息进行检测和跟踪，也有能力进行追溯。其次，供应链的垂直整合缓解信息流失并降低追溯难度。供应链环节过多加剧了信息的流失，并提高信息的逆向追溯难度。通过垂直整合，将外部交易内部化来缩短供应链的长度，有利于质量安全信息的正向传递和逆向追溯。再次，农产品品牌是供应链上信息发送的"信号"。解决供应链上的信息不对称，需要发挥品牌在信息不对称情况下的信号作用。企业要建立品牌和维护品牌信誉，就必须准确传递产品的质量信息，保证产品质量，并承担质量安全方面的全部责任，因此基于品牌的信息传递和追溯都会比较容易。最后，农产品跟踪和溯源信息系统有助于供应链上信息采集自动化和物流标准化。对初级农产品按照标准化流程进行处理，使之适合商场和超市、便利店等新型零售业态的销售是建立高效农产品供应链的必要手段。使得标识体系能够沿着整个供应链来自动记录该农产品被交易、仓储、包装、加工、运输、销售等各环节的相关主体，这样在出现质量安全问题的时候能够方便地进行逆向追溯。

第四，消费者共同参与：激励机制的动力保障。课题组的调研表明，消费者的意识是农产品追溯体系的核心原动力。目前国内消费者对追溯性农产品的意识还不强，支付意愿也不够，与发达国家相比，存在较大的差距，必须大力提高消费者对追溯体系的认知度和支付意愿，通过质量信息强制披露制度保障消费者的知情权，通过举报响应热线激活消费者对监督执法机关的举报权，加大违法成本提高消费者的举报积极性，通过多种渠道精心构建由全体消费者共同参与的动力机制，大力推动以农产品安全利益相关者为主体的社会监管，逐步实现农产品安全监管网络的良性互动。

政府的监管不是万能的，强化农产品安全，应该突破政府单一监管的模式，作为对政府"权力监管"的弥补，需要引入消费者主导的"权利监管"，精心构建作为个体消费者的公民，以及新闻媒体如何参与农产品安全问题防控系统中来的动力机制，预防、威慑并遏止农产品企业的不规范生产行为。在进一步完善农产品市场和相关法律的基础上，通过多种渠道，压缩市场失灵和规制俘获的空间，大力推动以农产品安全利益相关者为主体的社会监管，逐步实现农产品安全监管网络的良性互通。通过农产品质量信息的强制披露制度保障消费者的知情权，通过举报响应热线激活消费者对监督执法机关的举报权，加大违法成本提高消费者的举报积极性。当然，更要注重消费者团体和 NGO 的重要作用，他们通过个案的积累，掌握的信息更加充分，行动更有效率。不论从防止"搭便车"现象、掌握更专业的知识还是提高行动的效率来看，引入社会的监管，也就是消费者团体和 NGO 的监管，都是非常重要的。

消费者要不断加强农产品安全意识。因为消费者对农产品的安全偏好和制度是共生演化的，不断提高的安全意识和标准，在这种与厂商不完全合约安排下，可以达到完全互惠的稳定解，所以消费者安全意识的适应性变化可以推动农产品安全的有效治理。通过培育消费者力量，加强农产品安全的监管力度。诸如有学者利用"动态社会契约"论证了第三种力量参与对农产品安全监管的理论基础，通过第三种力量对农产品安全监管的制度化参与机制、组织化供给机制和社会化监督约束机制的分析，发现第三种力量具有影响农产品安全公共政策的制定、参与农产品安全公共产品的供给和培育公民、企业和社会的农产品安全公共意识等重要功能。此外，还有学者通过对新中国成立以来中国农产品监管发展变迁的回顾，提出中国的农产品安全监管一直是由政府通过调整主管机构和设置综合协调机构来解决管制机构重叠冗余的问题，即主要依靠上级力量来监督监管者，目前应引入公民监督，弥补自上而下的横向和纵向监管模式之不足。最后，通过寻求各方利益的平衡点，克服地方政府利益造成的监管乏力。诸如有学者通过研究美国农产品药品监管制度的产生发展后提出，"在工业化和商业化等宏观历史因素的交错影响下，各方基于追求自身利益的平衡和妥协是推动监管体制形成的具体机制，因此，具有进步主义理念的政府官僚、社会团体、大众媒体也是重要的推动力量。基于利益、压力做出的妥协与配合，是促成监管体制的关键，而较好地协调了维护公共健康[①]"。

（四）追溯体系激励机制的保障

第一，压力机制，农产品追溯体系运行的压力机制只要来源于包括政府的强制性规制、出口贸易国的技术或绿色壁垒以及消费者的购买意愿，由于农产品的质量安全性具有信誉产品的性质，消费者除了能对农产品的一般物理品质发表一些意见外，对其主要的质量安全品质缺乏信息知晓的能力，消费者很难构成对农产品追溯体系行为的直接压力，因此政府的强制性规制和贸易国的技术或绿色壁垒是首要的压力源。综上所述，核心企业和零售商是质量安全压力的主要承受者，而沿着产业链自终端而上，政府规制和检验是逐渐宽松的，因而压力也是逐渐减少的，上游企业具有一定的进行非质量安全行为的机会主义。供应链压力机制的功能就是将工贸企业和零售商所接受到的压力通过供应链有效地向上游主体传递，使上游主体同样感受这种压力，降低它们从事非质量安全行为的机会和冲动。

---

① 刘鹏. 公共健康、产业发展与国家战略——美国进步时代食品药品监管体制及其对中国的启示 [J]. 中国软科学，2009，08：61 - 68.

第二，动力机制，压力是外在的、强制性的力量，压力下的行为也必然是被动的、暂时的行为，要把追溯体系内各主体的质量安全行为变成主动的、长久的行为，就必须把外在的压力转化为内在的动力。企业选择经济行为的目标是明确的，那就是获利，如果追溯体系内各主体选择质量安全行为不仅不会在总体上削弱其经济竞争力，相反，还能够增强其经济竞争力而使其获得实利时，理性的经济人一定会有选择质量安全行为的动力。因此，动力机制就是该模式的利益获得机制和追溯体系内的利益均衡机制。首先，在追溯体系外部，政府要对基于质量安全的农产品产业组织模式的建立和运行给予扶持，同时要有公正的农产品追溯体系规制和检验以及保护质量安全行为的有效制度供给，使得在这种制度体系中，实现追溯体系保障质量安全成为企业获得经济竞争力从而获得实利的一个来源和基本手段，并增加长期获利的确切预期，相反地，不实现追溯体系则会失去竞争力，会受到有效的约束和惩罚。其次，在追溯体系内部，通过核心工贸企业和种养殖户协会的协调，使得供应链内各主体都能获得因向社会提供质量安全农产品所获得的超额利润，感受到选择质量安全行为的好处。

第三，升值机制，农产品追溯体系通过具有综合实力和行业能力优势的核心工贸企业借助自身强大的组织协调能力和价值创造能力在将供应链资源进行横向一体化集约，节约成本、提高效率的同时，还能将农产品的供应商和技术服务机构协约成为联盟，就某一种或几种特色农品的安全种养殖保质、保量、按时、安全地集中统一供应各种原料和服务；具有提升质量安全性农产品信誉、市场竞争力和供应链附加值的能力。通过核心工贸企业的协调和能力、压力输出以及模式内各主体的努力，建立起有效的生产计划协调机制、完善的质量保障体系、先进的信息保障体系和扎实的基础管理体系，使供应链模式形成一个统一的整体。

（五）激励机制的依赖主体

上述设计的追溯体系激励机制要真正落到实处，需要得到相关主体的支持：

第一，核心企业——激励运行的核心主体。工贸企业是农产品追溯体系激励机制运行的核心主体，充当整个供应链信息交换和物流调度的角色。它们是战略中心、决策中心、控制中心、研发中心，是来自外部的质量安全压力的主要承受者，也是供应链模式内动力、能力和压力的主要输出者。工贸企业肩负着开拓市场、控制质量、科技创新、带动渔户、促进发展的任务。他们的综合实力和能力，尤其是组织协调能力和价值创造能力的大小，决定着农产品供应链模式的规模和效益。

第二，种养殖基地——保障农产品质量安全的关键主体。种养殖基地是由农产品种养殖户通过一定的横向一体化集约形成的，包括一定规模的种养殖渔场和由较小的种养殖户集约形成的种养殖区。种养殖基地是供应链模式内除工贸企业之外的关键主体，是模式中农产品生产时间最长的阶段，是农产品质量安全性的主要形成阶段和决定者，是工贸企业传递质量安全压力的主要对象，是农产品质量安全行为的主要实施者和责任人。其主要任务是按照农产品种养殖的质量安全综合生产工艺标准，进行特色农产品鱼苗繁育、成品种养殖、疾病防治和水域净化，并按照协议按时、按量、保质、保安全地向工贸企业提供农产品。

第三，苗料药供应联盟——农产品质量安全问题的源头。苗料药供应联盟是在工贸企业的协调下由一般模式下的鱼苗供应商、饲料供应商和鱼药供应商等特色农产品种养殖的供应品供应者组成，它们按照工贸企业的统一质量安全要求或标准提供优良、无病、无污染、无安全隐患鱼苗；生产营养丰富、无污染、无激素、无抗生素的安全饲料；提供安全鱼药和安全可靠的消毒、净化、检疫和鱼病防治等服务，它们是决定农产品质量安全性的源头。

第四，种养殖户协会——种养殖户和工贸企业之间的桥梁。种养殖户协会是在政府的引导和扶持下，在工贸企业的组织协调下，由农产品种养殖基地的种养殖场或种养殖户根据平等自愿、利益共享、风险共担的原则成立的。它们协调种养殖场或种养殖户关系，通过横向一体化集约而成种养殖基地，协调工贸企业和种养殖基地之间关系，通过纵向一体化形成供应链组织模式。同时还承担着协助种养殖基地与工贸企业签订购销合同，推广和培训新的质量安全种养殖技术，监督种养殖场或种养殖户的质量安全行为，信息咨询与服务等职能。它们是提升模式内农产品质量安全能力的重要环节。

第五，零售商——农产品质量安全压力的主要承受者。农产品零售商直接面对消费者、政府的质量安全要求与检查，和工贸企业一样也是承受质量安全压力较大的环节；同时，它们还是宣传质量安全性农产品、引导消费、刺激消费、维护和提高质量安全性农产品消费者满意度和忠诚度，提升质量安全性农产品竞争能力和供应链模式的质量安全行为能力的重要环节。

三、产业链协同

前面的分析表明，欧盟建立的农产品的质量安全可追溯体系要求处于农产品供应链中的各个阶段的生产商或者经营者都必须了解其前一阶段和后一阶段的过程，即跟踪和追溯农产品、饲料、畜禽肉类以及特定成分在所有的生产、加工和流通过程的情况，同时欧盟委员会在《农产品安全白皮书》中对农产品供应链各个环节涉及的每个单位和个人都规定了具体的职责，这些所有的做法都是为了确保产业链内的协同，以提高效率使得农产品质量安全可追溯体系高效的发展。借鉴欧盟做法，我们可以将中国纵向的、横向的所有的部门进行整合协调，使得他们的工作和农产品企业形成的整个产业链以高效的方式运行，减少追溯体系建设的成本，尽快建成中国特色的农产品质量安全追溯体系。

（一）应对产业规模问题的对策

解决产业规模化的问题就是解决当前中国农产品生产散、小、多的问题，随着规模化的扩大催生出新的生产模式，如"公司＋合作社＋基地"的模式，从而将产业链上的各个利益主体连接起来形成一个利益共同体。可以从以下几个方面入手解决产业规模存在的问题。

1. 实现土地规模经营

克服体制障碍，完善土地经营方式。土地经营方式是阻碍规模经营难以夸大的体制上的原因。目前，分散经营层次仍然是最基本、最主要甚至是唯一的，虽然我们把现行经营方式概括为"统分结合、双层经营"，但事实上，统一经营的层次在大多数地方有名无实。实现规模经营的前提是实现分工细化和生产专业化，而要实现分工细化和生产专业化又必须首先克服体制上的障碍，即完善土地经营方式。在土地经营方式中土地承包经营责任制是农业产业化规模化实现的基础和前提。一方面，在稳定土地承包制基础上，实现土地使用权合理流转；另一方面，在稳定土地承包关系基础上，在坚持自愿、有偿的原则下，促进土地使用权的合理流转，使土地逐步集中到一部分种田能手手中。

2. 扶持龙头企业发展

各个行业的龙头企业对行业中的其他企业具有深远的影响力、号召力以及示范引导作用，可以对农民实施全方位的带动。随着农业产业化在全国各地的逐渐推广，龙头企业在农产品质量安全追溯体系实施方面的保障作用也随之得到认可。在下一步的发展计划中，应该以"大、高、外、强"为原则，围绕主导产业或者拳头产品，集中培植一批集信息传递、技术推广、深度加工、贮运销售等多种功能于一体的，具有高附加值、高科技含量、高市场占有率的大型企业集团或者合作经济组织，使之成为一些产业或者产品的主体。不但要占领本地市场，还要占领外地市场；不但要站稳国内市场，还要开拓国际市场，扩大出口创汇。强化龙头企业的牵引力、辐射力和服务功能。加强攻府在信贷、利率、税收、国内外融资、审批、用地、外贸权限等方面的优惠政策引导和推动。根据不同产业和行业开发的技术层次和规模要求，分别制定和采用相应的政策，引导和推动全社会各类企业进入农业领域，以培育农业一体化组织的龙头企业，加速农业产业化和由此带动的农业现代化进程①。

3. 引导多种方式经营

农业规模化发展需要以农业的市场化，专业化、社会化为基础。加快农村土地承包经营权有序流转，整合农村土地资源，促进上地流动和经营规模的扩大；加强对粮食高产田、蔬菜基地、农民实行承包后退包农田的规模经营、进一步扩大设施农业的生产面积，提高土地生产经营效益；引入企业经营机制，农业企业化是规模经营的重要途径，把千家万户的分散经营变成适度规模的企业化经营，形成规模经营格局；采取股份制等多种形式，将资金、土地、技术、管理入股，由农户，集体和多元经济主体组成联合体，进行规模经营；加大农业招商引资力度，投资兴办各种农业基地和种养加项目；发展建设一大批经营规模和外向型程度较高、品牌化经营的"立体农业"、"设施农业"、"工厂化农业"等形式的农产品基地，推动农业经济向集约化、基地化、产业化方向发展。

（二）应对产业结构问题的对策

农业产业结构优化是增强自身能力的客观要求，他并不是指农业产业结构水平的高低静态过程，而是通过不断地对农、林、牧、副、渔等结构的调整，使农业资源配置效率达到最优化的动态过程。纵观世界农业发展进程，农业产业结构优化不仅包括农业产业结构效益优化，而且包括转换能力优化。前者是指农业产业结构演进过程中经济效益不断提

---

① 推进农业产业化经营的着力点．中国农网，http：//www. sqagri. com/shownews/php？id＝1459.

高，后者是指农业产业结构对技术进步、社会资源供给状况和市场需求状况变化的适应能力的优化，其中包括传统农向现代农业转换的能力以及农业在国民经济中的地位不断加强和比重不断降低的过程。以种植业为主、加工水平低、质量不高的我国农业生产结构无法适应国际国内市场需求的变化。具体表现在三个方面：一方面是低水平下的结构性、地区性生产过剩；另一方面又表现为农业生产主要是在外延扩大再生产基础上的高消耗、高成本和低效益；另外，还有第三产业发展严重滞后，内部结构发展不平衡。由于农业生产还停留在比较初级的阶段、农产品生产比较盲目并且缺少技术指导和科技创新所导致的低附加值产业结构无法吸引农产品产业链上的供应商、生产商以及销售商等投入进来，因此要实现各个利益主体多方参与的农产品产业链在产业结构方面还必须解决以下的问题。

1. 注重市场导向，拓宽流通渠道在农业产业结构调整中的支撑作用

注重以市场为导向，避免农民脱离市场，盲目安排生产结构和规模，要引导农户在明确自身资源优势的基础上将其转化为市场竞争中的商品优势。同时政府也要以市场为导向发挥宏观调控作用，加强农产品市场体系建设。对于农产品生产与市场脱节、销售不畅的问题要通过深化农产品流通体制改革来实现，同时搞活农产品流通；为了进一步提高农产品市场体系建设和管理水平要统一规划、合理布局、完善配套设施；通过加强产地批发市场建设进一步完善销地批发市场；以加强农产品储运、加工、分级分类、包装及信息服务等市场配套设施建设为途径逐步向公开竞价拍卖、样品交易等方式过渡；各地根据自身资源环境状况可以尝试通过发展生产基地与连锁经营、配送中心等紧密结合的新型流通方式，拓宽农产品流通渠道和市场；要始终秉持"绿色通道"的做法，清除各种关卡和杜绝乱收费、乱罚款现象，保证农产品特别是鲜活农产品的运销通畅。

2. 加快农业产业链建设，提高农业产业链管理水平

目前中国农业产业链管理还处在初级阶段，需要在价值链管理、组

织管理、信息链管理和物流链管理等几个方面多管齐下，通过加强农业产供销或者农产品上下游之间的组织、信息、价值和物流的沟通与协调，拉长并加强产业链条，增加农产品的附加值和竞争力。

我国农业生产的效益来源于产后的加工和流通环节。据测算，发达国家农业产前、产中和产后向社会提供的产品价值量比为2∶1∶7，农业原字头产品的价值量只占农业最终产品价值量1%。由此可知，农业生产外环节的多次增值是农业经济效益从根本上提高重要保障。但是由于我国大规模小农户的分散经营模式、农民较低的受教育水平以及资金技术的限制，农业生产大多只是停留于初级产品和半成品阶段，同时也就局限了农民的收入职能来自于初级产品和半成品。由此造成的农业产业过短和附加值偏低是造成农民低收入的重要原因之一。随着居民收入水平的提高，根据恩格尔定律可知消费者花费在食品上的收入，在总收入中的比重下降，食品的收入弹性减弱，收入下降最终会使农民的境况更加严峻。在此背景下开拓鼓励农户从事初级农产品加工行业就显得尤为重要，这一举措不仅可以为农业的发展开拓新的更广阔的市场空间，而且可以引导新的消费趋势，增加农民的附加收入。但是在发展初期由于受到各方面条件的限制企业和农户还无法自发的投入其中，这就需要政府调动多种所有制和多元投资主体共同参与的积极性，重点扶持从事农产品加工工业的龙头企业，实现农为产业化经营，并引导它们以提高农产品质量安全水平为目标，按照"产业化促标准化"的机制，加快推广农产品全程的标准化生产技术，促进农产品由初加工向深加工、由粗加工向精加工、从数量型向质量型方向发展，即促进农业结构调整向纵深发展。

3. 培育新型农业经营主体，促使多元化种养殖结构

当今市场需求千变万化，粮食生产也不能脱离市场需求。在新形势下粮食生产必须以稳定增长为前提、以市场需求为导向、以培育新型农业经营主体为途径，以农业科技创新和农技推广为激励加快繁育农业新品种，大规模试点高产和绿色增产模式，最终实现"藏粮于地、藏粮于

技、藏粮于民"，推动种植业从以粮食作物和经济作物的二元结构发展成为集粮食作物、经济作物、饲料作物、蔬菜、瓜果、花卉等的多元化种植结构。通过大力发展农产品精深加工和系列化加工改变地区间农产品结构"资源型、趋同型、低级化"的劣势，以满足市场的优质化、多样化、无公害的需求。除此之外还应该从以下几个方面进一步乏力。构建优势区域布局和专业生产格局，提高农业生产与资源环境匹配度，农业活动要因地制宜，加快农业生态环境修复与治理；在稳定粮食综合生产能力基础上，调整优化粮经作物生产结构；大力发展草牧业，形成粮草兼顾、农牧结合、循环发展的新型种养结构；大力发展农业产业化，推进龙头企业集群集聚，延伸产业链，促进一二三产融合互动；以及优化产品结构，推进标准化生产，完善农产品质量安全标准体系建设。

（三）调整产业链内部管理

农产品产业链包括从种苗培育到大田管理、弄畜产品加工、保鲜直至流通、市场销售等所有环节和过程，较长的农业产业链上也涉及着众多的利益主体，这些利益主体在农产品产业链建设的初期根据各自不同的利益函数从事相关生产。因此，在农业产业链的内部也存在着诸多有待解决的问题。例如，断层产业链低端的小农户各方面能力十分脆弱、由于产业链价值错位而导致的利润中间大，两头小、未把控好产业链风险而致使农产品质量安全事件频频发生、产业链松散和市场集中度过低带来的行业低利润、产业链监管不足和连接失恰引起的环境污染等。要解决以上存在的问题要综合考虑各个层面，在要素层面要加强农产品信息链、供应链、资金链以及技术链等多个链条之间的协同关系；在产品层面权衡蔬菜、果品、牛奶及肉品等不同产业链的组合方式；在宏观层面完善不同区域农业产业在分工协作过程中所形成的跨国界、跨地区的网络化结构，在中观层面提高农业产业链对第一、第二和第三产业的贯穿以及不同行业企业连续追加价值活动的总和，在微观层面提高农业产业链上各节点企业价值创造和价值分配活动的总和。由于农业产业链所涉及的利益主体比较众多，相应的各利益主体之间相互的协作关系也比价复杂，包括企业与企业之间、企业与农户之间等的利益博弈。另外，由于我国农村人口数量众多，农民科技文化素质相对低下，生产规模较小，可以通过把分散农户和统一大市场连接起来的方式构建和延伸农业产业链，使农业产业链各经营主体（主要是指农户和农业企业）之间为实现高效分工协作而形成组织关系或制度安排，在这一制度框架下有关农产品生产和交易的契约发起、谈判、签订、执行、修改和终止等所有契约行为可以得以顺利进行，推进农业产业链纵向治理关系的协调发展。

1. 大力提高组织化程度，强化政府的综合服务功能

农业产业组织体系不仅包括微观层面上的产业组织形式，而且包括宏观层面上的产业组织形式，如承担宏观协调和服务等职能的政府部门、行业组织等。结合目前我国存在的农产品加工流通产业链短，研发能力弱等问题可知宏观层次的低组织化程度是其发生的根本原因，因此要着力加强政府宏观指导作用。一方面政府部门要对主要农产品的生产和流通加强管理和调控；另一方面要通过深化改革，强化政府的综合服务功能，在农业投入上加强协调和服务，在信贷、税收等方面制定优惠政策，扶持农业产业化经营。

2. 完善利益协调机制

完善利益协调机制，促进农业产业化的发展利益机制是农业产业化的核心。要坚持以产销连接为纽带，以服务连接为桥梁，以利益连接为核心，以机制连接为保障，保证龙头企业和农户根据从事的生产不同，因地制宜选择不同的连接方式，规范订单农业的发展，提倡龙头企业在与农户签订合同和订单的基础上，能够给农户提供种子、资金、技术等服务。鼓励有条件的龙头企业跟农民制定最低收购价，或者把部分利润返还给农户。

3. 引导工商资本进入

工商资本的引入是解决农业产业化资本投入不足的一种创新方面，

但是与政府投入不同国家的是工商资本也是一个利益主体，要充分发挥工商资本在农业产业化发展中的作用确保其正常实施必须要做到两点：一是协调好各方的利益关系；二是建立合理的利益分配机制。在实施过程中国的各方产业主体也必须各尽所能、各司其职。首先，参与农业产业化的工商企业不仅要从长远利益考虑。在利益分配方面要自觉让利于农业，还要积极推行股份合作制，各方以资金、技术、土地、设施等资产折价入股，实行资产连接，凭借自身股份参与管理与决策，并通过按劳分配与按股份分红相结合的原则得到合理利润。在风险承担方面，要合理分配风险承担比例，真正形成风险共担、利益均沾的经济利益共同体；其次，参与农产业化的农民也要自觉地提高自身综合素质。具体可以通过建立农民合作经济组织，提高自身的组织化程度，从而提高自身的谈判地位，获得合理的利益分配；最后，签订具有法律效力的经济合同或者契约，逐步完善农业产业链运行约束机制，以保证利益的实现。

第三节　农产品追溯体系创新机制实施的要素保障

为保障农产品质量安全，近年来国家不断加快农产品质量安全追溯体系建设，构建农产品生产、收购、贮藏、运输等各个节点信息的互联互通，实现农产品从生产源头到产品上市前的全程质量追溯。2015 年及今后一段时期，将重点加快制定质量追溯制度、管理规范和技术标准，推动国家追溯信息平台建设，进一步健全农产品质量安全可追溯体系。同时，加大农产品质量安全追溯体系建设投入，不断完善基层可追溯体系运行所需的装备条件，强化基层信息采集、监督抽查、检测检验、执法监管、宣传培训等能力建设。按照先试点再全面推进的原则，对"三品一标"获证主体及产品先行试点，在总结试点经验的基础上，逐步实现覆盖中国主要农产品质量安全的可追溯管理目标。

一、技术保障

随着信息技术的飞速发展，电子政务已经呈现覆盖所有政府部门甚至所有业务的趋势，网络已经成为公众获取各类政务信息的主要渠道，但是负责农产品质量安全监管的各职能部门网站对农产品质量安全信息的发布普遍落后。农产品质量安全可追溯系统之所以能够快速准确地做出反应，发现问题的根源，依赖于全部过程的自动化和国内、国际上系统的兼容。可追溯系统涉及多个行为主体，建立一个可靠的农产品质量安全可追溯系统的前提是对数据进行整合，建立各行为主体的信息共享机制和农产品质量安全信息数据库，实现从原料到最终产品的追踪以及其过程的逆向追溯和消费者、企业、政府之间的信息共享。基于信息共享的农产品质量安全可追溯系统由中央控制平台、区域平台、企业端管理信息系统和用户信息查询平台四部分构成①。

中央控制平台。中央控制平台的核心是中央平台数据库，主要功能包括各参与方身份管理个相互关系管理，以及信息编码的解释等。中央控制平台分析食品可追溯体系所要的数据，为其各参与方系统接入提供技术支持时运用的方法也是多种多样的，具体有定量化分析手段、运筹学以及各种管理模型等。

区域平台。区域平台通过产品数据库记录存储产品的各种信息、所有加入可追溯系统中产品供应链上的经济主体信息、相应产品质量标准、质量认证以及最近发生的质量安全事件等相关信息。区域平台为农产品质量安全追溯体系提供信息管理服务的最终目的在于为相关主体和活动提供技术支持。例如，有意加入农产品可追溯系统的各类企业、本区域的平台及将农产品质量信息提供给中央平台或者其他区域平台所进行的数据交换与共享等。

---

① 刘俊华等. 基于信息共享的食品可追溯体系研究 [J]. 农业标准化，2006（12）：32 – 35.

企业端管理信息系统。企业端管理信息系统顾名思义是依照行业或国家规范的产品编码标准由企业自主开发管理的信息系统。该系统的运作主要分为两步。首先，由供应链上所有经济主体将其产品相关信息记录存储到各自的管理信息系统当中，然后各个企业按照相关要求将管理信息系统中的信息数据提供给产品数据库。

用户信息查询平台[1]。用户信息查询平台是消费者、企业以及政府部门用来查询农产品质量安全信息的系统，其查询方式包括互联网网站查询、超市终端机器查询和手机短信查询等。该系统连接到农产品数据库中，根据不同的权限，可以查询到产品、企业名录、安全标准、认证信息、安全事件等各种信息，增加信息透明度和公开度，最大限度的满足消费者的知情权，提高消费者的信心，在一定程度上减弱信息不对称，减少安全事件的发生。该系统由行业协会或者政府相关部门开发维护管理。追溯信息查询系统作为消费者可以直接使用的信息检索工具，是构建整个农产品可追溯系统的核心之一。

农产品质量安全可追溯系统的实施涉及多种技术，统一的标准是可追溯系统的基础。统一的编码和食品信息标准能够实现信息的准确传递和不同数据库之间的无缝连接，从而达到快速追溯的目的。基于信息的标准化，下列技术为信息共享提供了支持[2]：

数据共享技术。中央数据库和信息产地系统是实现可追溯体系的重要前提。因为，要实现快速农产品追溯体系必须能够使供应链各个部门方便快捷的了解生产的全过程，单凭纸张的记录远远不够。要实现数据共享必须将家畜个体或者单位群体的迁移必须记录到中央数据库或者无缝地与数据库框架相连接。

编码技术。要实现有效跟踪和追溯必须对实体进行准确标识，只有

① 孙小燕. 农产品质量安全信息传递机制研究 [M]. 北京：中国农业大学出版社，2010：155.
② 刘俊华等. 基于信息共享的食品可追溯体系研究 [J]. 农业标准化，2006（12）：32-35.

完成产品标识和编码才可以进行技术应用。条码技术由于识别可靠性高、成本低廉、技术成熟等优势被广泛地应用于编码系统，同时也是最早使用的一种自动识别技术。国际物品编码协会（GSI）开发出用于食品跟踪与追溯的全球统一标识（EAN. UCC）系统。EAN. UCC 系统在全球贸易项目代码（GlobAl TrAde Item Number，GTIN）、全球位置码（GlobAl LocAtion Number，GLN）、系列货运包装箱代码（SeriAl Shipping ContAiner Code，SSCC）和应用标示符（ApplicAtion Identifier，AI）等一系列编码方案的支持下，通过扫描等方式实现自动数据获取，通过电子数据交换（EDI）或者互联网实现数据通信，成功地应用于对饮料、肉制品、鱼制品、水果和蔬菜的可追溯系统中。[①] EAN. UCC 系统以表示产品或服务的标识代码及附加信息编码的一系列标准化条码符合作为载体，同时这一系列标准化条码符合也是 EAN. UCC 系统最基本的支撑技术。EAN. UCC 系统是目前世界上比较成熟的技术体系，已经成功应用于欧洲农产品质量安全可追溯系统的建立实施中。

射频识别技术。射频识别（RFID）系统的运作机理是，首先通过射频标签承载信息，接着射频标签和识读器之间通过感应、无线电波或微波能量进行非接触双向通信，从而达到识别的目的。可非接触识读（识读距离可以从十厘米到几十米）、可识别高速运动物体、抗恶劣环境、保密性强及可同时识别多个识别对象等都是射频识别（RFID）技术的特点，同时也是实现物流过程实施货品跟踪非常有效的一种技术。

网络技术。网络可以快捷有效地将所有分散的个体、胴体、饲养场、屠宰厂和销售点信息等连接在一起，在可追溯系统中 LAN、WAN 等有线网络技术和 GPRS、蓝牙等无线通信技术以及 Internet 技术等是必不可少的支撑。通过 Internet 及 XML 技术的应用，实现数据集中存贮、管理，数据输入后可立即查询，突破企业防火墙的限制，拥有低维护成

---

① 孙小燕. 农产品质量安全信息传递机制研究［M］.北京：中国农业大学出版社，2010：156.

本和客户端零安装优势①。

GPS 和 GIS 技术。随着 GPS 技术的民用化以及服务和设备成本的降低，许多可追溯系统已经加入了家畜个体和饲养场地理位置引用信息和相关分析功能，在动物疾病暴发时能够提供更多辅助决策信息。

生物信息学技术。生物信息学技术的发展和应用使得基于 DNA 的可追溯成为可能，DNA 标识需要建立庞大的基因数据库，需要研制专用的基于匹配搜索引擎，没有现代信息技术的支撑就无法实现基于 DNA 的可追溯系统。

通过促进以上各项技术实现信息共享，为建立农产品质量安全可追溯系统提供运行技术基础和技术保障。

二、资金保障

在农产品质量追溯体系建立的初期，由于各方面的设备还不完善、农产品质量安全追溯体系参与者的积极还不是很高、政府的监管力度还不到位，所以在这些方面都应该加强资金的投入。

首先，政府对于追溯体系建设应该起到领头羊的作用，做到政策上的引导和体制上的保障。例如，应尽快建立近期以及远期的规划，根据不同时期的项目建设要求，制定财政支出计划。在体系的设立方面，要加大投资引进比较先进的技术；在监管检测方面，要加大对农产品质量安全检测设备的投入，添置先进的仪器，更新落后的仪器，对技术人员进行基础应用技术的培训投入；加大对业务、法规、标准、计算的培训力度；加大对农产品质量安全检测实验室质量控制范围，提高实验室的管理水平和技术能力；发展多种农药、兽药残留的一次检测、快速检测、专用检测技术；完善食品添加剂、饲料添加剂、违禁化学检验技

---

① 王立方，陆昌华，谢菊芳，胡肆农. 家畜和畜产品可追溯系统研究进展 [J]. 农业工程学报，2005，07：168 - 174.

术。建立农产品中新出现的重要人畜共患疾病病源检测技术；在终端查询机的配置上面也应该加大投入，如在大型商超外面多设置几台便民查询机，方便消费者随时了解所购农产品的质量信息；加大对于研发新型查询技术的资金投入，使可以设计出更加便利的信息查询方式。

企业和农户作为农产品质量追溯体系的实施者，受到追溯体系建设初期低收益和高成本的影响缺乏主动参与追溯体系的积极性，因此政府应该设立财政上的扶持资金给予相关主体一定补贴，从而可以相对降低企业和农户在生产的初期成本，增加他们参与农产品质量追溯体系的积极性。例如，为农户提供免费的技术培训、优质种苗；而对于在农产品质量追溯体系中做得比较好的企业实施奖励措施。北京青圃园菜蔬有限公司位于被誉为"中国生态农业第一村"的北京市大兴区长子营镇留民营生态农场，其采取的是"公司 + 基地 + 农户"的生产模式，2003 年通过北京农业标准化示范基地认证并在当年荣获北京农业标准化优秀示范基地。该公司的蔬菜大棚均由政府出资兴建，开展追溯试点以后，政府免费给公司配置了质量追溯打码机、电脑、检测仪器，此外政府还对这些企业提供税收优惠，免交增值税，指教所得税和附加税等。这些措施对于该公司极力推广农产品质量追溯体系起到了相当大的作用，所以政府可以借鉴这个方式并且将其推广。

三、人员保障

在农产品质量追溯体系中所提及的人员保障主要包括两个方面，一方面是人员数量的保障；另一方面是人员质量的保障。

人员数量的核心是做到"精简"和"人尽所能"，其主要内容是指合理分配监管和检测方面的人员，根据职位需要适当裁剪和增加员工，使每个员工明确自己的职责范围和奖惩制度，从而避免各个部门对利益的争执和职责推脱；人员质量保证最主要的是人员对追溯体系具有较高的素质和觉悟。提高人员素质的途径是多种的。例如，加大农产品质量安全重要性的宣传，使农户和企业和消费者从内心里意识到食品安全的重要性，提高他们在生产、监督中的自觉性、大力普及有关食品质量安全相关方面的法律法规，让农户和企业意识到违规生产的严重性，这样在外界的压力之下，他们同样也会积极地参与到农产品质量安全追溯体系中。

培育和壮大加入到食用农产品质量安全追溯体系中的主体是人员保障所涉及的另外一个重要方面。依靠市场来带动企业加入农产品质量追溯体系才能推进和完善农产品质量追溯体系，最终要形成良性循环。要帮助农民专业合作社、农产品生产企业、农产品批发市场等加入农产品质量追溯体系的主体不断壮大和提高企业自身实力，要让他们积极主动的参与到农产品质量追溯体系中来，要使参与农产品质量追溯体系主体生产经营的规模化和组织化程度得到不断的提高，要推广"市场＋基地＋协会（组织）＋农户"的农产品生产销售模式，在参与农产品质量追溯体系的各方不断发展壮大的同时，要引导他们在农产品生产过程中不断提升农产品质量安全水平，努力确保农产品生产的全过程可控可管。

四、政策保障

（一）完善体制支撑，加大制度对追溯体系的实施保障

制定、发布、执行有关农产品质量安全的生产标准、生产技术规程和法律法规，推行农产品质量标准认证。农产品质量标准是农产品安全生产的基础，是质量安全监管的依据；建立系统合理、分工明确、权责明晰的三级检测控制监管体系。建立三种类型的农产品安全监测控制监管体系：建立系统合理、分工明确、权责明晰的"基地、乡镇、县市"三级检测控制监管体系；建立农产品"基地生产、加工配送、市场流通"三个层面一个链条全过程系统、严格、科学、合理的检测控制监管

体系；建立农产品生产加工过程中、终端产品检测、产品进入市场前三个关键点快速在线检测控制监管体系；建立农产品市场准入制度、不安全农产品召回制以及产品标识体系。

（二） 加大宣传力度，提高消费者对追溯体系的认知度①

只有消费者认可并且购买实施追溯体系的农产品，那么追溯体系才有实施的可行性。因此在农产品追溯体系当中，消费者不但是追溯体系的最终消费者，而且更重要的，他们是农产品追溯体系能够快速建立的推动者，提高消费者对于农产品追溯体系的认知度在此时就显得尤为的重要。政府应该通过媒体发布相关科学的、客观的信息来加强对消费者关注的食品安全信息供给，及时通报和宣传食品追溯体系的实施状况，提高消费者对可追溯食用农产品的认知水平和关注程度。让消费者认识到使用食品追溯体系可以对消费的食用农产品进行有效监控，增强消费者的食品安全意识，提高消费者对食用农产品"安全"和"品质"的购买意愿。

（三） 加大扶持力度，增强政府对食品企业的激励

在我国食用农产品质量安全追溯体系建设的初期政府必须加大对其的扶持力度。因为在追溯体系建立初期，企业作为追溯体系的重要实施者往往会因为花费成本较高，收益不明显等因素的制约而缺乏参与追溯体系的主动性，同时政府的扶持将对追溯体系的建立起到重要的保障作用。在追溯体系建设的初期，政府在通过专项建设资金对食品追溯体系建设进行支援之外，也可以为食品企业或其他产业化组织提供硬件设备支持和技术培训支持，发挥农业产业化组织带动农户的作用。另外，要将保障食用农产品质量安全纳入农业补贴的重要内容，以销售农产品数

---

① 赵荣．中国农产食品质量安全追溯体系激励机制研究 ［M］．北京：中国农业出版社，2012：209.

量为基础，增加对农产品生产企业和农民经济局合作组织（专业协会）生产的优质农产品的补贴，鼓励优质优价，增强其实施农产品质量安全追溯体系的激励水平①。

（四）培育产业化组织，壮大食品追溯体系的参与主体

建立完善食用农产品质量安全追溯体系，需要通过培育壮大食用农产品生产企业、农民专业合作经济组织、农产品批发市场和现代营销体系等食用农产品产业化组织，来提高食用农产品生产和经营的组织化程度，并加快推广"市场＋基地＋产业化组织＋农户"的食用农产品质量安全组织模式。通过不断提高农产品生产和经营的组织化程度，建立生产者和经营者的利益联结机制和制约机制，推动农产品质量的标准化生产、产业化经营和规范化管理，为食用农产品质量安全追溯培育载体②。同时，通过食用农产品追溯系统的建立，使广大农户逐渐认识到保证农产品质量安全的重大意义，自觉接受产业化组织制定的技术规程，抵制不安全的农业投入品的使用，提高了种植户学科学、用科学的水平和能力。

（五）提高技术水平，建立统一的食品追溯信息平台

要尽快全面采用 GSI 全球统一标志编码系统，加快中国食用农产品质量安全追溯与国际接轨的步伐，提高中国食用农产品质量安全追溯体系的国际化程度，满足欧盟、美国、日本等国家在市场准入方面对食品安全追溯的要求，有效应对其设置的国际农产品贸易技术壁垒，促进中国农产品出口③。要建立全国联网的食用农产品质量安全综合管理信息

---

① 赵荣，乔娟. 中国农产食品追溯体系实施现状与展望［J］. 农业展望，2010，05：44－48.

② 范方勇，金会平. 武汉市建立农产品质量安全溯源机制对策研究［J］. 华中农业大学学报（社会科学版），2006，04：50－52＋93.

③ 徐成德. 发达国家农产品质量追溯的实践与借鉴［J］. 农产品加工（学刊），2009，09：65－68.

平台，创建农产品产地编码、生产档案、产品标识和其他可追溯信息数据库，同时连接各省和农产品批发市场监测网络，实现部、省、地、县和市场监测信息共享和互通，及时掌握食用农产品质量安全动态信息，强化追溯、预警和信息发布。

（六）寻找共同点，加强与现行食品安全管理制度的契合

现行的食品安全管理制度不仅明晰理论包括管理人员、索票索证、查验记录、库房管理卫生检查等各个方面的相关职责，而且更加侧重于对问题的监管和责任的追溯，同时 GAP、GMP、HACCP 这些质量安全管理技术体系的共同点是都要有一个有效的记录系统。因此，可将食品追溯体系与 GAP、GMP、HACCP 结合实施，以便更有效的发挥各自的作用。将食用农产品追溯体系与中国现行的食品质量安全管理认证制度结合起来，形成一个可供消费者、管理机构快速有效追溯的信息记录监控系统，可避免重复监管等问题的出现。可借鉴美国许多企业选择 GMP 和 HACCP 管理体系以第三方认证形势建立食品质量安全可追溯制定的经验。

附录一

浙江农产品供应可追溯体系的激励与监管调查问卷1

尊敬的先生/女士：

您好！非常感谢您花宝贵的时间来填写这份问卷。这是由宁波大学承担的关于农产品供应可追溯体系的激励与监管研究项目的一份学术性问卷，开展本次调查主要是全面了解浙江农产品供应可追溯体系的激励与监管的现状，所有内容我们会严格保密，不用涉及任何商业目的和用途。

您在选择时请您在认同的"□"处或数字处打"√"

一、企业的基本情况

企业的名称：_____

1. 企业经销产品为：

□ 生鲜肉类 □ 水产品 □ 水果 □ 蔬菜 □ 粮油 □ 乳制品 □ 综合

2. 企业成立时间为：

□ 2 年以下 □ 2～4 年 □ 4～6 年 □ 6～10 年 □ 10 年以上

3. 企业注册资本为：

□ 10 万元以下 □ 10～100 万元 □ 200～500 万元 □ 500 万元以上

4. 组织形式为：

□ 有限责任公司 □ 分公司 □ 股份有限公司 □ 其他

5. 企业总资产为：

□ 50 万元以下 □ 50～200 万元 □ 200～500 万元 □ 500 万元以上

6. 企业职工人数为：

□ 50 人以下　□ 50～100 人　□ 100～5 000 人　□ 500 人以上

7. 农产品年销售收入为：

□ 500 万元以下　□ 500～1 000 万元　□ 1 000～5 000 万元

□ 5 000 万元以上

8. 目前贵企业对农产品可追溯体系是：

□ 已经实施　□ 没有实施　□ 正在考虑实施　□ 其他

9. 企业可追溯体系覆盖的产品主要是：

□ 肉类　□ 水产品　□ 水果　□ 蔬菜　□ 粮油　□ 乳制品

□ 全部

10. 贵企业可追溯体系覆盖的产品供应的市场主要是：

□ 大超市　□ 批发市场　□ 配送中心　□ 农贸市场　□ 农产品加工企业

11. 企业每年的出口额为（　　），出口量为（　　）。

12. 出口农产品主要有：

□ 肉类　□ 水产品　□ 水果　□ 蔬菜　□ 粮油　□ 乳制品

□ 全部

13. 农产品主要出口地为：

□ 美国　□ 欧盟　□ 日本　□ 韩国　□ 中国香港　□ 东盟　□ 其他

14. 出口的农产品是否实施可追溯体系？

□ 是　□ 否　□ 有些有，有些没有

15. 有没有实施追溯体系，对农产品出口是否有影响？

□ 有　□ 没有　□ 没有明显影响

二、企业实施农产品可追溯体系的动因描述

1	2	3	4	5
完全不符合	基本不符合	不能肯定	基本符合	完全符合

1　当前消费者对农产品安全知情权和意识要求越来越高

2　政府部门强力推动经营企业导入可追溯体系

3　国外先进企业导入可追溯体系的示范和影响

4　提升产品档次，获取市场竞争优势

5　企业开拓高端消费市场

6　通过导入可追溯体系，延伸和增加产品价值服务

7　终端经销企业或配送中心的要求

8　供应链前端的生产基地本身导入了可追溯体系

9　行业低端竞争越来激烈，必须提升产品价值服务

10　导入可追溯体系可以为公司创造较高的利润

三、本企业与可追溯体系运行描述

1	2	3	4	5
完全不符合	基本不符合	不能肯定	基本符合	完全符合

1　消费者是影响的导入的可追溯体系主要因素

2　生产基地对实施可追溯体系比较积极

3　目前导入可追溯体系的生产基地比较少

4　导入可追溯系统的供应商的成本增加较大

5　导入可追溯系统的供应商能容易进入大超市的配送中心和大超市

6　生产基地的可追溯产品是通过经销商进行买断后进行零售

7　存在的可追溯体系的流程和技术的行业标准

8　可追溯体系有助于提高了消费者对农产品的消费安全的信心

9　消费者不在意农产品的可追溯性信息导致食品的成本和价格提高

10　企业有专门人员负责实施可追溯体系的工作

四、导入可追溯体系激励描述

1	2	3	4	5
完全不符合	基本不符合	不能肯定	基本符合	完全符合

1　实施可追溯体系由消费者拉动比较有效　　1　2　3　4　5

2　实施可追溯体系由生产企业或经销企业驱动比较有效　　1　2　3　4　5

3　较高的零售价格能够促进生产商和经营商实施可追溯体系　　1　2　3　4　5

4　如果生产基地实施可追溯产品，则能得到更多的增值部分　　1　2　3　4　5

5　如果由经销商实施可追溯产品，则大部分的增值部分归经销商　　1　2　3　4　5

6　政府对可追溯体系的财政补贴机制比较合理　　1　2　3　4　5

7　实施可追溯体系的获的利润比成本大　　1　2　3　4　5

8　实施可追溯体系所增加的利益不会导致"利益溢出"被其他企业占有　　1　2　3　4　5

9　实施可追溯企业所增加的投资利润能够带来的相应的新增利益　　1　2　3　4　5

10　除了经济利益，实施可追溯体系也提升了企业的形象和声誉　　1　2　3　4　5

五、企业实施可追溯体系的监管描述

1	2	3	4	5
完全不符合	基本不符合	不能肯定	基本符合	完全符合

1　可追溯体系的实施主要是自我监督　　1　2　3　4　5

2	政府部门对可追溯体系的监督、检查比较到位	1	2	3	4	5
3	可追溯体系引入了独立的第三方进行监管	1	2	3	4	5
4	第三方监管对执行可追溯体系监管的效果比较好	1	2	3	4	5
5	第三方监管已经纳入执行可追溯体系单位的绩效考核	1	2	3	4	5
6	零售商、经销商能够对生产商的可追溯体系进行约束	1	2	3	4	5
7	可追溯体系的监管建立了相应的保证风险金制度	1	2	3	4	5
8	零售商对批发商、生产商可追溯体系的问题是通过应收账款扣减来约束	1	2	3	4	5
9	可追溯体系中问题出现后能够对消费者予以赔偿或补偿	1	2	3	4	5
10	公司对于执行可追溯体系的责任部门和个人的奖惩力度比较大	1	2	3	4	5

六、企业运行可追溯体系激励和监管面临的问题

	1 完全不符合	2 基本不符合	3 不能肯定	4 基本符合	5 完全符合
1	实施可追溯体系大幅度增加了人员成本	1 2	3	4	5
2	缺乏统一规范的可追溯体系技术标准	1 2	3	4	5
3	消费者对农产品的可追溯体系认知不足	1 2	3	4	5
4	政府引导农产品的可追溯体系政策支持不够	1 2	3	4	5
5	政府对于农产品的可追溯体系补贴不能落实到相关经营商户	1 2	3	4	5
6	缺乏指导、实施的农产品的可追溯体系专业化人才	1 2	3	4	5
7	农产品的可追溯体系增加企业综合成本	1 2	3	4	5

8	生产基地对农产品的可追溯体系积极性不高	1 2 3 4 5
9	经销商（批发商）对农产品的可追溯体系积极性不高	1 2 3 4 5
10	超市、菜场等零售商对农产品的可追溯体系积极性不高	1 2 3 4 5

七、企业实施可追溯体系对企业绩效的影响

1	2	3	4	5
完全不符合	基本不符合	不能肯定	基本符合	完全符合

1	可追溯系统能够吸引市场的高端消费者	1 2 3 4 5
2	可追溯系统有利于引导市场需要	1 2 3 4 5
3	可追溯系统提升了企业的供应链信息化水平	1 2 3 4 5
4	可追溯系统有利于生鲜农产品打造品牌	1 2 3 4 5
5	可追溯系统有利于培养和打造一支专业化人才	1 2 3 4 5
6	可追溯系统提升了企业和上下游企业的协作关系	1 2 3 4 5
7	可追溯系统提高了产品的服务附加值	1 2 3 4 5
8	可追溯系统提高了企业的财务利润	1 2 3 4 5
9	可追溯系统提高了企业的竞争优势	1 2 3 4 5
10	可追溯系统提升了企业社会形象	1 2 3 4 5

感谢您在百忙之中填写这份问卷，在此致以由衷的感谢！

附录二

浙江农产品供应可追溯体系的激励与监管调查问卷 2

尊敬的先生/女士：

您好！这是由宁波大学承担的关于农产品供应可追溯体系的激励与监管研究项目的一份学术性问卷，占用您宝贵的时间填写这份问卷，在此致以由衷的感谢！

农产品可追溯的含义：通过记录原材料和有可能成为原材料的农产品组成成分在生产、加工和流通过程的信息，对农产品进行跟踪，当农产品出现问题时，可以追溯到责任人。对于农产农产品而言，可以知道由谁种植、种植过程中用了哪些农药及肥料、种植收获时间、地点等；对于畜产农产品而言，可以知道来源于哪个养殖场、在哪儿养殖、饲料兽药的使用情况、屠宰加工情况等；对加工农产品而言，可以知道由谁加工，在哪儿加工，采用的加工技术等。

第一部分：消费者对农产品可追溯体系的认知

1. 您平时关注农产品质量安全问题吗？

    A. 非常关注   B. 比较关注   C. 一般

    D. 不太关注   E. 不关注

2. 在本次调查前了解农产品可追溯制度、体系或农产品可追溯系统吗？

    A. 非常熟悉   B. 比较熟悉   C. 知道一些

    D. 只听说过   E. 根本没听过

3. 您购买过可追溯农产品（诸如蔬菜、水果、肉类、水产品等）吗？

    A. 经常购买   B. 偶尔购买   C. 没有购买过

    D. 不知道是否买过

4. 通过以上介绍以及您对农产品可追溯的理解，您认为实施农产品可追溯重要吗？

    A. 非常重要   B. 比较重要   C. 无所谓

    D. 不太重要   E. 不重要

5. 根据您的理解，您认为可追溯农产品有哪些作用？［多选题］

    A. 可以清楚农产品的原材料以及组成成分

    B. 通过对比追溯信息，可以更好选择购买安全放心的农产品

    C. 信息的公开，防止个别农产品企业隐瞒、欺骗消费者行为

    D. 可以迅速查到问题根源，召回问题农产品，缩小农产品安全危机

    E. 有助于追查农产品安全的责任人，避免消费者为不安全农产品负担的经济损失

    F. 提高消费者对农产品安全的信心

    G. 可以方便政府监管

    H. 其他请列出

6. 您赞同"购买可追溯农产品比不可追溯农产品更安全"这一观点吗？

    A. 非常同意   B. 比较同意   C. 一般

    D. 不大同意   E. 不同意

7. 您愿意购买具有可追溯性信息的农产品吗？

    A. 非常愿意   B. 比较愿意   C. 一般

    D. 不愿意   E. 非常不愿意

8. 如果农产品提供可追溯性信息导致农产品的成本和价格提高，在这种情况下，您认为实行农产品可追溯制度重要吗？

    A. 非常重要   B. 比较重要   C. 无所谓

    D. 比较不重要   E. 非常不重要

9. 如果可追溯农产品和不可追溯农产品价格相同，您愿意购买可追溯农产品吗？

    A. 愿意   B. 不愿意

10. 如果可追溯农产品比不可追溯农产品价格高，您仍然愿意购买可追溯农产品吗？

    A. 愿意　　　　　　　B. 不愿意

11. 您平时购买农产品时主要关注农产品的哪些信息？［多选题］

    A. 农产品的原产地

    B. 是否有绿色农产品/无公害农产品/有机农产品标识

    C. 是否有质量安全标志（QS农产品）

    D. 农产品的生产经营者

    E. 农产品原材料/组成成分

    F. 生产日期

    G. 农产品品牌

    H. 其他信息（请列出）

12. 目前，中国的农产品追溯信息查询方式主要有下列四种，您希望通过下列哪种方查询获取农产品追溯信息？［多选题］

    A. 农产品标签

    B. 销售商（超市、便利店）的终端机/查询机

    C. 电话查询

    D. 网络查询

13. 您认为下列哪些部门发布的追溯信息最可信？

    A. 政府公共监管部门　　　　B. 农产品行业协会

    C. 农产品生产者　　　　　　D. 农产品经营者

14. 您希望购买的可追溯农产品的追溯信息应该在多长时间范围内可供查询？

    A. 3个月　　　　B. 6个月　　　　C. 1年

    D. 2年　　　　　E. 5年

15. 您认为目前农产品市场内哪类农产品最容易发生质量安全问题？［多选题］

    A. 蔬菜/水果　　　　B. 肉类　　　　C. 水产品

  D. 粮油   E. 乳制品

  F. 初级农产品为原料的加工农产品

16. 您认为在下列农产品中哪类农产品必须实施农产品可追溯制度？

[多选题]

  A. 蔬菜/水果   B. 肉类   C. 水产品

  D. 粮油   E. 乳制品

  F. 初级农产品为原料的加工农产品

  G. 所有农产品都应该实施

  H. 所有农产品都不需要实施

第二部分：消费者对可追溯农产品的支付意愿

  假如你经常去买菜的市场有这么两种蔬菜和海鲜供你选择，A 为普通的蔬菜和海鲜，B 为可追溯的蔬菜和海鲜，它们的口感、色泽以及营养成分完全一样，只是 B 种蔬菜和海鲜被贴上了一种特殊的标识，上面包含了该种产品的原料生产、加工、流通等各个环节的所有信息，并且由管理部门将这些信息管理储存起来，一旦发生食品安全问题，你可以据此快速查找食品质量问题的源头。

17. 当 B 种蔬菜比 A 的价格高出（ ）时，你愿意购买 B 蔬菜。

  A. 5% 以下   B. 5% ~10%   C. 10% ~30%

  D. 30% ~50%   E. 50% 以上

  当 B 种海鲜比 A 的价格高出（ ）时，你愿意购买 B 海鲜。

  A. 5% 以下   B. 5% ~10%   C. 10% ~30%

  D. 30% ~50%   E. 50% 以上

18. 你愿意在更高的价格下购买 B 种蔬菜的理由是（ ）

  A. 不信任普通蔬菜的安全性

  B. 可追溯体系具有多重保障作用，多花点钱，买健康

  C. 农产品安全，人人有责，作为消费者应该支持

  D. 这是一种消费时尚

E. 这是消费理念成熟的标志

F. 这是身份和地位的表示

G. 其他理由

你愿意在更高的价格下购买 B 种海鲜的理由是（　　　）

A. 不信任普通海鲜的安全性

B. 可追溯体系具有多重保障作用，多花点钱，买健康

C. 农产品安全，人人有责，作为消费者应该支持

D. 这是一种消费时尚

E. 这是消费理念成熟的标志

F. 这是身份和地位的表示

G. 其他理由

19. 你不愿意在更高的价格下购买 B 种蔬菜的愿意可能是（　　　），可多重选择。

A. 蔬菜是廉价商品，无法做到这样的高要求

B. 不相信追溯体系真的管用，怕花冤枉钱

C. 这是政府部门的事，跟我个人没多大关系

D. 政府的监管没实际效果，企业发布的可追溯信息是虚假的

E. 虽然相信，也很想购买，但负担不起

F. 这应该由政府补贴来实施，不应该让消费者个人买单

G. 其他理由

你不愿意在更高的价格下购买 B 种蔬菜的愿意可能是（　　　），可多重选择。

A. 海鲜是高档商品，自然应该有质量保证

B. 不相信追溯体系真的管用，怕花冤枉钱

C. 这是政府部门的事，跟我个人没多大关系

D. 政府的监管没实际效果，企业发布的可追溯信息是虚假的

E. 虽然相信，也很想购买，但负担不起

F. 这应该由政府补贴来实施，不应该让消费者个人买单

G. 其他理由

20. 如果建立农产品安全追溯体系的企业承诺做到，一定通过国家或国际的相应质量安全认证，这样的蔬菜或海鲜称之为 C 类。

在这种情况下，当 C 类蔬菜比 A 的价格高出（　　）时，你愿意购买 C 蔬菜。

  A. 5% 以下   B. 5%～10%   C. 10%～30%

  D. 30%～50%   E. 50% 以上

当 C 种海鲜比 A 的价格高出（　　）时，你愿意购买 C 海鲜。

  A. 5% 以下   B. 5%～10%   C. 10%～30%

  D. 30%～50%   E. 50% 以上

第三部分：消费者的个人信息

1. 您的性别：A 男　B 女

2. 您的年龄：

  A. 20～29 岁   B. 30～39 岁   C. 40～49 岁

  D. 50～59 岁   E. 60 岁以上

3. 您的学历：

  A. 初中及初中以下   B. 高中/中专

  C. 大学/大专   D. 研究生或以上

4. 您经常为家庭购买日常农产品吗？

  A. 是   B. 否

5. 您每月的平均收入？

  A. 1 000 元以下   B. 1 001～3 000 元   C. 3 001～5 000 元

  D. 5 001～10 000 元   E. 10 001～20 000 元

  F. 20 001～30 000 元   G. 30 001～50 000 元   H. 50 001 元以上

6. 您每月用于购买农产品的支出占总支出的比例？

  A. 小于 10%   B. 10%～25%   C. 25%～50%

  D. 50% 以上

7. 您目前的职业是：

    A. 农业劳动者   B. 公务员   C. 事业单位

    D. 企业高级职员   E. 企业普通职员   F. 教师

    G. 医生   H. 个体私营商户

    J. 农村进城的务工人员

    K. 城乡无业、失业或半失业人员   I. 军人

    L. 学生   M. 其他（请注明）

再次感谢您的填答！

参 考 文 献

[1] Andrew Fearne. The evolution of partnerships in the meat supply chain: insights from the British beef industry [J]. Supply Chain Management: an International Journal, 1998, 3: 214 – 231.

[2] Amico, Andrea Armani, Lorenzo Castigliego, Gan Sheng, Daniela, Seafood traceability issues in Chinese food business activities in the light of the European provisions; Priscilla D chr (39)'Gianfaldoni; Alessandra Guidi Food Control; 0956 – 7135; 2014, 35 (1): 7 – 20.

[3] A. Regattieri, M. Gamberi. TraceAbility of food products: General framework and experimental evidence [J]. Journal of Food Engineering, 2007 (81): 347 – 356.

[4] Australi A. , GS1. Frozen berries scare propels focus on traceability [J]. Food Magazine, 2015.

[5] Brian L. Buhr. Traceability and Information Technology in the Meat Supply Chain: Implications for Firm Organization and Market Structure [J]. Journal of Food Distribution Research, 2003 (34): 13 – 26.

[6] Caswell J. A. Economic approaches to measuring the significance of food safety in international trade [J]. International Journal of Food Microbiology, 2000, 62: 261 – 266.

[7] Daniel Abraham, Gregorio Dassatti, Aldocal. Traceability: an electronic information system for the meat industry [J]. Health and Technology, 2014, 42.

[8] Danielle Galliano, Luis Orozco. New Technologies and Firm Organization: The

Case of Electronic Traceability Systems in French Agribusiness [J]. Industry and Innovation, 2013, 201.

[9] Dickinson, D. L. and D. Barley. Meat Traceability: Are U. S. Consumers Willing to Pay for It? [J]. Journal of Agricultural and Resource Economics, 2002 (27): 48 −364.

[10] Disney, W. T. , J. W. Green, K. W. Forsythe. Bent − Cost Analysis of Animal Identification for Disease Prevention and Control [J]. Rev. Technique International Epizootics, 2001 (20): 385 −405.

[11] Dickinson, David L. And Von Bailey, Dee: Experimental Evidence on Willingness to Pay for Red Meat Traceability in the United States, Canada, the United Kingdom and Japan [J]. Journal of Agricultural and Applied Economics, 2005, 37 (3): 537 −548.

[12] Daesik Ko, Yunsik Kwak, Seokil Song, Ken Choi. Real Time Traceability and Monitoring System for Agricultural Products Based on Wireless Sensor Network [J]. International Journal of Distributed Sensor Networks, 2014.

[13] Furness A. Developing Traceability Systems Across the Supply Chain [M]. M Lees M. Food Authenticity and Traceability. Cambridge: Woodhead Publishing Ltd, 2003: 473 −495.

[14] Frascatore M. R. , Mahmoodi F. Long-term and penalty contracts in a two-stage supply chain with stochastic demand [J]. European Journal of Operational Research, 2008, 184 (1).

[15] Golan, Barry Kissoff, Linda Calvin and Kenneth Nelson. Traceability in the USA food supply: Economic Theory and Industry Studies [J]. Agricultural Economic Report, 2004, 830 (3).

[16] Hongyan Dai, Mitchell M. Tseng, Paul H. Zipkin. Design of traceability systems for product recall [J]. International Journal of Production Research, 2015, 532.

[17] Hsieh C. C. , Lu Y. T. Manufacturer's return policy in a two-stage supply chain with two risk-averse retailers And random demand [J]. European Journal of Operational Research, 2010 (7).

[18] Hobbs J. E. Information Asymmetry and the role of traceability systems [J]. Agribusiness, 2004, 20 (df4): 397 −415.

[19] JunZhao, BinZhou, Raouf Boucekkine. The Effect of Quality Tracing Systemon

Safety of Agricultural Product [J]. Economics Research International, 2015.

[20] Kenneth E. Martin, Steve Knabel, Von Mendenhall. A Model Train – The – Trainer Program for HACCP – Based Food Safety Training in the Retail/Food Service Industry: an Evaluation [J]. Journal of Extension, 1999.

[21] Kehagia, Olga, Linardakis, Michalis, Chryssochoidis, George. Beef Traceability: Are Greek Consumers Willing to Pay? [J]. Euro Med Journal of Business, 2007, 2 (2): 173 – 190.

[22] Loureiro, Maria L., Umberger, Wendy J. A Choice Experiment Model for Beef: What U. S. Consumer Responses Tell U. S. about Relative Preferences for Food Safety, Country-of-origin Labeling and Traceability [J]. Food Policy, 2007 (32): 496 – 514.

[23] M. vander Merwe, J. F. Kirsten. Traceability systems and origin based meat products in the South African sheep meat industry [J]. Agrekon, 2015, 541.

[24] Mahdi R. Alagheband, Mohammad R. Aref. SimulAtion – Based Traceability Analysis of RFID Authentication Protocols [J]. Wireless Personal Communications, 2014, 772.

[25] Barlet N. et al. Review of the current methods of Analytical traceability Allowing determination of the origin of foodstuffs [J]. Food Control, 2007, 18: 228 – 235.

[26] RongZhao, Shao-zhiChen. Willingness of farmers to participatein food traceability systems: improving the level of food safety [J]. Forestry Studiesin China, 2012, 142.

[27] Starbird, S. A. Designing Food Safety Regulations: The Effect of Inspection Policy and Penalties for Non – Complianceon Food Processor Behavior [J]. Journal of Agriculture and Resource Economics, 2000 (02): 615 – 635.

[28] Techane Bosona, Girma Gebresenbet. Food traceability as an integral part of logistics management in food and agricultural supply chain [J]. Food Control, 2013 (33): 32 – 48.

[29] Xinqing Xiao, Zetian Fu, LinQi, Trebar Mira, Xiaoshuan Zhang. Development and evaluation of an intelligent traceability system for frozen tilapia fillet processing [J]. J. Sci. Food Agric. , 2015, 9513.

[30] Yusheng Chen, JingNing, XiAncui Yang. Government drive, economic induction, and construction of food traceability systems: an empirical study based on supermarket

samples from 'first-tier' and 'Olympic' citiesin China [J]. Chinese Journal of Popula-tion Resources and Environment, 2013, 112.

[31] 陈雨生, 乔娟. 农产品质量安全认证监管问题的博弈分析 [J]. 统计与决策, 2009 (19): 72 –73.

[32] 陈雨生, 房瑞景, 尹世久, 赵旭强. 超市参与食品安全追溯体系的意愿及其影响因素——基于有序 Logistic 模型的实证分析 [J]. 中国农村经济, 2014, 12: 41 –49 +68.

[33] 陈新建, 谭砚文. 基于食品安全的农民专业合作社服务功能及其影响因素——以广东省水果生产合作社为例. 农业技术经济, 2013 (1): 120 –122.

[34] 程虹, 范寒冰, 肖宇. 企业质量安全风险有效治理的理论框架——基于互联网信息的企业质量安全分类模型及实现方法 [J]. 管理世界, 2012, 12: 73 –81.

[35] 崔卓兰, 宋慧宇. 中国农产品安全监管方式研究 [J]. 社会科学战线, 2011 (2): 151 –157.

[36] 崔焕金, 李中东. 食品安全治理的制度、模式与效率: 一个分析框架 [J]. 改革, 2013, 02: 133 –141.

[37] 董银果, 邱荷叶. 基于追溯、透明和保证体系的中国猪肉竞争力分析 [J]. 农业经济问题, 2014, 02: 17 –25 +110.

[38] 方凯, 王厚俊, 单初. "公司 + 合作社 + 农户" 模式下农户参与质量可追溯体系的意愿分析 [J]. 农业技术经济, 2013, 06: 63 –72.

[39] 樊红平, 冯忠泽, 杨玲, 任爱胜. 可追溯体系在食品供应链中的应用与探讨 [J]. 生态经济, 2007, 04: 63 –65.

[40] 冯忠泽, 李庆江. 消费者农产品质量安全认知及影响因素分析——基于全国 7 省 9 市的实证分析 [J]. 中国农村经济, 2008, 01: 23 –29.

[41] 费威. 食品安全追溯体系实施模式中的企业决策分析 [J]. 软科学, 2015, 05: 27 –31.

[42] 傅泽田等. 生鲜农产品质量安全可追溯系统研究. [M]. 北京: 中国农业大学出版社, 2012: 334 –348.

[43] 郭媛源. 农产品安全壁垒对中国农产品出口竞争力的影响与对策分析 [D]. 长春: 吉林大学, 2010.

[44] 郭艳丽. 农产品追溯编码体系的研究与应用 [D]. 山东大学, 2006.

［45］郝庆芹. 中国蔬菜出口贸易与技术性贸易壁垒问题研究［D］. 北京：首都经济贸易大学，2007.

［46］荷忠伟，雷声芳，陈艳芬. 基于供应链的北京农产品质量安全管理模式研究［M］. 北京：中国农业出版社，2013：59－63.

［47］何渡，向秦. 产品质量安全管理系统研究［J］. 科技创业月刊，2015，16：53－55＋58.

［48］何晓艳. 中国农产品质量追溯体系研究［D］. 中国农业科学院，2013.

［49］黄季焜，邓衡山，徐志刚. 中国农民专业合作经济组织的服务功能及其影响因素. 管理世界，2010（5）：75－81.

［50］黄祖辉. 现代农业经营体系建构与制度创新——兼论以农民合作组织为核心的现代农业经营体系与制度建构［J］. 经济与管理评论，2013，06：5－16.

［51］黄福华，周敏. 封闭供应链环境的绿色农产品共同物流模式研究［J］. 管理世界，2009，10：172－173.

［52］胡求光，童兰，黄祖辉. 农产品出口企业实施追溯体系的监管与激励机制研究［J］. 农业经济问题，2012（4）：71－77.

［53］胡求光，童兰. 中国农产品质量安全追溯体系的出口贸易效应分析［J］. 国际贸易问题，2012（7）：30－36.

［54］胡艳芳，肖兴志. 中国食品安全监管的激励机制分析［J］. 中南财经政法大学学报，2010（01）：35－39.

［55］胡定寰. 试论"超市＋农产品加工企业＋农户"新模式［J］. 农业经济问题，2006（1）：36－40.

［56］霍红，付玮琼等. 农产品质量安全控制模式与保障机制研究［M］. 北京：科学出版社，2014：284－299.

［57］及志松，吴秀敏. 农产品质量安全管制的进化博弈分析［J］. 农村经济与科技，2010（8）：90－91.

［58］姜励卿. 政府行为对农户参与可追溯制度的意愿和行为影响研究——以蔬菜种植农户为例［J］. 农业经济，2008（9）：46－49.

［59］姜方桃. 农产品供应链创新模式及其对策研究［J］. 经济问题，2009（12）：81－84.

［60］姜启军，余从田等. 食用农产品企业实行质量追溯体系的决策行为分析

[J]. 中国渔业经济，2011（4）：58 - 63.

［61］江激宇，柯木飞，张士云，尹昌斌. 农户蔬菜质量安全控制意愿的影响因素分析——基于河北省藁城市 151 份农户的调查［J］. 农业技术经济，2012，05：35 - 42.

［62］李中东，孙焕. 基于 DEMATEL 的不同类型技术对农产品质量安全影响效应的实证分析——来自山东、浙江、江苏、河南和陕西五省农户的调查［J］. 中国农村经济，2011，03：26 - 34 + 58.

［63］李中东基于消费者视角的食品质量安全生产可行性探析. 浙江工商大学学报，2008（6）：53 - 58.

［64］李中东等. 技术扩散、政府规制于食品质量安全.［M］. 北京：经济科学出版社，2014：100 - 140.

［65］李广领等. 中国农产品质量安全可追溯体系建设［J］. 湖南农业科学，2009（2）：120 - 123.

［66］李廷友. 充分发挥合作社在农产品质量安全控制中的主体作用［J］. 农村经营管理，2009（2）.

［67］李春艳，周德翼. 可追溯系统在农产品供应链中的运作机制分析［J］. 湖北农业科学，2010（4）：4 - 7.

［68］李宝辉，李燕丽，王青峰. 陕西宝鸡市的动物标识及疫病可追溯体系建设［J］. 中国动物检疫，2014，10：15 - 16.

［69］李香，宋怿，黄磊，汪秋宽. 国外水产品质量安全可追溯体系对中国的启示［J］. 中国渔业经济，2010，04：92 - 97.

［70］林凌. 中国食品安全可追溯体系研究［J］. 标准科学，2009，04：55 - 60.

［71］林坚，陈志刚，傅新红. 农产品供应链管理与农业产业化经营：理论与实践.［M］. 北京：中国农业出版社，2007：72 - 77.

［72］陆忠顺，秦艳，王冀宁. 基于结构方程的食品安全透明度社会信任与预警机制模型及其应用［J］. 江苏科技信息，2013，04：51 - 53.

［73］刘增金. 基于质量安全的中国猪肉可追溯体系运行机制研究［D］. 中国农业大学，2015.

［74］刘畅，张浩，安玉发. 中国食品质量安全薄弱环节、本质原因及关键控制点研究——基于 1460 个食品质量安全事件的实证分析［J］. 农业经济问题，2011，

01：24 - 31 + 110 - 111.

[75] 彭建仿. 供应链环境下安全农产品供给的协同机理研究——基于龙头企业与农户共生的理论分析 [J]. 财贸经济，2011（3）：89 - 95.

[76] 彭建仿. 供应链环境下龙头企业与农户共生关系优化研究 [J]. 经济体制改革，2010（3）：93 - 98.

[77] 彭建仿，范秀荣. 试析农户在涉农供应链中的地位和作用 [J]. 中国农业科技导报，2005（07）.

[78] 乔娟等. 北京市农产品追溯体系的利益主体与监管机制研究 [M]. 北京：中国农业出版社，2011.

[79] 乔娟，韩杨，李秉龙. 中国实施农产品安全追溯制度的重要性与限制因素分析 [J]. 中国畜牧杂志，2007（6）：10 - 13.

[80] 乔娟. 基于农产品质量安全的批发商认知和行为分析——以北京市大型农产品批发市场为例 [J]. 中国流通经济，2011（1）：76 - 80.

[81] 任国元，葛永元. 农村合作经济组织在农产品质量安全中的作用机制分析 [J]. 农业经济问题，2008（09）.

[82] 山丽杰，徐玲玲，王晓莉. 中国食品工业可追溯体系构建的意愿与水平研究 [J]. 河南社会科学，2015：1 - 8.

[83] 孙世民，彭玉珊. 论优质猪肉供应链中养殖与屠宰加工环节的质量安全行为协调 [J]. 农业经济问题，2012，03：77 - 83 + 112.

[84] 孙世民，张媛媛，张健如. 基于 Logit - ISM 模型的养猪场（户）良好质量安全行为实施意愿影响因素的实证分析 [J]. 中国农村经济，2012，10：24 - 36.

[85] 孙宝国等. 我国食品安全的监管与治理政策研究 [J]. 中国科学基金2013（5）：265 - 270.

[86] 唐赛. 食品供应链中建立可追溯体系的博弈分析 [D]. 山东师范大学，2014.

[87] 涂传清，王爱虎. 中国农产品质量安全追溯体系建设中存在的问题与对策 [J]. 农机化研究，2011，03：16 - 20.

[88] 汪普庆，周德翼等. 农产品供应链的组织模式与食品安全 [J]. 农业经济问题，2009（3）8 - 12.

[89] 王慧敏，乔娟. 农户参与食品质量安全追溯体系的行为与效益分析——以

北京市蔬菜种植农户为例［J］. 农业经济问题，2011（2）：45－50.

［90］王慧敏，乔娟，闫逢柱. 农户参与食品质量安全追溯体系的意愿与影响因素——以北京市蔬菜种植户为例［J］. 财贸研究，2011，01：19－27.

［91］王蕾，王锋. 农产品质量安全可追溯系统有效实施的经济分析：一个概念框架［J］. 软科学.

［92］魏秀芬. 中国农村市场信息服务和市场信息需求利用分析［J］. 中国农村经济，2005（05）：109－113.

［93］王慧云. 以超市为核心构建生鲜农产品可追溯体系研究［D］. 河北经贸大学，2013.

［94］王东亭，饶秀勤，应义斌. 世界主要农业发达地区农产品追溯体系发展现状［J］. 农业工程学报，2014，08：236－250.

［95］王华书. 食品安全责任激励机制及国外的经验启示［J］. 贵州大学学报（社会科学版），2012，05：21－25.

［96］王华书，林光华，韩纪琴. 加强食品质量安全供应链管理的构想与对策农业现代化研究，2010（3）：267－271.

［97］王常伟，顾海英. 基于委托代理理论的食品安全激励机制分析［J］. 软科学，2013（8）：65－68.

［98］王冀宁，缪秋莲. 食品安全中企业和消费者的演化博弈均衡及对策分析［J］. 南京工业大学学报（社会科学版），2013，03：49－53.

［99］吴林海，秦毅，徐玲玲. 企业投资食品可追溯体系的决策意愿与影响因素研究［J］. 中国人口·资源与环境，2013，06：129－137.

［100］吴林海，卜凡，朱淀. 消费者对含有不同质量安全信息可追溯猪肉的消费偏好分析［J］. 中国农村经济，2012，10：13－23＋48.

［101］吴林海、尹世久、王建华等. 中国食品安全发展报告2014.［M］. 北京：北京大学出版社，2014：29－192.

［102］吴林海等. 影响消费者对可追溯农产品额外价格支付意愿与支付水平的主要因素——基于Logistic、IntervAl Censored的回归分析［J］. 中国农村经济，2010（4）：77－86.

［103］吴修立，杨信廷，卢兵友. 农产品质量安全问题中的博弈及影响分析［J］. 农村经济，2008（2）：110－111.

[104] 吴迪. 茶叶质量安全追溯体系的研究与建立 [D]. 中国农业科学院，2009.

[105] 肖艳辉，刘亮. 中国农产品安全监管体制研究——兼评中国《农产品安全法》[J]. 太平洋学报，2009（11）：23-36.

[106] 刑文英. 美国的农产品质量安全可追溯制度 [J]. 世界农业，2006（4）：39-41.

[107] 修文彦、任爱胜. 国外农产品质量安全追溯制度的发展与启示 [J]. 农业经济问题，2008：206-210.

[108] 徐玲玲等. 农产品可追溯体系的感知与参与行为的实证研究：苹果种植户的案例 [J]. 财贸研究，2011（5）：34-40.

[109] 杨永亮. 农产品生产追溯制度建立过程中的农户行为研究 [D]. 浙江大学，2006.

[110] 杨秋红，吴秀敏. 农产品生产加工企业建立可追溯系统的意愿及其影响因素——基于四川省的调查分析 [J]. 农业技术经济，2009（2）：69-77.

[111] 杨信廷，钱建平，孙传恒，吉增涛. 农产品及食品质量安全追溯系统关键技术研究进展 [J]. 农业机械学报，2014，11：212-222.

[112] 叶俊焘，胡亦俊. 蔬菜批发市场供应商质量安全可追溯体系供给行为研究 [J]. 农业技术经济，2010，08：19-27.

[113] 于辉. 中国农产品企业实施可追溯体系研究——以蔬菜出口企业为例 [D]. 中国农业大学，2006.

[114] 赵荣，乔娟. 农户参与农产品追溯体系激励机制实证研究 [J]. 华南农业大学报，2011（1）：9-18.

[115] 赵荣，乔娟. 中国农产食品追溯体系实施现状与展望 [J]. 农业展望，2010，05：44-48.

[116] 赵荣，陈绍志，乔娟. 美国、欧盟、日本食品质量安全追溯监管体系及对中国的启示 [J]. 世界农业，2012，03：82+1-4+25.

[117] 赵学刚. 食品安全监管研究——国际比较于国内路径选择 [M]. 北京：人民出版社，2014：62-124.

[118] 张千友，蒋和胜. 专业合作、重复博弈与农产品质量安全水平提升的新机制 [J]. 农村经济，2011（10）：125-129.

［119］张晓帆．Y市食品安全可追溯体系构建研究［D］.山东大学，2012.

［120］张侨，宫凤影，李显军，马卓．绿色食品质量安全影响因素分析及对策［J］.中国食物与营养，2015，08：16－18.

［121］张敏等．供应链关系质量、供应链管理对农产品质量安全的影响——基于广东省样本企业的实证分析［J］.农业经济管理，2013（1）：29－34.

［122］曾行．基于EPC编码的猪肉质量安全追溯体系研究［D］.西北农林科技大学，2008.

［123］周洁红，张仕都．蔬菜质量安全可追溯体系建设：基于供货商和相关管理部门的二维视角［J］.农业经济问题，2011（1）：32－38.

［124］周洁红，姜励卿．农产品质量安全追溯体系中的农户行为分析——以蔬菜种植户为例［J］.浙江大学学报，2007（02）：118－127.

［125］周绪宝，王文雅等．韩国农产品追溯制度的现状及其启示［J］.世界农业，2008（4）：49－50.

［126］周应恒等．我国食品安全可追溯系统建设现状及推进路径选择［J］.农产品质量与安全，2012（4）：52－61.

［127］周真．中国水产品质量安全可追溯体系研究［D］.中国海洋大学，2013.

［128］周志业．宾川县农产品质量安全追溯体系建设的实践与成效［J］.现代农业科技，2015，09：307－308＋311.

［129］钟真，孔祥智．产业组织模式对农产品质量安全的影响：来自奶业的例证［J］.管理世界，2012（1）：79－92.

后　　记

　　本书以教育部人文社会科学规划项目《基于供应链的中国农产品质量安全追溯体系激励与监管机制研究》的研究成果为基础，调研得到了农业部、质检总局、浙江省农办、海通公司、麦德龙（宁波）、家乐福等诸多单位和部门的大力支持和积极帮助。在调研、成果汇总以及合成过程中，20 多位研究生和本科生给予了问卷发放与回收、数据处理、图表制作、文字校稿等方面的帮助。在此向为本书的研究提供帮助的各位表示深深的感谢。

　　本书撰写过程中，参考和借鉴了国内外诸多专家学者的研究成果，一方面丰富了本书的研究成果，同时也对书中的观点提供了强有力支持。笔者尽可能在书中逐一列出，但也有疏忽和遗漏的可能。借此后记，对被引用文献的国内外作者深表感谢。

　　由于时间和能力所限，还有一些问题有待于进一步研究和探讨，不当之处，敬请批评指正，以期日后不断修改完善。

胡求光

2016 年 2 月于宁波